昙花王朝

——隋帝国的短暂与辉煌

张程◆著

群言出版社
QUNYAN PRESS
·北京·

图书在版编目（CIP）数据

昙花王朝：隋帝国的短暂与辉煌 / 张程著 .—北京：群言出版社，2015.8（2017.8 重印）
ISBN 978-7-80256-794-8

Ⅰ. ①昙… Ⅱ. ①张… Ⅲ. ①中国历史—隋代—通俗读物 Ⅳ. ①K240.9

中国版本图书馆 CIP 数据核字（2015）第 164969 号

责任编辑：盛利君
封面设计：齐立娟

出版发行：群言出版社
地　　址：北京市东城区东厂胡同北巷 1 号（100006）
网　　址：www.qypublish.com
自营网店：http://qycbs.shop.kongfz.com（孔夫子旧书网）
http://www.qypublish.com（群言出版社官网）
电子信箱：qunyancbs@126.com
联系电话：010-65267783　65263836
经　　销：全国新华书店

印　　刷：北京朝阳印刷厂有限责任公司
版　　次：2015 年 9 月第 1 版　2017 年 8 月第 2 次印刷
开　　本：710mm × 1000mm　1/16
印　　张：15
字　　数：223 千字
书　　号：ISBN 978-7-80256-794-8
定　　价：28.00 元

目录

现：陈叔宝一点都不胖，之所以拉起来重是因为他还抱着两个爱妃呢！陈叔宝这样的昏君自然不是杨坚的对手，南北双方在隔阂了四百年之后重新统一。隋朝实现伟大的统一不仅在于自己的皇帝比敌人的皇帝能力强，还在于成功的麻痹——偷袭战法，更在于隋朝拥有一批杰出的军事将领。

日后隋朝的显赫人物几乎在本章“倾巢而出”：杨广、杨素、宇文述、史万岁、来护儿、裴矩，还有为争灭陈头功斗得不可开交的贺若弼与韩擒虎。

第三章　开皇盛世　／047

具体的政策解释和数据是枯燥的，但它们是隋朝强盛最可靠的证据，也是隋王朝最厚重的内容。隋朝的许多政策深深融入了中国社会与民族文化之中，至今影响着我们的生活。三省六部制、均田制、租庸调制、科举制度、二级地方官制等等，它们是一个王朝最拿得出手的东西，共同将隋朝推向了后世艳称的“开皇盛世”。在国内鼎盛之时，杨坚找到了一位“突厥通”长孙晟，扶持了一个亲近隋朝的大汗启民，基本稳定了北方边界。

除了以上诸位，开皇年代的另一个主角是独孤皇后，一个既贤惠又嫉妒心极强的女人。

第四章　说不清的家事　／077

清官难断家务事，皇帝家里的事情外人就更难说清楚了。皇帝家里的任何事情都和政治紧密结合，可能被人用作政治斗争的工具。杨坚的长子杨勇是个缺心眼的太子，二儿子杨广是文武全才、功勋卓著的秦王。杨广的优势更在于透彻了解父皇与母后的心理，明白政治操作的现实，而且会表演，善于沽名钓誉。在宇文述、杨素等人的帮助下，再配合一些小把戏，杨坚和独孤皇后夫妇最终废杨勇，改立杨广为太子。

我们很难说隋朝唯一的这次更立太子事件是好是坏，就像我们很难判断隋朝政治需要一个宽厚老实的新皇帝还是能力超群、野心勃勃的新皇帝一样。

第五章　“弑父夺位”之谜　／105

每一次皇权交接，总是扣人心弦，常常伴随着刀光剑影和层层疑云。仁寿四年的杨坚之死，也是如此。很多人指责杨广“弑父夺位”，并举证了种种疑点；也有人一一为之辩解，力图证明杨坚是正常死亡。当事人早已作古，仁寿宫也消失在了深山老林之中，后人只能根据点滴记载，再配以常理，推断当日之事。

不管我们对隋朝皇权交接如何解释，也且不论杨广有无“弑父夺位”，不能否认本章的绝对主角只有一位：权力！

第八章　十八路反王　／167

中国农民是最能吃苦耐劳的，如果没有被逼到了绝境上他们是不会造反的。山东为什么成为隋朝末年农民起义最早爆发的地区，就是因为山东地区受隋朝暴政折磨最深，百姓的境况最惨。尽管早期的农民“革命英烈”们缺乏清晰的政治规划，但一点都不妨碍他们成为隋朝的心腹大患。随着革命的推荐，许多旧体制内的官僚贵族开始“混入”革命阵营，成为呼风唤雨的人物，比如罗艺、李密，自然也包括李渊父子。

这章的主角们是脍炙人口的“隋唐英雄”们：程咬金、秦叔宝、单雄信、徐世绩等等。遗憾的是，真实的隋唐英雄和说书、演义中的形象有着较大的差距。

第九章　杨广的穷途末路　／187

杨广没有料到第三次与江都的亲密接触会成为人生绝唱。众叛亲离的遭遇，分崩离析的天下，一切让已经失去奋进精神的杨广用彻底的堕落和荒淫来麻痹自己、逃避现实。现实是不能逃避的，最终要了杨广性命的是江都的近卫军队。在名为“江都政变”的兵变中，杨广被活活勒死了，就地草草埋葬。这位至死保持潇洒姿态的文人皇帝的死，是一个理想主义者的失败，还是一个暴君的毁灭呢?

在隋朝覆灭的同时，李渊的唐朝在关中建立了，与宇文化及等隋朝残余势力争夺天下。

第一章

百年乱世出新朝

西魏大统三年（537年），北方的西魏王朝和南方的梁朝经过外交协商，接收了一批流亡在梁朝的西魏将领。这些将领包括贺拔胜、独孤信等名将。西魏权相宇文泰非但没有惩罚他们，还热情接见，封官晋爵（比如贺拔胜被封为太师，独孤信被提升为骠骑大将军、加侍中、开府），让归来的游子们立即感受到了“组织的温暖”。

将领名单中有一个不起眼的角色、独孤信的部将：杨忠。宇文泰第一眼看杨忠的时候就被杨忠漂亮的髭髯和威猛的体态吓了一跳，再一打听，更是吓了一跳。原来杨忠同志不仅相貌不凡，而且胆子更加不凡。人家是提刀射箭去杀野兽，杨忠是左臂夹住野兽腰，右手拔掉野兽的舌头，赤手空拳干掉一头猛兽。宇文泰当即拍板：人才，难得的人才啊，杨忠调入我的帐下听用。

如果宇文泰知道正是杨忠的儿子日后篡夺了宇文王朝的天下，他很可能会为自己对杨忠的信任和重用感到后悔。

普六茹一家

一

杨忠成为了宇文泰的心腹重将，追随宇文泰，在对突厥、东魏和南梁的战争中屡建战功。宇文家族后来创建了北周王朝，杨忠也就成为了王朝的开国元勋。

宇文泰特别感激杨忠的忠诚和功劳，决定给杨忠家族赐姓“普六茹”。

“杨忠”也就变成了“普六茹忠”。姓氏的改变，在汉族人看来是一件大事，说得不好听一点，是“数典忘祖”的表现。可在宇文泰看来，这是一个天大的恩赐。宇文泰是鲜卑人，当时的华北是鲜卑等少数民族的天下。北魏王朝也好，宇文泰建立的北周王朝也好，都是少数民族建立的王朝。杨忠是正儿八经的汉族人，出身于北魏边镇晋北的汉族家庭，在血与火的战场上立下再大的功劳，当了再大的官，在少数民族统治者看来依然是个异族的奴才，“非我族类，其心必异”。现在，宇文泰赐姓，是少数民族统治者从内心里认同杨忠是自己人，是族人。这不是天大的恩赐，是什么？

杨忠只能接受这样的恩赐，谁让你是人家帐下的奴才呢。

在乱世之中，杨忠已经是一个幸运儿了。杨忠出身很苦很低，年轻时又遇到边镇骚动、北方大乱。一开始，杨忠不想像多数年轻人一样去当兵，而是希望过平稳安逸的生活，所以就拼命地往南方逃亡。但是跑到北魏南部边境的时候，那里也在打仗。杨忠不得已，也参了军，做了名北魏政府军士兵。尔朱荣发动河阴之变[1]后，北魏的北海王元颢等宗室和高官南逃投降了梁朝。杨忠也莫名其妙地被裹挟在这股南逃的潮流中，到了江南。不久，南梁扶持元颢返回中原争夺帝位，杨忠又莫名其妙地随军返回了中原。尔朱荣打败了这股北上的军队，杨忠做了俘虏。因为身强体壮，杨忠被编入尔朱荣部下将军独孤信的部队，继续当兵，扛枪吃粮。北魏分裂后，杨忠追随独孤信西入关中，投入宇文泰的阵营。独孤信的部队被派去收复东魏的荆州，结果一败涂地。独孤信、杨忠等

1 尔朱荣是北魏末年将领，出身山西的羯族贵族家庭。尔朱荣继承祖业，在山西拥兵自重。武泰元年（528 年）春，他乘胡太后鸩死孝明帝之机，起兵攻入洛阳，杀死胡太后及幼帝，并在河阴屠杀王公大臣二千余人。尔朱荣把持朝政，后来死于宫廷政变。北方从此大乱特乱。

人只好逃亡江南，这一游荡就是三年，直到被宇文泰交涉接收回北方。

宇文泰死后，侄子宇文护辅佐儿子宇文觉执政。杨忠继续是宇文政权的铁杆将领，因功受封为柱国、随国公（后改为隋国公）。杨忠历经了宇文泰、宇文觉、宇文毓、宇文邕四朝，在北周天和三年（568 年）因病结束征战生活，回到京城长安。皇帝宇文邕和主政的宇文护亲自到杨家探望病情，授予杨忠帝国元勋的荣耀。几天后，杨忠死在家中。

《隋书》对杨忠的记载相当简单："皇考从周太祖起义关西，赐姓普六茹氏，位至柱国、大司空、隋国公。薨，赠太保，谥曰桓。"

二

杨忠留下了一个了不起的儿子：杨坚（普六茹坚）。

杨坚大统七年（541 年）六月出生在冯翊的般若寺。乱世里养活一个孩子很难。杨忠很迷信，就把杨坚放在寺庙中，觉得那样可能会好养活一点，还给儿子取了个小名"那罗延"。那罗延是鲜卑语，原意是"金刚不坏"的意思。杨坚果然没坏，在寺庙生活了 12 年。

等杨坚大富大贵以后，官方给杨坚的出身和出生造了很多"谣言"，什么杨坚诞生的时候"紫气充庭"、小时候头上长龙角等等。得到杨坚本人肯定的一个"谣言"说杨坚出身于著名的弘农杨氏[1]，是汉太尉杨震的第十四世孙。这样显赫的出身已经难以考证，可以确定的是起码杨坚的父亲杨忠没有享受到这样的出身带来的任何好处。杨忠奋斗一生，留给儿子最大的遗产就是"普六茹"的姓氏。

人一旦出名了，是非就多，就很难被他人看清楚。大学问家李德林后来专门写了《天命论》，吹捧杨坚的外貌说："体貌多奇，其面有日月河海，赤龙自通，天角洪大，双上权骨，弯回抱目，口如四字，声若钏鼓，手内有王文，乃受九锡。昊天成命，于是乎在。顾盼闲雅，望之如神，气调精灵，括囊宇宙，威范也可敬，慈爱也可亲，早任公卿，声望

1　弘农杨氏是从汉朝至唐朝期间，中原著名的氏族大家。汉代名臣杨震是弘农华阴人。杨震家族后来"四世太尉，德业相继"，和汝南袁氏等一起为名门望族。

自重。”李德林将杨坚身上的特征都和天命、日月等敏感事物联系在一起，极力论证杨坚的形象就注定了他必将成为皇帝。实际上，杨坚因为遗传的关系，长得像杨忠一样威猛魁梧——我们看那一时期的雕塑，武将的形象大致如此。一代枭雄宇文泰看了杨坚后，感叹说这个小孩子长得很好，不像是来自于晋北那样的北方边镇。宇文毓即位后还曾经派遣善于相面的赵昭去观察杨坚，看看这个小孩子日后会不会成为奸雄。赵昭回来对宇文毓说：“杨坚不过是作柱国的料。”柱国类似于大将军，意思是说杨坚日后最高也就做到大将军，不会对北周的皇位造成威胁。但是一转身，赵昭就悄悄对杨坚说：“你以后肯定会登基做皇帝的，但是要先经历一场残酷的杀戮才能平定天下。”

杨坚 14 岁的时候得益于家庭的帮助进入政坛，在首都做了一名功曹。因为父亲的功勋，杨坚在两年时间里就升到了骠骑大将军的高位，进封大兴郡公。宇文邕即位后任命不满 20 岁的杨坚做了随州刺史的实职。

566 年，杨忠的好朋友、柱国大将军独孤信把刚 14 岁的女儿许配给杨坚。独孤家的女儿就成为了后来有名的独孤皇后。两家联姻，关系更进一步。独孤信所代表的关陇军队势力站到了杨坚一边。顺便说一句，这个独孤信非常厉害，分别将三个女儿嫁给了周明帝宇文毓、杨坚和贵族李家。嫁入李家的那个女儿生前没有前两个姐妹的荣耀，但生下了唐高祖李渊，在唐代很得好处。

杨坚进入仕途之初，宇文护主政北周。宇文护不知为什么，看杨坚特别不顺眼，多次想加害他。他曾晋升杨坚职位，想拉拢他为自己所用。杨坚问父亲怎么办，杨忠只淡淡说了一句：“少说话多做事，要和权臣保持距离，要学会明哲保身。”杨坚照做了，宇文护也无计可施。不久杨忠死后，杨坚袭爵为隋国公。不满宇文护的周武帝宇文邕聘杨坚的长女杨丽华为皇太子妃，给杨坚的地位上了一层保险。

杨忠死后四年，宇文邕诛杀了主政的宇文护，开始亲政。北周的前两任皇帝在位都很短，无所作为，宇文邕却是一切伟大的君主。北周帝国在宇文邕的治理下，逐渐强大。他力排众议，御驾亲征，消灭了北齐王朝。从此北周拥有了黄河流域和长江上游地区。

这时，齐王宇文宪劝宇文邕说："普六茹坚这小子有反相，不会甘心居于人下，应该早日除去这个祸害。"宇文邕说："我只让他做到大将军，不会有事的。"话虽如此，宇文邕还是对相貌奇特、出身将门的杨坚产生了猜忌之心。内史王轨又劝宇文邕说："皇太子不像是个好君主，而杨坚却有反相，恐怕日后……"宇文邕见有人说自己接班人的坏话，不高兴了："有天命在，能怎么办，能有什么事情？"

雄才大略的宇文邕下不了铲除功臣、亲家杨坚的决心。杨坚听了这些对话后不免心惊胆战起来。在宇文护时，杨坚就学会了韬光养晦，现在继续装出一副平庸木讷的样子来，"苦练内功"。尽管不断有人想打击杨坚，但杨氏家族、独孤家族的势力护卫着杨坚基本的地位，加上杨坚又是皇亲，所以这些明枪暗箭始终不能对杨坚构成致命的威胁。

三

吞并北齐的第二年（578 年），宇文邕在征讨突厥时暴病而亡，年仅 35 岁。

宇文邕在世时，挑选长子宇文赟作为接班人。他对宇文赟的要求非常严格，动不动就施用体罚，颇有恨铁不成钢的意思。宇文邕严令太子的属官们每月写一份详细报告，禀明太子在这个月的所作所为；还常常警告宇文赟："从古至今被废的太子数目不少，难道我别的儿子就不堪继任大统吗？"尽管父亲从来没有将更立太子的事情提上日程，但宇文赟始终生活在战战兢兢、如履薄冰的日子里。宇文赟原本好酒好色，现在不得不压抑自己的癖好，坚持每天和大臣们一样，五六点钟就伫立于殿门外等待父皇早朝，即使是严寒酷暑也不例外；坚持待人接物不卑不亢，说话温文尔雅。因此，宇文邕对宇文赟的表现大致还是满意的。

实际上宇文赟是个杰出的演员。历史上出现过很多像他这样登基之前规规矩矩，实际上满肚子男盗女娼的太子。宇文赟平常因为有老爹的严格管教，言行不仅正常，而且还多有值得称赞的地方。但一旦父亲去世，没有人再拘束他们，他们就会坐在皇位上将天下闹得天翻地覆。

宇文邕早逝的时候，宇文赟刚好 20 岁。父亲的棺材还摆放于宫中没有入殓，宇文赟就原形毕露。他不但丝毫没有悲伤之色，而且还抚摸着脚上的杖痕，恶狠狠地对着父亲的棺材大声叫骂：“死得太晚了！”宇文赟将父亲的嫔妃、宫女都叫到面前，排队阅视，将长得漂亮、自己喜欢的都纳入后宫，毫不顾及人伦纲常。从此，宇文赟开始了淫荡荒唐的执政生涯。

宇文赟不仅胡作非为，还有严重的虐待和暴力倾向。他喜欢把鸡只和碎瓦倒悬在车上，听鸡的哀号。他喜欢打人，常常对大臣大打出手，打起来不是一下两下地打，而是一百下两百下地大。宇文赟觉得谁有问题、有二心，就把谁叫到跟前来领“天杖”。所谓的“天杖”就是打板子。（据说，“廷杖”制度就是宇文赟发明的。）宇文赟喜怒无常，就连最得宠的嫔妃，也常常无理由地被殴打得遍体鳞伤。结果就造成了周宣帝时期，其他人看到皇帝，都重足而立，不敢呼吸。

宇文赟在宝座上肆虐了 9 个月后，觉得做皇帝太麻烦了，乱七八糟的事情太多，干脆在大成元年二月、当了不到一年皇帝后，才 21 岁的他就禅位给了年仅 7 岁的儿子宇文阐（周静帝），做起了“太上皇”。其实是脱离了具体的事务，一门心思在胡作非为的道路上狂奔到底。禅位后的宇文赟就通过刘昉、郑译两个人来上传下达，掌握实权。

郑译、刘昉二人都是世家子弟出身，祖祖辈辈都是大官。因为政治起点高，他们才能长期活动在宫廷中，又和宇文赟臭味相投，从小就和宇文赟厮混在一起。宇文赟将他们作为心腹。这样的宫廷政治人物通常都轻浮奸诈，随性妄动。比如刘昉“性轻狡，有奸数”，“及宣帝嗣位，以技佞见狎，出入宫掖，宠冠一时”。刘昉在宫廷中的轻浮狂妄的举动，曾经使他受到废黜。但宇文赟离不开这样的角色，不久又任命他为大都督、小御正，与御正中大夫颜之仪一起主持宫廷事务。郑译的情况也差不多，先是在宫中欢歌狎饮被宇文邕除名为民，后来又擅自把修建皇宫的木材运回自己家造房子被宇文赟削职为民。郑译虽然不成器，但很对宇文赟的脾气。加上刘昉多次为郑译求情，宇文赟很快将郑译叫到后宫中陪吃陪喝陪玩耍，还把郑译作为自己和外面的联络人。

既荒唐又专制的宇文赟对岳父杨坚早起了疑心。

表面上，宇文赟即位后，杨坚的长女杨丽华升为了皇后。国丈杨坚晋升为大司马，封隋国公，看似尊贵无比。实际上，杨坚在暴君宇文赟统治下，遭遇了前所未有的危机。本来还想着女儿是皇后，比其他人多了一道护身符，想不到宇文赟废除了一帝一后制，后册立了四位皇后。这样，北周就同时有五位皇后了。五家外戚如何相处，难免产生矛盾。宇文赟每次都拿杨家出气，冲着杨坚的女儿大叫："我一定要族诛了你们杨家！"他好几次召见杨坚，对左右卫士说："如果一会杨坚在席上神色有所异常，就立即杀了他。"好在杨坚韬光养晦了几十年，已经修炼得稳若泰山了，不管宇文赟说什么，他都神色坦然，这才没有遇害。宇文赟既没有杨坚谋反野心的真凭实据，又碍于他是自己的岳父大人，更难下决心除掉杨坚了。

那么杨坚到底有没有"不臣之心"呢？北魏、北周延续下来的是一个到处君臣相残、朝代兴亡的乱世，形势瞬息万变。要让一个人，尤其是位高权重的大臣，对某个王朝死心塌地的忠诚，是不太现实的事情。杨坚不是圣人，对北周王朝没有"愚忠"。他前脚刚从宇文赟的鬼门关前捡回一条命来，后脚就对心腹说："宇文赟这么乱搞，迟早要出事的！我看他的相貌，是个短命相，而各个宗室亲王又散居力弱，不久朝廷就会有大变乱了。"杨坚的这个判断，现实得惊人，哪里是一个"忠臣"应该说的话。

尽管杨坚对北周王朝怀有了异心，但最现实、最紧迫的问题是如何在暴君宇文赟的手下保命的问题。只有保住了性命和地位，才能谈宏伟蓝图。杨坚觉得不能和宇文赟硬碰硬，不如到地方上去任个实职，既可以避祸又实惠。杨坚就去找皇帝身边的红人、内史上大夫郑译帮忙。两人年轻的时候，是国子监的同学。杨坚找了一个机会，把郑译拉到一处小巷里偷偷拜托他说："老同学，我的情况你也了解。我很想到外地藩镇任职。你现在是皇上的心腹，拜托你帮着留意下机会。"杨坚是想远离首都长安这个是非之地，找个天高皇帝远的地方避祸。郑译宽慰了杨坚几句，把这事满口应承了下来。他说："以公德望，天下归心，欲求多福，岂敢忘也。谨即言之。"巧了，不久之后，北周和南陈前方战事紧张，宇文赟想派遣郑译南征。郑译就说自己能力不够，请皇上挑选一位元帅，他们俩一起指挥打仗。宇文赟问郑译有没有推荐人选。郑译回答：“要平定江东，非懿戚重臣无法镇抚前方。皇上可让隋国公前行，担任寿阳总管以督军事。”宇文赟对郑译一向信任，而且觉得将杨坚放到外地去也是个不错的选择，于是下诏任命杨坚为扬州总管，和郑译发兵会师寿阳讨伐南陈。杨坚太高兴了，收拾行李准备南下。不想就在这个时候，足疾犯了，杨坚不得不在家养病，眼巴巴地盼望着双脚赶快康复，可以早日离开危险的漩涡。

这是580年间的事情。

无名政变

一

北周大象二年，五月乙未日，也就是公元580年6月4日，首都长安城里的隋国公府邸里来了几个衣着光鲜亮丽的不速之客，指名道姓说有急事要见隋国公杨坚，而且只见杨坚一个人。杨坚家人有认识他们的，知道为首的是当今皇帝身边的宠臣，小御正刘昉、领内史郑译，赶紧去通知杨坚。杨坚当时正患“足疾”，脚生病了，听说现在红得发紫的两位宠臣来找，赶忙出来相见。刘昉一点也不寒暄，马上把其他人都轰出去，接着附在杨坚的耳朵边说了几句话，立刻把杨坚吓得差点瘫倒在地上。

刘昉说了什么话呢？刘昉说：“太上皇刚才把我和御正中大夫颜之仪叫进卧室，想对我们俩托付后事，可是连话都说不出来了。我看太上皇驾崩，就在这一时半会了。我和郑译郑大人商量了一下，决定引你进宫主持大事。”

原来，宇文赟游戏过度，纵酒荒淫，病得越来越重，呈现出“龙驭归天”的可能。皇帝的死意味着一场新的权力分配的开始，谁都想在其中捞上一把。即使什么也捞不着，也不能让自己成为权力分配的牺牲品。深受宇文赟信任的两个近臣：内史上大夫郑译和御正大夫刘昉，尤其紧张。近臣的权力完全得益于他们和皇帝走得近。可是一朝天子一朝臣，近臣的权力基础是最脆弱的，老皇帝一死新皇帝就会用自己的亲近的人来替代老皇帝身边的人。郑译和刘昉眼看着宇文赟气若游丝，心里急啊。如何才能保住已有的权位，或者再前进一步呢？

如今，郑译、刘昉二人一合计，新皇帝宇文阐年幼无知，如果要想保持富贵荣华，必须与新的主政人搞好关系。其中最简单的方法就是扶持与自己关系密切的大臣主持朝政。得了，干脆我们“造”出一个主政大臣来吧，到时候自己也能分享朝廷大权。郑刘他们不约而同地说出了一个名字：杨坚。一来，杨坚是皇亲国戚，隋国公，群臣之首；二来，杨坚是两人共同的朋友，关系不错。那边，宇文赟快不行了，召刘昉和颜之仪进入了卧室。宇文赟当时基本丧失了语言能力，只是示意两人照顾好儿子宇文阐。刘昉出来，赶紧找到郑译，说关键时刻到了。两个人再一起找到了杨坚。

这是赤裸裸地招呼杨坚一起搞政变啊！如果换做你是杨坚，好好在家里养病，突然跑过来一个人对你说，皇帝快死了，我们决定推举你发动政变夺权。你的第一反应是什么？“这事儿是真的吗？”接着，你就会有更大的一个疑问：“这事儿靠谱吗？”

杨坚也难免产生了很多的疑问，而且他的反应比其他人还要大。他不仅觉得刘昉、郑译等人的建议非常不靠谱，而且还可能给自己带来灭顶之灾。杨坚吓得差点瘫倒在地。杨坚为什么又有这么大的反应呢？

杨坚所处的魏晋南北朝时期，政治斗争接二连三，几乎一年一小政变，三年一大政变，每次都血流成河，王公大臣早上出门，晚上不一定能回来。政治人物都养成了谨小慎微、明哲保身的习惯。杨坚因为种种原因，遭到猜忌。《隋书》用四个字来形容杨坚早年的经历：“深自晦匿”，也就是深深地把自己的欲望和观点隐藏起来，用一双警惕的眼睛观察外面的世界。杨坚养成了稳重又敏感、多疑的性格。

杨坚为了避祸，一心离开长安，几天前刚找了郑译，请他帮忙“运作”了一个扬州总管的职位。就在杨坚的心已经飞到扬州的时候，刘昉、郑译告诉他，宇文赟要死了，而且两个人还要把他推到前台去当首领，发动政变。这完完全全出乎杨坚的预料之外，彻彻底底要颠覆杨坚之前的行事风格。他在脑海中把往事一幕幕都过了一遍，又把现在的形势一点点梳理了一遍，再结合自己的情况从头到脚、从里到外思考了一遍，犹豫了很长一段时间，才对刘昉等人说："诸位，我看这事还是算了吧。"

刘昉着急了。他撂下了一句狠话，一下子改变了杨坚的想法。《隋书》记下了这句话："公若为，当速为之；如不为，昉自为也。"刘昉的意思是：宫廷政变这种事情，你如果要干，就别犹豫，立刻去干；如果你杨坚不想干，我刘昉就自己去干。刘昉在政变这件事情上，态度是很坚决的，一门心思要政变夺权。杨坚深埋在心底的权力欲望，被这句话激发了起来。他不甘心一辈子都生活在恐惧当中，不愿意一辈子都韬光养晦。金子总是想证明自己的光亮。所以，杨坚改变态度，答应刘昉、郑译等人，带头发动政变。

杨坚跟着刘昉、郑译跑到宫里面去。刚进宫门，还处于迷迷糊糊状态的杨坚迎面碰到了术士来和。杨坚赶紧问："我此行有无灾障？"来和并不知道宇文赟咽气了，但浸染在宫廷之中得来的经验告诉他，杨坚一伙人匆匆忙忙闯进宫廷之中，肯定没什么好事。来和是个明白人，不得罪任何人，忙拱拱手向杨坚祝贺说："公骨法气色相应，天命已有付属。"就这么一句随口而出的奉承话让杨坚信心倍增，立马冷静了下来。是啊，人一进宫，政变就算是启动了，没有回头路可以走了，只能尽力把它做好了！

二

杨坚就以"侍疾"的名义，进入了深宫。他见到了计划政变的所有同党，也就是刘昉、郑译、杨惠、皇甫绩、柳裘等屈指可数的几个人，而且大家都是宫廷官员，既不掌握军队，在百官当中也没有威望。他们所谓的政变计划，就是等周宣帝宇文赟死后，假传诏书，让杨坚统领天下兵马，掌握实权。杨坚觉得这样的政变，太儿戏了，会面临诸多的困难和反抗，成功的几率不大。所以，他又有些打退堂鼓了。

当时，刘昉、郑译等人已经开始草拟宇文赟的"遗诏"了，见杨坚态度不坚定，御饰大夫，掌管皇帝御用饰物的官员，柳裘对他说："时不可再，机不可失，今事已然，宜早定大计。天与不取，反受其咎，如更迁延，恐贻后悔。”柳裘的意思是说，这样的机会太难得了，如果不把握住机会，反而会遭到祸害。杨坚再犹豫不决，后悔就来不及了。从杨坚进宫那一刻开始，政变就像射出去的箭、泼出去的水，收不回来了。杨坚的妻子，独孤伽罗，也在丈夫入宫后，派人送来口信说：“大事已然，骑兽之势，必不得下，勉之！”独孤伽罗说的也是柳裘的意思，鼓励丈夫政变到底。我们在后面还会讲到，独孤伽罗在杨坚的生命中有非常重要的地位，杨坚非常依赖妻子。关键时刻，妻子的鼓励坚定了杨坚政变到底的决心。

刘昉、郑译拟定了一份诏书，要让杨坚总督军队、主持朝政。拟完了，他们找另一个接受宇文赟托付的大臣、御正中大夫颜之仪会签。颜之仪当然知道是怎么回事了，拒绝签署，还义正词严呵斥杨坚等人：“皇上驾崩，嗣子年幼，辅助朝政的重任理应由宗室大臣承担。公等备受朝恩，应当尽忠报国，怎么能将国家交给他人呢！我有死而已，不能诬罔先帝。”刘昉看颜之仪的态度很坚决，就不再搭理他，代他在诏书上签了字。

那一边，周宣帝宇文赟结束了荒唐的一生。郑译马上宣布了所谓的“遗诏”，杨坚总知中外兵马事，文武百官皆受杨坚节度。同时在另外一边，颜之仪也联合一部分宦官，发起了另外一场政变。他们引导北周宗室、大将军宇文仲进宫，准备推举宇文仲辅政。宇文仲抢先进入了大殿，都走到龙椅前面了。眼看胜利的果实要被抢走了，郑译连忙带着刘昉、杨惠、皇甫绩、柳裘等人冲进来。宇文仲与颜之仪见了郑译等人，很惊愕，在关键时刻犹豫了起来。郑译等人和他们理论：“你们到底要干什么？”宇文仲的心理素质不如杨坚，在这个节骨眼上打起了退堂鼓，想跑出宫去。

宇文仲、颜之仪等人真是成不了大气候。他们还以为政变是请客吃饭呢，想来就来，想走就能走。政变是暴力行动，是要见血，是要掉脑袋的。结果，杨坚以大义凛然的形象出场，轻易就将宇文仲、颜之仪等人抓了起来，拉下去补上政治理论课了。

杨坚手里还有一张王牌，那就是女儿、皇太后杨丽华。杨丽华不明就里，在重大关头自然是站在父亲一边。杨坚等人说宇文赟临终前将后事托付给了杨坚，杨丽华也就信了，按照刘昉、郑译的意思传令，任命隋国公为大丞相，总督全国军事。皇太后的命令，给杨坚等人的政变蒙上了一丝合法的色彩。杨坚赶紧利用太后命令和假诏书夺取了京城部队的指挥权，稳定了政局。

三

稳住阵脚后，杨坚、刘昉、郑译三人开始瓜分权力了。大家打算由杨坚出任大冢宰，郑译做大司马，刘昉当小冢宰。大冢宰地位崇高，但没有实权，而大司马掌握军队，小冢宰管理司法，地位低于大冢宰，却有实权。

当时担任御正下大夫的李德林，亲近杨坚。李德林听说初步安排后连忙把杨坚拉出去说："杨公您应该做大丞相、假黄钺、都督中外诸军事，否则无以号令大众。"杨坚猛然醒悟。政变初步成功了，自己干嘛还要和刘昉、郑译两个人平分权力呢。于是，杨坚单独以诏书的形式宣布以汉王宇文赞（宇文赟的弟弟）为右大丞相，杨坚为假黄钺、左大丞相，都督中外诸军事，节制百官。郑译被任命为丞相府长史、刘昉为司马。

郑译、刘昉两人大吃一惊。他们冒险政变，本来想与杨坚共享富贵的，谁料尘埃尚未落定，自己先成了人家的僚属。这同室操戈也来得太快了点吧？可是杨坚的权柄和优势地位是自己两人捧上去的，杨坚又给予了两人无数的赏赐作为补偿，郑刘二人不得不接受现实。

杨坚计划把东宫作为自己的执政府，命令百官来东宫议事。政变刚刚发生，文武百官对基本上都处于观望状态。杨坚就命令司武上士卢贲，带上官兵，召见公卿说："欲求富贵者，当相随来。"大臣们还是窃窃私语，有的还想开溜。卢贲指挥官兵把百官都看管起来，官员们都不敢动了，被动跟着卢贲到东宫去。到了东宫，宫中的太监反而不让大家进去了。卢贲睁大双眼、破口大骂，看守太监害怕了，这才打开宫门。朝廷的衮衮诸公们，都是识时务的俊杰，纷纷赶到正阳宫，祝贺杨坚荣升丞相。

为了防备掌握实权的宇文氏藩王发难，杨坚命令封锁皇帝的死讯，密不发丧，用宇文赟的名义宣布将赵王宇文招的女儿嫁给北方的突厥人“和亲”，征召各位王爷入长安。在外地的宇文家族诸位王爷接到诏书，纷纷赶往京城，离开了地方和军队。估摸着各位宇文王爷到了前不着村后不着地的地方，杨坚这才宣布皇帝死讯，抛出了一份“遗诏”。遗诏宣布由杨坚总管朝政，辅佐外孙、8 岁的宇文阐。宇文家的各位王爷陆续抵京，被通知都留在京城中料理先帝的丧事。

杨坚的这场宫廷政变，至此才算是取得了初步的胜利。杨坚下一步就要搭建自己的领导班子了。刘昉、郑译两人虽然是同一条船上的人，但是能力和名声都不行；李德林忠心，但是一介文人，缺乏政治手腕。杨坚正发愁缺少得力的干将，突然想起一个人才来：高颎。

高颎这个人精明能干，文韬武略都很出色，是典型的军师人选。高颎这个人不仅有才，而且和杨家的关系非常密切。高颎的父亲高宾曾是北齐的大臣，后来逃到北周避祸，做了杨坚的岳父独孤信的僚佐，跟着主子姓了独孤氏。后来，独孤信在政治斗争中失败被杀，家属流放他乡。高颎依然和独孤家族保持联络。独孤皇后因为双方父亲的这层关系，和高颎常有交往。杨坚政变上台掌权后，调高颎来协助自己。当时高颎说了一句话，让杨坚感动得一塌糊涂。这句话进一步加深了高颎和杨家的联系，开启了高颎日后二十年荣华富贵。

高颎接到杨坚的邀请后，欣然说：“愿受驱驰。纵令公事不成，颎亦不辞灭族。”

当时杨坚的地位还很不稳，前途不明，高颎却把自己很杨坚牢牢捆绑在了一起，甚至做好灭族的打算协助杨坚。杨坚立即提拔高颎为相府司录，从此，高颎成了杨坚的谋主和心腹。郑译、刘昉等人很快就因为各种原因被杨坚疏远，杨坚越来越倚重高颎。

四

这场政变，在历史上都没有专门的名字。我们姑且称之为“无名政变”。应该说，这是一场非常仓促的临时性时间。别人搞政变，怎么也得准备三个月五个月的，长的甚至精心准备了一两年。杨坚的政变，完全是刘昉、郑译等宫廷官员临时起意，拉着杨坚就发动了起来。杨坚的胜利来得非常侥幸。如果不是刘昉、郑译两人之前和杨坚有交情，关系不错，这样的好事不会落在他的头上。同时，当时的文武百官是迫于身家性命的安全考虑，被迫承认了政变的客观事实，并不是真心拥护杨坚。很多人可能是觉得之前周宣帝宇文赟残暴荒唐，在他的统治下完全没有安全感，所以感觉换一个杨坚，或许并不是一件坏事。所以，大家都迫于形势，暂时听命于杨坚。杨坚刚掌权的时候，老同学元谐就告诫他说：“公无党援，譬如水间一堵墙，大危矣。公其勉之。”(《隋书·元谐传》)元谐的意思是说，杨坚没有强大的势力作为基础，既没有自己的嫡系部队，又没有自己的政治派系，刘昉、郑译等人都是为了自身的荣华富贵，推举杨坚来政变的，所以杨坚的处境其实很危险，仿佛是面对洪水的一堵土墙，随时可能垮台。

杨坚对自己有几斤几两，对眼前的形势，有非常清醒的认识。客观上，他一上台就面临了北周宗室和地方实权人物的强烈反对。杨坚先是引诱地方上的宇文氏藩王来长安，解除他们的实权，接着调兵遣将扑灭了中原、四川等地起兵伐对他的藩镇，横加杀戮，再加上封官赏赐，拉拢了观望的中间派，最后好不容易才把地位稳固下来。一年后，公元581年，杨坚登基建立隋朝，改元开皇。杨坚就是隋文帝。

这一切来得太快，太不可思议了。一年前，杨坚还战战兢兢，担心被人加害；一年后，杨坚就是真龙天子，九五之尊了。杨坚觉得自己仿佛是在梦里一样，进而产生了强烈的不真实感，最后发展成了严重的不安全感。他本来就有敏感多疑的个性，现在发展成了猜忌。“多疑”、“猜忌”是皇帝的共性，每个皇帝都有，只有轻重不同强弱有别。但杨坚是重度患者，《隋书》评价杨坚“天性沉猜”，就是闷在那里猜忌周围的一切。还说杨坚“无宽仁之度，有刻薄之资”。

杨坚登基后，有一次对老同学、大司徒王谊直截了当地说：“吾昔与公位望齐等，一朝屈节为臣，或当耻愧。”意思是说，原来我和你们地位相等，现在变成了君臣，你们当中一些人应该觉得很羞耻。这是典型的不自信。就是对政变的功臣刘昉、郑译等人，杨坚也对长子杨勇说："此等皆反覆子也。"杨坚觉得他们既然能背叛宇文赟，也会背叛自己。他很快就疏远了最初拥戴自己的功臣，几年后不是把他们冠以"谋反"的罪名杀掉，就是贬斥到偏远地区，或者革职为民监视起来。杨坚还大搞特务统治，派亲信监视朝野大臣，谁有小过失，就加以重责。他担心官员贪赃枉法，甚至私下里派人拿着钱帛引诱官员犯罪，谁贪赃就犯立斩。所以，《隋书》评价杨坚猜忌、刻薄，并不过分。他的成长经历塑造了他的个性，他的夺权过程给他买下了严重的心病。

在君主专制政体下，皇帝的性格影响巨大，甚至足以主宰王朝政治的发展。杨坚深深的不安全感、多疑猜忌的个性，直接影响了隋朝权力交接，进而很大程度上塑造了王朝的命运。

权臣之路

一

杨坚独揽大权，凭的主要是个人高贵的出身和崇高的地位，同时撞上了大运，被刘昉、郑译推了一把，登上了权臣的宝座。

但是出身高贵、地位崇高的人很多，有的人的先天条件就比杨坚要好得多。当时刚去世的宇文赟的弟弟、汉王宇文赞之前在朝廷中和杨坚的地位不相上下，如今名义上是左丞相，地位比杨坚高那么一点点。宇文赞的存在不仅使杨坚不能完全施展拳脚，而且也很容易成为政敌利用的旗帜，成为替代杨坚的潜在威胁。宇文赞当时还不到 20 岁。对付这样的小伙子，刘昉很有办法。他搜罗了许多美女献给宇文赞。宇文赞高兴地接受了美女，对刘昉也亲近起来。刘昉和宇文赞熟悉了后，就劝说宇文赞："大王您是先帝的亲弟弟，众望所归。现在是孺子当国，怎么能够承担军国大事呢！如今先帝刚刚驾崩，人心尚未稳固。大王不如先退回宅第，等局势安定后再出来主政，还可能入宫做天子。这才是万全之计啊。"宇文赞实在是太年轻了，缺乏社会阅历和政治经验，听刘昉这么一说，竟然觉得非常有道理，就从此深居简出，不与杨坚争夺权利了。杨坚高兴地拜刘昉为下大将军、封黄国公，郑译为沛国公。

当宇文赞傻乎乎地在家里等着天上掉馅饼的时候，其他成年的王爷可不这么想，对杨坚窃据宇文家族的王朝大权恨得牙痒痒。这样的王爷主要有五位，分别是：赵王宇文招、陈王宇文纯、越王宇文盛、代王宇文达、滕王宇文逌。他们都是当今皇上宇文阐的叔祖父，宇文赞的叔叔，经验丰富，可不像宇文赞那样容易欺骗。杨坚当初就怕这五位王爷联合起兵反对自己，所以利用假诏书将五王都召回长安，剥夺了他们的实权和军队。五位王爷在杨坚辅政后，都很不服气。但是他们已经失去了实权，已经无法与杨坚抗衡了，所以五个人便通过另一位王爷毕王、雍州牧宇文贤秘密联系外藩将领起兵。

外藩的许多将领对杨坚独揽大权也很不服气。他们当中许多人也都是世代贵族出身，也是皇亲国戚，而且还握有杨坚所没有的地方实权。凭什么就让你杨坚摘得了桃子，我们就得听你的啊？在这些将领中，相州总管尉迟迥的怨气最大。尉迟迥是北周的重臣宿将，母亲是宇文家的公主，镇守着原来北齐的首都邺城，兵精粮足。杨坚非常担心尉迟迥起兵反对自己，就用给宇文赟办葬礼的名义，召尉迟迥入朝。尉迟迥是宇文家的外甥，来给老皇帝操办葬礼是理所应当的。另一边，杨坚任命了年逾古稀的老将军韦孝宽为新的相州总管，赶赴邺城取代尉迟迥。

尉迟迥被逼上绝路了，不得不在东方起兵造反。尉迟迥名义上是为北周王朝铲除奸臣，实际上支持他的都是一些北齐王朝的遗老遗少。这次起兵带有明显的割据争霸的性质。一时间，河北、河南、山西一带出现骚动。十几天时间里，尉迟迥聚集了近十万反对力量。宇文胄在荥州、石愻在建州、席毗在沛郡、席叉罗在兖州响应尉迟迥。尉迟迥还派遣自己的儿子作为人质，向南方的陈国请求援兵。

刚好韦孝宽还在路途上，杨坚改任他为行军元帅，还是赶赴邺城，去讨伐尉迟迥。在这次讨伐行动中，许多年轻将领脱颖而出，成为了日后的政坛主角。比如宇文述，比如杨素。

韦孝宽进军到沁水的时候，沁水暴涨，只好隔水与尉迟迥的大军对峙。尉迟迥在东岸布阵20余里，声势浩大。杨坚担心前线战事不利，要派一个心腹去当监军，给大家打打气、鼓鼓劲。杨坚让刘昉去当监军，刘昉赶紧推说自己从来没带过军队，完成不了任务；杨坚又让郑译去前线监军平叛，郑译马上说自己家中还有80岁的老母需要照顾，离不开身。杨坚笑了。他本来就知道刘昉、郑译是什么货色，根本就没真心打算让他们去做监军。杨坚属意的人是高颎。高颎于是平地一声雷，没当几天丞相属官，又被提拔为了北周大军的监军。

高颎到达前线后，催促在沁水上架桥准备发起进攻。尉迟迥盘算着，等韦孝宽率领一半的军队渡过河的时候，发动突然袭击，把北周军队消灭在河滩上。没料到，韦孝宽率军擂鼓齐进，迅速渡过河去；高颎马上下令焚桥，逼迫全军背水一战。结果，韦孝宽的军队奋力猛攻，尉迟迥的军队大败而逃。

在战斗中，宇文述冲锋陷阵，俘虏了大量敌军。宇文述的祖先原本是鲜卑族宇文家的奴仆，随主人的姓才姓了宇文氏。他的父亲宇文盛，因为战功位列北周的上柱国。宇文述的性格"恭谨沈密"，打仗发狠，一战成名。

尉迟迥大败后，韦孝宽分兵去讨伐响应尉迟迥叛乱的荥州刺史宇文胄。大将杨素领兵很快就击败了宇文胄。杨素也是个狠角色，每次打仗前总是挑出部下的过失杀人，有时多达上百人，营帐里流血满地杨素仍能谈笑自若；打仗的时候，杨素总是先派一二百人冲锋，如果能冲破敌人的阵营就重赏，如果冲不破就全部斩首示众。一般人会以为杨素是一个凶猛嗜血的莽将，其实杨素最初是以文字才能进入官场的。杨素544年生于弘农华阴（今陕西华阴东南）人，好学善文。周武帝宇文邕曾授意他起草一份诏书，杨素不假思索当场写成皇帝看。宇文邕看后非常满意，怕怕杨素的肩膀说："小伙子好好干，日后不愁没有富贵。"杨素狂得很，竟然回答说："皇上，我无心追逐富贵，将来只怕富贵来追我！"之后，杨素参加攻灭北齐之战，屡立战功，依附杨坚的时候官职是汴州刺史。

杨坚自诩出身高贵的弘农杨家，八成是冒充的。而杨素则是正儿八经的弘农杨家出身。杨坚因为大话放了出去，收不回来了，日后只能认杨素做了远房亲戚。

正是有宇文述、杨素这样的年轻一代的勇猛作战，垂垂老矣的韦孝宽很快就把尉迟迥的首级送到长安。参予骚乱的余党也被陆续镇压了下去。公元 580 年年底，韦孝宽凯旋回京，回到长安就死了，时年 72 岁。

尉迟迥作乱的时候，郧州总管司马消难割据本州响应，淮南的很多州县都参予了叛乱。司马消难被打败，逃往南陈。荆郢一带的少数民族乘机作乱，也遭到了镇压。事后查明，这场骚乱有毕王宇文贤和赵陈五位王爷在幕后阴谋作乱的影子。杨坚只是捉拿宇文贤处斩，宽恕了赵王五个人的罪过，还下诏给予在长安的五位王爷剑履上殿、入朝不趋的待遇，以安定人心。

镇守四川地区的上柱国、益州总管王谦也是个野心家。他看到幼主在位，杨坚辅政，就以清除权臣、匡复朝廷为借口，发动巴蜀的军队作乱。杨坚开始因为关东和荆州一带骚乱分了精力，没有马上讨伐四川。王谦的军队屯剑阁，攻城略地，搞得很挺精彩。杨坚缓过精神头来以后，命令行军元帅、上柱国梁睿讨伐王谦。很快，王谦的首级就被送到了长安。杨坚看到巴蜀阻险，常常发生叛乱，于是开辟平道，毁掉剑阁险要，防止再次动乱。

不满杨坚的实权人物被先后镇压后，其他大臣对杨坚的态度温和了许多。并州李穆是占据山西地区的实权人物，尉迟迥造反的时候想拉拢他一起干。李穆不仅没答应，还发兵协助杨坚攻打尉迟迥。胜利后，李穆说自己年纪也大了，主动退休到长安来养老，不久死在了长安。临死前，李穆偷偷给杨坚上表，劝杨坚当皇帝。梁睿平定四川后，接替王谦做了四川这个天府之国的地头蛇。可梁睿不去想怎么割据巴蜀，怎么当好地投身，整天都在想怎么消除杨坚对自己的猜忌和怀疑。后来他想出来一个方法，终日享受作乐、贪污腐败，摆出一副烂泥样，让杨坚相信自己没有二心。当然了，梁睿也上了一道奏折，劝杨坚当皇帝。

二

眼看杨坚的地位越来越巩固，被困在长安的周室诸王急火攻心。

他们也不闲着，由赵王宇文招牵头，在赵王府摆下鸿门宴邀请杨坚参加，准备干掉杨坚。

五位王爷的面子杨坚还是要给的，加上杨坚也想看看五个人想做什么，所以就去赵王府赴宴了。事先，杨坚也怕被人下毒，所以自己带酒去赵王府赴宴。

赵王宇文招在寝室招待杨坚，让两个儿子和小舅子等人在左右佩刀环立。同时宇文招在帷席之间暗藏兵器，又在其他房间埋伏了武士，只等找个机会把杨坚给剁成肉酱。杨坚虽然大权在握，但还是大臣。按照规矩，大臣去宗室家中拜见王爷，是不能带着卫士的。所以杨坚赴宴的时候只带了堂弟杨弘和亲信元胄两个人一同前往，名义上是“陪客”，实际上做保镖。

宇文招也不傻，根本就没让元胄他们俩进入寝室，只允许他们在室外待着。

寝室内的这场饭局，进行得惊心动魄。宇文招亲自拿起佩刀给杨坚切瓜，切好后再用水果刀插瓜递到杨坚面前。杨坚不好拒绝，接过瓜吃了起来。这一连递了好几回，杨坚都吃了好几回。宇文招心想，是时候了，下一回我递瓜的时候，直接把刀捅进杨坚的心窝！

门口的元胄看情况不对，冲入室内对杨坚喊：“相府有事，杨公不可久留！”

宇文招正想把刀捅过去，结果被元胄一声大喊吓了一跳，硬生生把刀给收了回来。他火冒三丈，斥责元胄道：“我和丞相说话，你是什么东西？”

一旁人也跟着呵斥道：“退下，退下！”

元胄愤怒地瞪大眼睛，鼻子像野兽一样哼出怒气，右手握住刀环，站在那里一动不动。

宇文招一看这是个拼命三郎的主，只好放缓语气说：“将军不必多心，我们在此欢饮而已。”说完，宇文招赐酒给元胄喝。元胄站着不喝。宇文招眉头一皱，装出醉酒恶心要呕吐的样子，起身就要进入后阁。后阁埋伏着许多士兵，宇文招是想去叫人进屋来剁死杨坚和元胄。元胄机警得很，猛地上前扶住宇文招，一把将他按坐在席上。宇文招力气小，想起身逃走，走不了，结果被元胄给劫持住了。宇文招又说自己口干，请元胄去厨房拿点水来，元胄才不上这么低级的诡计呢，扶着宇文招立于原地不动。

杨坚等人见此，都不知如何是好。正僵持间，外面高声禀告，滕王宇文逌前来“拜访”。

杨坚依礼走出寝室去迎候滕王。趁此机会，元胄放过宇文招，跟着出去。他附在杨坚耳边说：“这里很古怪，丞相请马上离开！”杨坚何尝不想离开，可新来的滕王宇文逌又非常客气地拉住他要“再喝几杯”。杨坚只好回到寝室接着“欢饮”。

趁杨坚与滕王寒暄，重获自由的宇文招已经示意各处埋伏的卫士准备动手了。跟在杨坚后头的元胄听见其他房间有刀剑相碰和盔甲摩擦的声音，顾不上礼仪，冲到杨坚跟前拉着他就走，边走边说：“相府有紧急公务，杨公必须马上离开！”杨坚紧随元胄，慌忙向大门口奔去。

宇文招见状不妙，操起刀子，就向门口扑去。眼看杨坚就要迈出大门，宇文招的刀子闪在杨坚后心了，元胄突然拦住宇文招，用身子挡住大门，说：“赵王太客气了，无需相送。”

宇文招恨得巴不得一口咬死元胄，而杨坚捡了一条命，一路小跑，逃回了丞相府。想想刚才宇文招都动了刀子了，杨坚也不客气，给他安上了“谋反”的大罪名，杀掉了赵王宇文招、越王宇文盛。元胄则得到了重赏。[1]

经过这次未遂暗杀，杨坚也不把野心藏着掩着了，加强了对政权的控制，抓紧篡位的准备工作。580 年 9 月，杨坚操控的北周朝廷封杨坚长子杨勇为洛州总管、东京小冢宰。同月宇文阐下诏说褒奖“假黄钺、使持节、左大丞相、都督内外诸军事、上柱国、大冢宰、隋国公”杨坚道德高尚，能力出众，运筹帷幄，决胜千里，对朝廷功勋卓著。诏书罢免了左、右丞相的官职，任命杨坚为唯一的大丞相。10 月，宇文阐又追封杨坚的曾祖父杨烈为柱国、太保、都督徐兖等十州诸军事、徐州刺史、隋国公，上谥号“康”；追封杨坚祖父杨祯为柱国、太傅、都督陕

1 元胄就是个莽夫，勇气可嘉，但“不讲政治”，杨坚晚年参予皇帝家事，杨广时期又口无遮拦，惹是生非，不仅没能参予核心朝政，最后还被满门抄斩。

蒲等十三州诸军事、同州刺史、隋国公，上谥号“献”；追封杨忠为上柱国、太师、大冢宰、都督冀定等十三州诸军事、雍州牧。在完成对杨氏家族的世系追封后，杨坚同月诛杀陈王宇文纯，第二月诛杀代王宇文达、滕王宇文逌。

12 月，北周晋封杨坚的公爵为王爵，位在诸侯王之上。隋王杨坚可以剑履上殿，入朝不趋，赞拜不名[1]；朝廷备九锡之礼，赐予杨坚玺绂、远游冠、相国印、绿綟绶等乱七八糟的象征物。北周以中原各州二十郡为隋国，隋国置丞相等上下官员。杨坚一再推让，以各种理由拒绝接受。于是，朝野掀起庞大的对杨坚的歌颂浪潮，恭请隋王接受恩赏。最后杨坚不得不接受王位，但他只要了中原的十个郡作为封地。之后，北周下诏晋封杨氏各位先祖为王爵，各位夫人封为王妃。

现在，连傻子都知道杨坚离皇位只有一步之遥了。

庆云罩长安

一

杨坚冲刺皇位的道路，并非全部是从阴谋走向诡计，从杀戮走向杀戮的简单重复，也的的确确做出了许多成绩。

这还要归功于荒唐皇帝宇文赟把国家治理得太差了，留给杨坚一个很差的参照物。杨坚只要做出一点小小的成绩，相比较之下，就成为了“丰功伟绩”。宇文赟在世的时候，刑罚很重，动不动就杀人灭族。杨坚上台后，更改了法律，刑罚大为宽松，立即赢得了一片好评。

严厉的刑罚还是其次，当时北方的汉族人过得都比较郁闷。西晋分崩离析之后，北方出现的各个王朝都是少数民族建立的王朝。既然是人

1　可以佩带宝剑上朝，上朝的时候可以不低头用小碎步蹑手蹑脚地前进，启奏的时候可以不先自称“臣”。这些都是一般大臣必须严守的禁忌，有专门的御史查大臣们是否遵守这些规矩。哪个大臣在皇宫中大摇大摆地走路，是要挨板子的。

家的王朝，就没有汉族人的什么好处。在政治上，只有少数人（像杨坚家那样）被少数民族统治者认可了，才能进入权力核心，绝大多数汉族人都是被统治者。而对于各个少数民族来说，他们也对这种情况很不满。城头变幻大王旗，一个又一个少数民族建立王朝。新王朝建立，建立旧王朝的少数民族往往就要遭殃了。事实上，长期的战乱和交流促进了民族融和，汉族人和少数民族人的界限越来越模糊，利益也变得越来越一致了。宇文氏成立的北周主要依靠的是汉族的力量，本身并无宇文部落作根基，但建立后继续执行民族隔阂政策，热衷于黄河流域的鲜卑化与胡化。宇文泰表面上模仿《周礼》定官制，实际上是制定了一种与汉魏官制完全不同的制度，同时命令百官穿着鲜卑服装，称呼鲜卑姓字。杨坚敏锐认识到在民族政策方面有所作为，建立政绩，为改朝换代夯实基础。

杨坚带头改回汉姓，又下令："以前赐姓，皆复其旧。"至于语言、风俗，完全听任百姓自由。同时，杨坚毫不手软地对付反叛旧臣和豪强大吏，清理少数民族贵族队伍。他罢黜了一些没有真才实学的人，即便有些人对杨家有着这样那样的功绩；提拔有真才实干的人辅佐自己管理国家政务。这不仅遏止了半个多世纪的鲜卑化趋势，而且也意味着长期处于政治劣势的汉族人得以能够真正进入政坛，很快打下了扎实的民意基础。

581 年 2 月，杨坚接受了九锡之礼。之后，宇文阐又下诏允许杨坚从穿戴到出巡，都享受皇帝的标准，在形式上与皇帝无异。在杨坚心安理得地向皇帝靠拢后，宇文阐又下诏承认周德将尽，天命从宇文家转移到了杨家，自己要把皇帝宝座禅让给杨坚。按照禅让的"规矩"，杨坚要再三退让，谦虚一下；同时宇文阐要派遣一批又一批的高官显贵去敦请杨坚接受帝位。于是，朝廷百官纷纷劝进，恭请杨坚顺应上天和百姓，登基称帝。最后演完了，杨坚才点头同意"勉为其难"，"顺应民意"，去当皇帝。

杨坚于是在人们的簇拥下，从相国府穿着平常的衣服入宫。在临光殿，宇文阐恭敬地将皇位禅让给杨坚，杨坚更衣即皇帝位；朝廷在长安南郊设祭坛，杨坚派人柴燎告天，告诉天上皇帝说杨坚做了地上的皇帝。因为杨家的爵位是隋王，杨坚依惯例将新王朝定名为“隋”。同日，杨坚上告太庙；大赦天下；改年号“大定”为“开皇”；变更北周官制，恢复汉魏时期的汉族旧官制。这就是改朝换代，事情很多很麻烦。好在南北朝时期改朝换代的事情多了，许多大臣经历了不止一次改朝换代，有经验，有准备，而且朝廷也留下了详细的操作记录，一切操作起来忙得有条不紊。在接下去的几天，他追尊杨忠为武元皇帝，庙号太祖；立王后独孤氏为皇后，长子杨勇为皇太子；以高颎为尚书左仆射兼纳言，以苏威为吏部尚书兼纳言，李德林为内史令。

在杨坚组织的执政团队中，高颎、苏威和李德林都是一时名士。李德林跟从杨坚时间最长，应该是最有前途的。可惜他反对杨坚对北周的宇文诸王的做法，杨坚骂他为书生，不是合格的谈话对象。因此，李德林升迁缓慢。尽管他从理论上论证了杨坚篡位的“合法性”，将隋朝的建立和儒家思想紧密联系在了一起。可惜杨坚“明儒内法”，只是将儒家说教作为工具而已，所以并不重视李德林。李德林 599 年死在了地方刺史的任上。

高颎成为尚书左仆射兼纳言，进封渤海郡公，地位朝臣无人能比。杨坚亲昵地称呼高颎为独孤而不叫他的名字，引为首辅。高颎很清醒，知道权高位重并不是好事，会招致同僚的嫉恨，所以奏请将首辅的位置让给苏威。苏威出身世代官僚家庭，苏家在百官中声望很高，苏威的父亲苏绰还是北周政治的设计者。杨坚同意了，准备让苏威接任仆射。几日后，杨坚还是离不开高颎，觉得高颎主动推贤，品德高尚，不仅没让他退位，还给他加了一个左卫大将军的兼职。在这以后将近二十年的时间里，高颎忠心辅佐杨坚，为隋朝在政治、经济、军事各方面作出了重要的贡献。

隋朝就此正式建立了。从公元 220 年曹丕正式推翻汉朝建立曹魏以来，中国已经分裂了 361 年了；如果将黄巾起义爆发作为乱世开始的标志，那么中国已经混乱了将近 400 年了。

这一年，杨坚 40 岁，历史因为他翻开了新的一页。

《隋书》记载禅让当天，京师长安出现了祥云。全国各地祥瑞频频，喜庆得很。高平出现了赤雀，太原捕获了苍乌，白雀来到了长安。这些传说中的神鸟非常及时地在杨坚建立新朝的时候出现了，加入到歌功颂德的行业中。长安的宣仁门的一对槐树连理，枝条长得蔚为大观。长安附近的盩厔县也献上了一对连理树，被移植到宫廷中来。“白狼国”也赶紧贡献方物。此外，还有白天出现太白星之类的神奇记录。太常则将朝廷庞大的乐队解散了，放出乐手们，让他们去做普通百姓。

客观地说，这些眼花缭乱的祥瑞的出现，有一部分捧臭脚、拍马屁的成分，但也不能排除许多人真心的赞美和拥戴之心。杨坚毕竟出手不凡，给人印象深刻。杨坚会成为一个好皇帝吗？

二

退位的周静帝宇文阐还只是个年仅9岁的小孩子。我们先来看看他的命运。

杨坚封宇文阐为介国公，食邑五千户，待之以隋朝宾客之礼。介国公的旌旗、车服、礼乐，一应照旧，按照皇帝的标准配给。宇文阐上书可以不称表，答表可以不称诏。北周的诸王也都降封为公爵——实际上遭到了屠杀。三个月后，介国公也死了。

《隋书》对这位小逊帝退位后的生活只记载了两句话：“辛丑，陈散骑常侍韦鼎、兼通直散骑常侍王瑳来聘于周，至而上已受禅，致之介国。”“辛未，介国公薨，上举哀于朝堂，以其族人洛嗣焉。”前一句话的透露了介国公的死因。南陈事先不知道北周禅让的确切时间，派遣散骑常侍韦鼎、兼通直散骑常侍王瑳两个人出使北周。两位使节到达长安的时候，北周已经不存在了，隋朝刚刚建立。韦鼎和王瑳两个人也够死脑筋的，觉得自己是出使北周王朝的，现在也理当去见介国公。于是两这个人就去拜见宇文阐，当作完成使命。宇文阐只是个9岁的孩子，哪知道其中的奥妙所在，没有向隋朝汇报就接见了南陈皇帝派来的使团。杨坚对这件事极为震怒。没几天宇文阐就死在家里了，享年9岁。杨坚在朝堂上为宇文阐举哀。因为宇文阐没有子嗣，隋朝在宇文家族后人中找人延续了宇文阐这一脉。

我们对照《周书》对宇文阐最后生活的描述，可以发现一些微妙的内容。《周书》承认宇文阐当介国公的食邑是一万户，但是一切都是空头支票。宇文阐空有公爵之位，实际上并没有获得相应的待遇。“隋开皇元年五月壬申，帝崩，时年九岁，隋志也。”在这里，《周书》表现得非常有意思。它按照《隋书》的口径转载了介国公的死，但加了个小尾巴“隋志也”。意思是说，这是隋朝官方的说法，《周书》没有做考证，也不敢对真实情况进行调查。于是，我们有充分的理由怀疑介国公宇文阐是被自己的外公杨坚杀死的。

杨坚的女儿杨丽华是北周的皇太后。杨丽华知道父亲篡位的企图后，内心愤愤不平，可一介女流无力阻止。杨坚称帝后，封女儿杨丽华为乐平公主，并要逼她改嫁。杨丽华誓死不从，杨坚也不好死逼。后来，杨皇后随隋朝第二代皇帝杨广巡游河西，途中病死张掖。

三

隋朝的都城是汉族旧都长安城。但杨坚觉得长安被战乱折磨得破败了，不适合做一个伟大的新王朝的首都，决心在旧长安的东南方修建一座新的首都。

杨坚挖掘了一个杰出的设计和建筑人才——宇文恺来负责修建新都。

高颎担任监工，宇文恺具体负责施工。他们征发民工，日以继夜地修建了一座长方形的新城。新的长安城是从图纸上走下来的首都，经过了严密的规划。城区按照职能分成三个区：皇城位于中央偏北的地方，是皇帝的居住和办公的地方；皇城南面是行政区域，道旁分布着政府各官署；其他城区是居民区和市场。宇文恺创造出了“里坊制”：南北向大街和东西向大街纵横交错，把全城分为110个方块，形成网格格局。每个方块称为一“里”，交通方便，布局严整；而“坊”是市场区。这种前所未有的设计，为以后朝代的城市规划所沿用，到现在已经是人们习以为常的事情了。而城市分区和街区制度是隋朝初期奠定的。有人将这座新城称为“世界第一城”，因为日后它的设计和布局思想传播到了日本、朝鲜等国，对都市建设产生了深远的影响。

当高大城墙拔地而起，建筑的脚手架还在工地上的时候，杨坚就迫不及待地迁入了新城。宇文恺不得不先把皇宫建筑装修完毕。当时是583年的春天。

杨坚搬入新城的时候，眼前的城市轮廓宏伟，却内容空空荡荡，缺少人烟。这就好像当时的隋朝一样，百废待兴。

杨坚很长时间里都招揽机构和人口搬迁到新的首都来。他是宗教的慷慨资助者，把黄金地段留给京师佛道寺观：南北大街的东面有整整一个坊都是大兴善寺。而它的对面是道教的玄都观。杨坚鼓励人们出资建造佛寺和道观，对那些资助建造的建筑商赐御制的牌匾。二十年以后，整座城市里有一百多座佛寺和道观。除了宗教设施外，杨坚命令皇亲国戚、大小臣工带头，把府邸搬到新城来。消灭了南陈后，杨坚将南方的精英共十几万人迁到了新都城之中。但新的都城占地数十平方公里，实在太大了，直到在隋朝灭亡的时候，新长安城的大部分地区依然荒无人烟，需要工程尚未竣工。

尽管如此，杨坚在新家里的感觉异常良好。杨坚年幼的时候曾被北周王朝封为大兴郡公，所以用封地的名字命名新都城为大兴城。大兴，大大的兴旺，很对一个崭新的王朝的胃口。

第二章

转瞬而成的统一

杨坚当上北方隋朝的皇帝的时候，陈叔宝是南方的陈朝的皇帝。

陈叔宝对篡位的杨坚很感兴趣，很想看看这个枭雄的长相。别人都说杨坚“貌异世人”，陈叔宝就更好奇了，安排一个画家作为出使隋朝的副使去北方，任务是把杨坚画下来。陈叔宝这才看到了杨坚的画像。陈叔宝看到杨坚的画像后，竟然吓得面色苍白，语无伦次起来。他喊道：“我再也不想见到这个人了！”

陈叔宝是南方人，又是文人，还是一个在深宫中被纤纤玉手抚养大的皇帝。他可能是被杨坚那魁梧、凶猛的北方大汉形象给吓到了，也可能是被杨坚身上透露出来的凶悍、干练的气质给吓到了。他隐约感觉到，自己遇到了一个克星。

隔江犹唱后庭花

一

陈叔宝的皇帝生活过得非常精彩，天天都在天堂里面。

陈叔宝是个很不错的文学青年。他最著名的作品是词《玉树后庭花》：

丽宇芳林对高阁，新装艳质本倾城；

映户凝娇乍不进，出帷含态笑相迎。
妖姬脸似花含露，玉树流光照后庭；
花开花落不长久，落红满地归寂中！

整首词写得非常瑰丽，一点乱世的背景色调都没有。陈叔宝还充分发挥自己的文人想象力，建筑了临春、结绮、望仙三阁，整天和妃嫔、狎客们在其中游宴，赋诗赠答。每次宴会开始的时候，妃嫔、近臣和狎客们交杂而坐，饮酒作乐。陈叔宝是文人，在座的也都是文人，对这美景美酒，当场写词作曲。陈叔宝欣赏的都是曼词艳语。文思迟缓、写不出来的人和写得不和陈叔宝心意的人都会被罚酒，写得好的词则谱上新曲子，交给聪慧的宫女们学习、演唱、配舞表演。陈叔宝通常安排上千名宫女演唱那些靡靡之音。除了《玉树后庭花》,《临春乐》也是经常表演的曲目。

陈叔宝最宠爱两个嫔妃，一个是张贵妃，一个是孔贵嫔。张贵妃名丽华，长得是倾国倾城、国色天香，一头秀长的头发拖到地面，光彩照人。而且张丽华很聪明，记忆力很好，能记住连陈叔宝都搞不清楚的大小政务。陈叔宝上朝退朝的时候都离不开张丽华，常常是抱着张丽华坐在自己的膝盖上一起批阅公文。孔贵嫔长得也很漂亮，陈叔宝夸奖她赛过西施和王昭君。孔贵嫔也很喜欢对政务指指点点。于是大臣们就透过宦官，勾结张贵妃和孔贵嫔，卖官鬻爵，党同伐异。

在众多的大臣中，陈叔宝最喜欢的是尚书顾总，因为顾总的诗写得很好，满纸浮靡之气，没有一句有用的实话。所以顾总成为了陈叔宝宴会的常客。好事者争相抄传顾总的那些满纸脂粉气的艳诗，作为混官场的敲门砖。山阴（今浙江绍兴）人孔范虽然也写得一手瑰丽文章，但赶不上顾总的水平，只好另辟蹊径，和孔贵嫔结为兄妹，结果也成为了陈叔宝的座上客。陈叔宝不喜欢批评的声音，孔范就一心给他文过饰非，凭着一套拍马屁的本领做了陈朝的丞相。

做文人做久了，陈叔宝也觉得不好玩了，就自己去佛寺卖身为奴，算是去宫外“体验生活”，还美其名曰是“禳压妖异”。总之，对于陈叔宝来说，作诗度曲才是正业，而管理国家只是副业，有心思的时候料理一下，没心思的时候就撂到一边去。陈叔宝的皇帝生涯过得很潇洒。这是他们那种长于深宫，不知道百姓疾苦和创业艰辛的皇帝的通病。

孔范曾对陈叔宝说：“外间诸将，起自行伍，统统不过是一介匹夫，不能指望他们有什么深谋远虑。”陈叔宝深以为然，对带兵将帅很不重视。将领们一有小过失，就会被夺去兵权。陈朝边备越来越松弛。

乱世之中，朝廷毕竟离不开军队的支撑。陈叔宝时期，陈朝最著名的将领除了任忠（任蛮奴），就是萧摩诃了。萧摩诃是陈朝草创时期涌现出来的老将军，对陈叔宝有拥立大功。陈叔宝即位后，和萧摩诃结为亲家，娶萧家的女儿为皇太子妃。萧摩诃丧偶，续娶了夫人任氏。这个任氏年少美丽，体态容貌都很出众。因为和张丽华结为姊妹，任氏经常出入宫廷。在宫中，任氏羡慕宫中风流自在的生活，陈叔宝则被她的美色所吸引，两人眉来眼去，勾搭成奸了。自此，任氏自由出入宫廷，时常留宿过夜，和陈叔宝纵情享乐。任氏对萧摩诃解释说自己常常被张丽华挽留，夜宿宫中。萧摩诃直肠子，开始还信以为实，后来听到的风言风语越来越多，这才意识到妻子给自己戴了一顶硕大无比的绿帽子。他很生气，又无可奈何，叹道：“我为国家出生入死，功勋卓著，而皇上不顾纲常名分，奸污臣妻，教我有何颜面立于朝廷！”

面对隋朝建立后，南北方局势越来越紧张，不断有人提醒陈叔宝加强军备。陈叔宝却自信地认为：“王气在建康（陈朝首都，现在的南京），他人又能怎么样？”孔范附和说：“长江天险，限隔南北。北方的虏军，怎么能过飞渡天堑呢？肯定是那些前线的将领要冒领功劳，妄言事态紧急而已。”陈叔宝觉得孔范的话说到自己心里去了，对长江天险更加有恃无恐，对日益增多的军事警告不放在心上。

二

杨坚从登基的第一天开始，就把自己看作了全天下的皇帝，立下了吞并江南的陈朝，统一天下的决心。

我为天下父母，岂可让一江之水将南方的子女隔我而去？

即位之初，杨坚就开始准备伐陈。他向高颎征求将帅人选，高颎推荐了贺若弼和韩擒虎。

韩擒虎，河南东垣（今河南新安东）人，将门出身，当年 43 岁。韩擒虎小的时候很受宇文泰赏识，在北周时历任都督、刺史等职，参加了消灭北齐的战争，也有过与陈朝作战的经验，屡挫陈师。贺若弼，洛阳人，祖先是漠北部落首领，当时 37 岁。贺若弼文武双全，年轻时候就小有名气，被齐王宇文宪招揽为幕僚。他也参加过与陈朝的战争，攻占过陈朝数十座城池，还担任过隋陈边界的寿州、扬州等地的刺史。

杨坚对两人都很满意，随即任命韩擒虎为庐州（治所在今安徽合肥市）总管，贺若弼为吴州（治所在今江苏苏州市）总管，把平陈重任托付给了二人。

老实说，隋朝要吞并陈朝，困难还不小。且不说陈朝地域广大，军队众多，单说隋朝所处的环境就不行。隋朝建立之初，只是占领黄河中下游地区、江淮地区和河北、山西、四川的割据政权而已。它的南方是并不弱小的陈朝，北方是非常强大的突厥人。突厥骑兵一直盯着富裕的中原地区，时不时闯进长城以南来抢掠一下。开皇元年（581 年）九月，杨坚曾经仓促发动过一次伐陈大战，由高颎负责节度诸军。虽然隋朝大军在湖北取得了一定的进展，但没有能力扩大战果，突破长江防线。而北方的突厥人一看隋朝军队主力南征去了，耀武扬威地杀向中原而来。刚好此时南方的陈宣帝陈顼被吓死了，陈叔宝继位，求和讨饶。高颎有了台阶下，就以“礼不伐丧”为冠冕堂皇的理由奏请班师。开皇二年（582 年）二月，杨坚命令高颎等人撤回，草草结束了伐陈战役。

经过这次失败，杨坚君臣意识到伐陈是一项巨大的系统工程，需要拔除许多障碍才能顺利进行。首先，杨坚进行内部整顿，主要是在军事上“将定江表，首置军府，妙选英杰”。君臣一心，经过几年励精图治，隋朝的财政收入大为改善，军力显著增强。其次，隋朝需要有一个有利的伐陈环境。隋朝夹在突厥和陈朝之间，旁边还有吐谷浑等少数民族骚扰，不能集中精力对付陈叔宝。杨坚琢磨着，强大的北方游牧民族，比陈叔宝的靡靡之音要难对付得多，因此定下先南后北的策略，对少数民族采取抚慰策略。隋朝加强和吐谷浑的联系，不断派遣友好使团，夸奖的夸奖，送礼的送礼，把吐谷浑给稳住了。

突厥铁骑比吐谷浑难对付多了。杨坚即位作皇帝的第二年，突厥汗国大军就杀入长城作为“贺礼”。开皇三年（583 年），突厥大军再次杀入长城以南劫掠。这一次，杨坚发兵分路和突厥人针锋相对地进行反击。在反击突厥的战斗中，有一名河西的戍卒，叫做史万岁，毛遂自荐来到辕门前要求参军去打仗。刚好突厥人派了一名勇士来叫阵挑战，隋军将领就叫史万岁去会会突厥勇士，看看这个史万岁有没有什么真本事。结果，史万岁上前三下两下就把突厥勇士的脑袋给砍了下来。突厥军队见自己千挑万选的勇士被隋朝普通的一名戍卒轻易给解决了，大惊失色，从此再也不敢猖獗地叫阵单挑了。

史万岁可不是一般的戍卒。他是京兆杜陵（今西安东南）人，父亲史静是北周的大将。史万岁从小就学习骑射，好读兵书，少年时代就随父亲史静参加了北周伐齐的战争，后来又参予平定尉迟迥的反叛。遗憾的是，开皇初年史万岁被牵连进去了一桩谋反案，被发配到敦煌当了一名戍卒。杀突厥勇士的时候，史万岁已经 34 岁了；因为表现突出，杨坚不仅免了史万岁的罪，还越级提拔他为车骑将军。

这一回，突厥没有从隋朝掠夺到什么好处。不想，这一次行动就成为了突厥铁骑最后的辉煌。撤军后，突厥陷入了大分裂状况，“且彼渠帅，其数凡五，昆季争长，父叔相猜”，争权夺利，内讧得不亦乐乎。杨坚紧紧把握住这次机会，抓紧时间加强北边防御工事，巩固边防。从开皇元年到开皇七年，七年之间隋朝五次修筑长城、一次在缘边险要筑城，而且越临近伐陈前夕，筑城的时间相隔越近，最频繁的时候二年之中隋朝四度筑城。逐渐的，突厥也不再成为隋朝伐陈的障碍了。

三

解决了北方问题后，杨坚君臣把目光重新折向了南方。

当时在湖北地区有一个依附隋朝的傀儡政权：西梁。

这个西梁发源于被陈朝推翻的南梁。当年南梁的萧家内乱，打不过陈朝的祖先陈霸先，就转向西魏求援。西魏出兵于公元 555 年扶持萧察为皇帝，延续梁朝的血脉，作为西魏的属国。西梁偏居湖北一隅，领土仅有江陵附近数县八百里地。西魏被北周取代后，西梁成为北周的附庸；北周被隋朝取代后，西梁又向杨坚称臣。

尽管西梁很恭顺，杨坚也不能容忍一个割据政权的存在。开皇七年（587），杨坚征召西梁皇帝萧琮入朝。萧琮不敢违抗，于是率领群臣200余人从江陵赶到长安朝见新主子。萧琮前脚刚走，杨坚派遣的军队后脚就进驻了江陵城，宣布废掉西梁政权。萧琮一到长安，就被封为莒国公，成为了大兴城的新住户。西梁就此灭亡，存在33年。

荒芜的大兴城中来了一群南方人，平添了许多新鲜色彩。需要提一句的是，西梁公主、萧琮的一个姐妹萧氏长得很漂亮，嫁给了杨坚的二儿子、晋王杨广，成了晋王妃。

吞并西梁后杨坚任命三儿子、秦王杨俊为山南道行军元帅，即和水陆大军十余万，进屯汉口，负责长江中流地区的军事行动；同时，提拔崭露头角的杨素为信州总管，实际上驻守在永安郡（治所在今湖北新州）。杨素的主要任务是造船——突破长江防线需要大量的船只。杨素制造了每舰能容战士八百人的"五牙"、每舰能容战士百人的"黄龙"以及规模稍小的"平乘"、"舴艋"等船舰，准备在上流顺江而下，扫平江南。之前北方王朝吞并南方王朝（西晋灭东吴），就是船队出三峡，顺江而下取得成功的。当然了，在庐州的韩擒虎和驻军吴州的贺若弼两支部队才是隋军的主力。他们布置在长江下游，直接威胁陈叔宝小朝廷的心脏地区。韩擒虎、贺若弼面对的是萧摩诃和任忠的部队，是陈朝的主力部队。

部署完毕，隋朝紧锣密鼓地展开了战前准备。贺若弼向杨坚献上了《取陈十策》。杨坚颇为赞赏，赐宝刀一口，让贺若弼放手去干。

贺若弼的策略是欺骗策略。首先，他在广陵驻扎隋军一万人，过一两个月时间就派新的部队将原来的军队替代下来。一万人的军队反复调防，闹得动静很大。一开始的时候，江南岸的陈朝军队很紧张，做好了战备；后来看到隋朝每隔一段时间就反复调军，是例行的军队调动，心想"隋军真是有病，整天瞎折腾"，也就不去管它了。

接着，贺若弼动不动就带上大队人马，到长江边上打猎，旗帜招摇，人马喧噪。对岸的陈朝军队见贺若弼等人打猎打得很带劲，也没有多想，又在心底想“隋朝真是没人了，让这么一个田猎将军来领兵”，之后任由贺若弼往来江岸各地，不放在心上。

贺若弼不仅打猎，还要和陈朝人做生意。南方缺马，贺若弼就用老马和陈朝交换船只。陈朝人不是笨蛋，就把最旧最破的船只换给贺若弼。结果贺若弼买了五六十艘破船，停在江北的军营里。陈朝人以为自己得了大便宜，心想“隋朝人连好船都没有，把几条破船当宝贝，捏在手里”。

至此，贺若弼已经麻痹了陈朝军队的警惕性。陈军已经对北方的军队调动和将领往来熟视无睹了。暗地里，贺若弼在扬子津集结了大量的战船，在渡口堆积了大量的芦苇、枯荻，堆得像山一样高，把战舰遮蔽得好好的。为了更保险，隋军的所有战船都涂成和枯荻一样的黄色。即使是陈朝的间谍细作，也没有发觉贺若弼的战备情况。同时，贺若弼常常派遣都督来护儿渡江侦察。来护儿是南方人，在长江两岸驾轻就熟，把敌人的底细摸得一清二楚。

远在大兴的高颎则向杨坚建议，在经济上打击陈朝，来个釜底抽薪。

江北地寒，作物成熟比南方要晚；江南土热，自然条件好，水田早熟。江南田地成熟，就要进入农忙收割季节的时候，隋朝突然扬言要发动大军进攻江南。陈朝赶紧调集军队防守，把农田暂时放在一边。等陈朝大军云集的时候，隋朝又偃旗息鼓，没有动响了。陈朝人刚要料理农田，隋朝大军又鼓声大作，陈军只好再次战备。这样一而再再而三，农时荒废了，江南一季的收成就错过去了。同时，陈朝对隋朝所谓的大军讨伐的信息也不相信了，以为又是在逗自己玩。高颎还根据南方的物资储积不是像北方一样放在地窖里，而是放在竹片和茅草建造的房子里的情况，派出大量间谍纵火，烧毁陈朝的官府储备和军事物资。这样反复几年的骚扰，搞得陈朝不堪其扰，心力财力俱疲。

现在，万事俱备，只等总攻命令下达了。

金陵失险下江南

一

开皇八年（588年）三月，杨坚很高调地宣布讨伐陈朝，发誓要统一天下。杨坚君臣给陈叔宝罗列了20条大罪，抄写30万份传单散发江南，下诏说："天之所覆，无非朕臣，每关听览，有怀伤恻。可出师授律，应机诛诊，在期一举，永清吴越。"

陈叔宝君臣看到传单，心想：嗯，隋朝这次又想忽悠我们，让我们白忙一场，我们才不会再上当呢？因此，陈朝上下一点都没上心。

十月，杨坚在寿春（今安徽省寿县）设置淮南行台省，任命次子晋王杨广为行台尚书令，总管灭陈事宜。左仆射高颎、右仆射王韶（杨广的老师）分别担任晋王府元帅长史、司马，处理军务。当时杨广刚满20岁，不懂军事，所谓的主帅只是名义上的，伐陈的具体事务由高颎负责，"三军咨禀，皆取断于颎"。杨坚给前线调集了518000军队，制定了分进合击，直指陈朝都城建康的军事计划：晋王杨广由六合出发，秦王杨俊由襄阳顺流而下，杨素的水军从永安东进，韩擒虎由庐江急进，贺若弼从吴州渡江，此外还有荆州刺史刘思仁、蕲州刺史王世绩、青州总管燕荣等人从海陆各地出兵，各军都以灭亡陈朝为目标。

尽管在政治上很高调，隋朝的伐陈战役在军事上却很低调，是典型的突袭战。

589年的元旦夜，吴州方向的贺若弼率军乘大雾从广陵秘密渡过长江。将要渡江的时候，贺若弼酹酒发咒说："我，贺若弼亲承庙略，远振国威，伐罪吊民，除凶翦暴，上天和长江为我作证。如果上天善恶分明，就让我大军得胜归来；如果出师不利，贺若弼葬身江鱼腹中，也死而无恨。"贺若弼说完，率领大军浩浩荡荡地渡江前进，对岸的陈军竟然没有发觉。等隋军安然渡过长江，杀向陈军各据点后，陈军才仓皇组织抵抗。正月初六，贺若弼成功占领京口（今江苏镇江），俘虏了陈朝的南徐州刺史黄恪和5000陈军。京口是陈军的仓储重地，贺若弼是轻装渡江袭击，没有带领多少辎重，占领京口后利用陈军的储备解决了自身的供应问题。贺若弼下令发给陈军俘虏口粮和遣散费，让他们每个人带上伐陈的传单，各回乡里去做隋朝的义务宣传员。陈朝官兵们捡了条命，都说隋军的好处，高高兴兴地拿着传单散往各地。因为有俘虏的宣传效应，再加上贺若弼所部军令严肃，下令有军士敢拿民间一物者立斩不赦，全军与百姓秋毫不犯，进展顺利。

庐江方面，韩擒虎嫌大军进攻速度太慢，率领500精骑撇下主力，单刀直入，杀向江南而去。韩擒虎这一支奇兵趁着夜色渡过长江，袭击了江南岸的重要渡口采石（今安徽当涂西北）。当时陈军守卫都喝醉了。韩擒虎轻易就占领了重镇采石，继续飞速向建康穿插前进。

隋军煞费苦心对陈朝的欺骗战略取得了圆满成功。陈叔宝君臣依赖的长江天堑就这样被轻易"飞渡"了。

二

各州县的军情急报像暴风雪一样涌入陈朝宫廷，形势已经非常紧急了。

陈叔宝和他的那群文人朋友们还是不以为意。仆射袁宪特别着急，奏请陈叔宝发兵抵御，起码也要在首都附近组织抵抗。陈叔宝根本听不进去袁宪的话，对隋军深入州郡告急的现实熟视无睹，每天依旧奏乐侑酒，赋诗歌唱"美好的生活"。他还笑着问左右近臣说："南北分治以来，北齐曾经三次进攻南朝，北周也出兵了两次，都惨败而去，这是为什么？"孔范说："长江天堑，自古以来就隔断南北。隋军又怎么能飞渡成功呢？这肯定又是前线将领们想立功想疯了，妄言事急，给自己捞好处。我孔范还觉得自己功劳小、官职低微呢，如果北虏真敢渡江，我就能杀敌做个太尉公了。"陈叔宝对孔范的回答相当满意。当时，有拍马屁的人谣传说隋军的战马不习惯江南的水土，一到南岸后就成批死去。孔范摇头晃脑，叹息说："可惜了，那些将来都是我们的马，为什么死了啊？"陈叔宝哈哈大笑，跟着孔范一起惋惜起来。建康城的君臣上下从此歌妓纵酒，把前线的告急文书拆都不拆就丢在床底下去，继续生活在天堂里。

却说贺若弼、韩擒虎两军从东西两个方面快速推进，陈军各部望风而散，隋兵如入无人之境。贺若弼分兵堵住曲阿（今江苏丹阳），防止长江三角洲及以南地区的陈军增援建康，自己率主力进攻建康；韩擒虎在占领姑熟后，沿着长江逼近建康。不久，建康周边就出现了隋军的前锋部队了。

陈叔宝这才害怕起来。他胆子本来就小，对军事一窍不通，慌忙召萧摩诃、任忠等人来商议军事。萧摩诃因为陈叔宝和妻子通奸，根本就没有为朝廷而战的意志，一言不发。当时贺若弼的部队已经占领了钟山（今南京紫金山），被陈朝看作是心腹大患。陈朝决定调集诸军在白土冈（今南京东）一带布阵决战。

贺若弼所部大约有 8000 甲士。陈叔宝在建康有 10 万大军。

正月二十日，陈叔宝命令陈军出战，去消灭贺若弼。

陈军鲁广达、孔范、萧摩诃、任忠、田瑞、樊毅等部先后逼近白土冈，南北绵延 20 里。陈军在数量上占据绝对优势，但是陈叔宝仓促命令各部进击，事先没有完整的进攻计划。陈军各部之间缺乏协调，分别发起进攻。田瑞首先率部进攻，被贺若弼军击退。鲁广达等部赶到后也投入了战斗。贺若弼抵挡不住，不得不暂时后退。陈军取得了胜利。为了避免陈军追击，贺若弼下令施放烟幕，掩护隋军整顿恢复。在紧张的战斗间隙，贺若弼保持了冷静的思考。他观察到陈军各地得胜后出现了骄惰情绪，同时孔范率领的部队阵列和士气最差。于是，贺若弼督厉将士以必死的决心向孔范所部发起决战冲锋。孔范就是一个窝囊废，在贺若弼的反攻面前一败涂地，仓皇逃窜。孔范部队的战败导致了陈军全线溃退。陈军各部缺乏调度，争相逃命，场面失控，有 5000 多人因为互相挤踏而死。陈朝军队的主力就这样溃散了。贺若弼乘胜追击，推进到乐游苑（今南京玄武湖南侧）。

萧摩诃在乱军中被俘虏。贺若弼命令刀斧手将他推出斩首。萧摩诃毕竟是一代名将，临刑前神色自若。贺若弼很敬佩，下令免罪松绑，以礼相待。萧摩诃投降了隋军。

西边的韩擒虎正在进攻姑苏（今江苏苏州），半天就占领了这座名城，第二天占领新林（今南京市西南）。韩擒虎在江南百姓中的威信很高，许多人昼夜不绝前来韩擒虎军中投降。被贺若弼打败的东边的许多陈军部队也向韩擒虎投降了，其中包括任忠、田瑞等人。陈叔宝也听说了韩擒虎的大名，紧急派遣将军蔡征守住朱雀航（在今南京秦淮河上）。结果派出去的陈军听说对手是韩擒虎，竟然一哄而散。任忠引导着韩擒虎的500精骑从朱雀门进入了建康城。当时，城内还有部分陈军要负隅顽抗。任忠现身说法，劝降说："老夫都投降了隋朝，你们还怕什么呢？"任忠在陈朝军队中威望很高，他的喊话涣散了陈军的斗志。残存的陈军纷纷缴械投降。韩擒虎以区区500人竟然长驱直入，一举占领了建康城。

贺若弼没能第一个进入建康城，因为他在玄武门南遭到了顽强的抵抗。陈将鲁广达率领残存的部队苦战不降，杀死了数百隋军。一直打到日薄西山，陈军越来越少，隋军越来越多。鲁广达对着陈叔宝的宫阙方向跪地叩首，悲伤恸哭，最后缴械，束手就擒。贺若弼在当天傍晚从北掖门进入建康城。

隋军占领了建康城。

三

隋朝大军进入建康城的时候，陈朝的宫廷中依然鼓乐声声，陈叔宝还在那喝酒吟诗呢。

隋军杀入朱雀门的时候，陈朝的大臣就逃得无影无踪了。

陈叔宝见原来在身边的人都逃跑了，这才意识到问题的严重。仆射袁宪在王朝的最后时刻不离不弃，还在陈叔宝身边。空荡荡的朝廷中，只剩下陈叔宝和袁宪两个人了。陈叔宝伤感地说："朕从来待众臣不薄，今天众人皆弃我去，只有你留了下来。不遇岁寒，焉知松柏？我朝就要灭亡了，并不是朕无德，而是江东衣冠道尽啊。"诚然，大臣们道德低劣，没有为国尽忠之心，是陈朝速亡的一大原因。但是陈叔宝将王朝湮灭的全部责任推到大臣们身上是不公平的，难道你陈叔宝就没有责任吗？

陈叔宝说完，也要找个地方躲藏起来。袁宪劝说道："皇上是九五之尊，北兵来了，想必也不敢对陛下怎么样。事已至此，陛下还能到什么地方去呢？不如整理衣冠，端坐在正殿之上，像当年梁武帝见侯景的样子，去见隋军。"梁朝时侯景叛乱，占领建康的时候，梁武帝萧衍就是端正衣冠，坦然去见乱军的。陈叔宝哪有萧衍那样的气魄啊。他又一次拒绝了袁宪的劝谏，像无头苍蝇一样，在宫廷中找藏身的地方。袁宪还想劝，陈叔宝说："锋刃之下，哪有儿戏，朕自有办法。"

陈叔宝跑到后堂景阳殿，发现了一口深井，突然计上心头。他赶紧去拉来张贵妃、孔贵嫔，三人抱在一起，拉住一根绳子，跳入井中躲藏起来。袁宪一直跟在陈叔宝身边，见皇帝找到了这么一个藏身之处，悲伤欲绝，跪地痛哭，最后朝着深井叩首后，逃命去了。[1]

韩擒虎的部队冲入皇宫后，到处搜索不到陈叔宝。隋兵就抓了几个内侍，逼问陈叔宝藏在什么地方。一个内侍最后指指井口。隋朝士兵看井里漆黑一团，叫几声没人应答，不相信一个皇帝会藏在里面。有个隋兵往下扔了块石头，才听到下面传来求饶的声音。众军扔下绳子去，喝令陈叔宝拽住绳子上来。大家拉绳子的时候，觉得绳子特别重，有人就打趣说："别人都说南方人瘦，怎么陈叔宝这么胖啊！"拉上来一看，噢，原来是陈叔宝和张贵妃、孔贵嫔三个人。看着陈叔宝狼狈的样子，众军笑得前仰后翻。

据说当时张丽华的胭脂蹭在井口，有人就把这口井叫"胭脂井"。又有人不齿于陈叔宝祸国自取其辱的行为，把它叫做"耻辱井"。

贺若弼的部队随后进入皇宫。贺若弼听说韩擒虎捉住了陈叔宝，传令将陈叔宝带来看看。陈叔宝来了后，诚惶诚恐，汗流浃背，双腿战栗，向贺若弼求饶不止。贺若弼很实在，安慰说："你是小国之君，进入我大隋朝后，还能做个归命侯[2]，不需要恐惧！"陈叔宝再三拜谢，心理宽了好多，可还是诚惶诚恐，声音发抖。

---

1 袁宪被俘后投降了隋朝，做了昌州刺史，很快就死了，终年 70 岁。

2 当年西晋吞并东吴，俘虏了东吴的末代皇帝孙皓，就封孙皓为"归命侯"。

四

除了江东战场外，隋军在其他各条战线也都进展顺利。

杨素率领舰队出三峡，原本计划进攻两湖地区。陈军在三峡横缀了大铁索，阻碍了杨素战舰的东下。后来，杨素发动夜袭，一举打败陈军守卫部队，然后率水军东下，一路上舰船遍布江面，旌甲曜日。隋军以破竹之势先后打败各处陈军。一路上，杨素端坐船上，容貌雄伟，两岸的陈国百姓看到他，仿佛看到了江神，心生畏惧。杨素打到巴陵（今湖南岳阳）的时候，隋朝的地方政权已经土崩瓦解了。最后，杨素与秦王杨俊胜利会师。

陈朝南部广袤的岭南地区，处于半自治的状态。隋灭陈的时候，岭南各地奉高凉（今广东阳江西）的冼夫人为主，保境拒守。这位冼夫人是原来高凉太守冯宝的夫人，已经60多岁的了，经过了历次的政治风云，威望很高，被岭南人视为"圣母"。陈叔宝被俘后，按照隋朝的意思给冼夫人写了一封信，告诉冼夫人说陈朝已经灭亡了，要求冼夫人带着岭南各州县投降隋朝。杨坚派遣韦洸携带着陈叔宝的亲笔信和冼夫人先前进献给陈朝的"扶南犀杖"招降冼夫人。冼夫人知道陈朝灭亡的消息后，召集各地和各部落首领数千人集体痛哭了一整天，然后派孙子前去迎接韦洸进入岭南。岭南各地也并入了隋朝的版图，冼夫人因功被封为"宋康郡夫人"。

建康沦陷后，江东的部分地区拒不投降。正月底二月初，隋军把主要精力都花在消灭江东的陈朝残余势力上。隋朝大将宇文述率领3万人，也参加了伐陈的战争，一度占领石头（今南京城西清凉山）。现在，宇文述联合从海上来的燕荣的军队，将各地的抵抗势力一一击破。

各地初定，高颎作为"接收大员"，先行进入建康，接收陈朝图籍资料，封锁府库。名义上的主帅杨广早早就听说了张丽华的美貌，在高颎出发前私下拜托说："您进入建康，一定要找到张丽华，不要伤害她啊。"杨广这个傻小子在高颎走了后，一直在做自己和张丽华的若干春梦。谁想，高颎一点面子都不给杨广，把张丽华叫来后，说："此等妖妃，岂可留得？昔日姜太公灭纣，蒙面斩妲己，我也要学他。”说完，高颎就将张丽华的脑袋给砍了下来。

杨广不久也来到了建康，知道实情后自然对高颎“有意见”了。

除了求色不成外，杨广的其他作为还是可圈可点的。在建康城，杨广公开处死了压下媚上、重赋厚敛、为政苛暴的湘州刺史施文庆、散骑常侍沈客卿、市令阳慧朗、刑法监徐析等人；又“收图籍，封府库，资财一无所取”；严令军队“秋毫无所犯，称为清白”，因此天下都称赞他的贤德。杨广兄弟五个，经过平陈战役，杨广的声望陡然升高，成为兄弟中名声最大最好的一个。

杨坚对二儿子也很满意，任命杨广为江南总管，留在南方镇抚各地。杨广奏请宇文述为寿州总管，协助自己统治江南。杨广治理江南十年，期间南方经济迅速复苏，社会安定，百姓安居。杨广、宇文述等人功劳不小。

五

400 年的分裂局面就此结束，中国开始迈向大一统的盛世。

仅凭这一项功绩，杨坚就能够名垂青史。

隋朝重新统一天下，固然离不开杨坚、高颎等人个人的作用，更是当时社会发展的要求。俗话说“分久必合，合久必分”，这是有一定道理的。南北方的长期战乱，主要原因是南北方的民族纷争。在长期的民族争战中，各民族差异逐渐消失，各民族相互融和，产生了文化认同。南朝陈庆之出使北魏后曾向南方人感叹说：“自晋、宋以来，号洛阳为荒土，此中谓长江以北，尽是夷狄。昨至洛阳，始知衣冠士族，并在中原。礼仪富盛，人物殷阜，目所不识，口不能传。”可见在南方人的心目中，北魏也不再是割据的蛮夷政权了。隋朝初年，大文人薛道衡作为聘陈内史出使陈朝，正月里看到鸿雁从南方返回北方，写下了《人日思归》：“入春才七日，离家已二年。人归落雁后，思发在花前。”这样的文字，一点都不比南方继承汉族正统学识的文人们写得差。

大家都认为南北方人都是同样的人了，那为什么还要分裂呢？

那么为什么由北方的隋朝统一了天下，而不是陈朝消灭隋朝呢？北方王朝统一天下的必然性在于北方一直是中国的政治、军事中心，实力强于南方。杨坚即位后，隋朝国势蒸蒸日上，而当时陈朝门阀制度把持政治，土地兼并严重，正处于衰弱时期。北方出了一个隋文帝，南方却是陈后主当政，仅凭两人的表现，我们也能知道应该是谁消灭谁。

南北统一后，高颎带着陈朝的俘虏北归大兴。陈叔宝受到了杨坚的礼遇，生活得相当不错。隋朝每次举办宴会的时候，杨坚怕陈叔宝伤心，规定不能奏吴音。陈叔宝经常参加隋朝达官显贵们的聚会，时间久了，奏请杨坚说："我没有官爵职位，每次参加朝集，都感到有点尴尬，希望能获得一个官号。"杨坚听说陈叔宝主动要求当隋朝的官，感叹说："陈叔宝这个人没心没肺。"陈叔宝在大兴，依然每天醉酒吟诗，很少有清醒的时候。杨坚就向监护陈叔宝的人问他每次饮酒多少。官员回答说："陈叔宝与其子弟每日饮酒一石。"杨坚大吃一惊，继而感叹道："随他去吧，否则叫他如何过日？"

杨坚曾对陈叔宝有过一个评价："如果陈叔宝能把作诗和喝酒的心思用来治国，又怎会有今天呢？"

二士争功

一

陈朝被消灭后，大将贺若弼却高兴不起来。

对于将领来说，攻城擒将是毕生追求的目标。贺若弼虽然消灭了陈朝的主力部队，但是第一个杀进建康城的人是韩擒虎，抓住陈朝皇帝陈叔宝的人也是韩擒虎，而不是他贺若弼。旁人看来，韩擒虎无疑是平陈第一功臣。贺若弼心理不平衡，明明是自己浴血奋战，消灭了陈朝主力，韩擒虎只是乘虚摘得了桃子而已，这平陈的首功为什么就被韩擒虎给占去了呢？

论功行赏，贺若弼的功劳也在韩擒虎之后。还在建康的时候，贺若弼就和韩擒虎吵了起来。韩擒虎也不示弱，认为是自己谋划得当，孤军深入，夺取的首功。两人从吵架发展到相互谩骂，最后发展到要带着各自的部队火并。江南的其他各部隋朝将领赶紧把两个人拉开，这才没有引发内讧。

贺若弼的父亲贺若敦是北周名将，因为功高自傲，常常口出怨言，被掌握朝政的宇文护逼令自杀。贺若敦自杀前对儿子贺若弼说："我终生的遗憾，就是没能平定江南，你一定要替我完成这一遗愿。"末了，贺若敦总结一生的经验教训传授给贺若弼："我口无遮拦，才遭此大祸。你千万要记住'祸从口出'这四个字！"为了让儿子记忆深刻，贺若敦临死前还用锥子扎贺若弼的舌头，直到扎出鲜血为止。父亲死后，贺若弼在相当长的时间里，谨言慎行，多干事少说话，立下了许多功劳，不断得到提升，却没有居功自傲。

高颎推荐贺若弼成为平陈的主要将领后，贺若弼成为经略一方的封疆大吏。贺若弼的心理开始发生变化了。当年，他曾给同级别的寿州总管源雄赋诗一首，说："交河骠骑幕，合浦伏波营。勿使麒麟上，无我二人名。"踌躇满志、建功立业的情绪跃然纸上，毫不掩藏。一次，杨广曾叫贺若弼比较杨素、韩擒虎和史万岁三个当代名将的优劣。贺若弼很不客气地认为杨素是猛将而非谋将，韩擒虎是斗将而非领将，史万岁是骑将而非大将。杨广就问："那谁才是大将？"贺若弼说："这要由殿下选择。"言下之意，贺若弼以大将自许，自视比韩擒虎三人要厉害。慢慢的，贺若弼把父亲的临终告诫抛到了九霄云外，终于重蹈覆辙。

凯旋后，贺若弼把和韩擒虎的"争功官司"打到了杨坚的御座前面。

贺若弼说："臣在城外死战，大破陈朝精锐，擒其骁将，震扬威武，这才荡平了陈国。韩擒虎一路根本就没有经过恶战，怎么能和臣相比呢？"

韩擒虎也不示弱："朝廷的军事计划是让臣与贺若弼同时合势，攻取伪都。贺若弼竟然抢先出兵，贸然进攻，恰好遇到了贼军，还伤亡了许多将士。臣只率领轻骑五百，兵不血刃，直取建康，降任蛮奴，执陈叔宝，据其府库，倾其巢穴。臣入城一天了，贺若弼在当天晚上才到达建康的北掖门，还是我下令给他开的门呢？贺若弼的功劳怎么能和臣相比！”

一个坚持杀敌有功，一个坚持擒王有功。杨坚也很难判断谁对谁错，只好和稀泥，下诏说：“平定江表，二人之力也！二将俱合上勋。”

杨坚将贺若弼封为宋国公，实际食邑三千户，还赏给杂彩二千段，女乐二部，宝剑、宝带、金盘等物品不计其数。俘虏中有陈叔宝的妹妹，也被赏给贺若弼为妾。韩擒虎也获得了众多物品赏赐。但是韩擒虎抢先进入陈朝皇宫后，没有约束好士卒，导致许多士兵在后宫淫乱打劫，遭到了有关部门的弹劾。因此，杨坚就不好给韩擒虎封爵了。

贺若弼的地位比韩擒虎高了，心里总算好过了一些。

其实在杨坚心目中，高颎才是灭陈第一功臣。

高颎不仅是隋朝恢复国力的丞相，而且是平陈战役的设计师和前方秘书长，虽然没有直接冲锋陷阵，但大功不可没。

贺若弼、韩擒虎二人在杨坚面前为功劳大小争执不休的时候，杨坚试探地询问高颎：“独孤，你与贺若弼相比，谁的功劳更大啊？”高颎谦虚地说：“贺若弼先献十策，后来又苦战破贼。臣就是一个文吏，焉敢与大将军论功！”杨坚闻后哈哈大笑，对高颎的谦逊非常赞赏。

其实，皇帝就是需要高颎这样的功臣。贺若弼和韩擒虎那样的，都是吃不开的。

高颎因为大功被封为齐国公，实际食邑一千五百户。杨坚专门慰劳他说：“公伐陈的时候，有人向我说你会造反，结果我把那个人斩首了。你我君臣，志同道合，不是几只苍蝇能够离间的。”高颎听说了，又提出让位。杨坚不允许，专门下诏褒奖他是竭诚陈力，心迹俱尽的“天降良辅”。

杨坚和高颎的关系进入了黄金时期。杨坚巡幸并州的时候，甚至让高颎留守京城；回京后，杨坚把自己的一座行宫赏给高颎作为府邸。高颎的夫人贺拔氏卧病在床的时候，杨坚一批一批地派人来询问病情，前一批人刚走，后一批人又进门了。杨坚还亲自到高颎家，金钱、绢、千里马等赏赐不绝。高颎之子迎娶太子杨勇之女为妻后，高颎与杨坚结亲，身上的光芒达到了巅峰。

二

那一边，贺若弼自恃功高，越来越骄横。

贺若弼一人得道，鸡犬升天。哥哥贺若隆被封为武都郡公，弟弟贺若东被封为万荣郡公，还担任刺史、将军等实职。贺若弼在家聚敛了无数珍玩，让婢妾都遍身罗绮，生活奢侈。

开皇十二年（592 年），杨素被提拔为右仆射，与高颎并列为丞相。贺若弼的心理又开始不平衡了。他一直觉得自己比杨素厉害，现在杨素升任丞相了，自己还是将军。贺若弼藏不住情绪，把内心的不平和嫉妒都写到了脸上。贺若弼轻视包括高颎、杨素在内的所有朝中官员，自以为老子天下第一，引起大臣们的公愤。个别大臣公开要求处死贺若弼。当年，贺若弼就被免去官职，打入大狱。

杨坚亲自审问他："朕用高颎、杨素为丞相，你却每每说他们二人都是饭桶，这是什么意思？"贺若弼回答说："高颎，是臣的故人；杨素，是臣的表弟。我是知道他们俩的为人，才会说他们是饭桶。"

公卿大臣见贺若弼这时候了，还嘴硬，纷纷奏请将他处以死刑。

杨坚犹豫了好几天，念贺若弼劳苦功高，免其一死，革职为民。

一年后，杨坚恢复了贺若弼的公爵爵位，但不授予任何实职，养了起来。杨坚对贺若弼也算是仁至义尽了。随着岁月的推移，贺若弼逐渐被人遗忘，一般只在朝廷宴会等公关场合象征性出来露露面。

与贺若弼不同，韩擒虎在灭陈之后继续活跃在军界。一次，突厥遣使来朝，杨坚想挫挫突厥人的傲气，就问突厥使者："你们突厥人听说过朕灭陈朝的事情吗？"使者回答："听说过。"杨坚于是叫韩擒虎出来站到突厥人面前，介绍说："这就是前年孤军生擒陈朝皇帝的韩大将军！"韩擒虎很配合，立即双目圆睁，一言不发，怒视使者。突厥使者被吓得低头不敢对视。杨坚很高兴，觉得韩擒虎很适合去前线对付突厥，任命他为凉州总管驻屯在金城（今兰州）防备突厥人。不久韩擒虎因为身体原因回到长安，杨坚在内殿为他设宴洗尘，待遇优厚。贺若弼被关进大牢里的那一年（592 年），韩擒虎病死了，时年 55 岁。

三

最后，我们还要花些笔墨，交代一下有关隋朝灭陈的其他事件和其他人物。

隋灭陈，进展很快，并没有触及南方士族豪强的力量，加上大量北方来的隋朝官员到南方做官，没有尊重南方的风俗习惯，结果南方的士族豪强利用民众的不满情绪发动了叛乱。隋朝在江南最初的几年统治，都不太稳定。

开皇十年（590 年），隋朝迁徙陈朝官僚和部分精英去充实新建的大兴城，有人就造谣说隋朝要把南方人都迁移到关中去，引起群众惊恐，乘机煽动叛乱。当年年底，高智慧等人在越州（今浙江绍兴）造反，引起现在的浙江大部和江苏苏州等地起兵响应。这些人举兵攻陷州县，攻杀隋朝官吏，有的自称大都督，有的自称天子，还设置了百官。规模大的有数万人，小的也有数千人，四处呼应，使得隋朝几乎丧失了对原来陈朝江东领土的控制。

杨坚封杨素为越国公，负责镇压南方各地的反叛。史万岁、来护儿等人随杨素征讨。

当时，高智慧率部据守浙江（今钱塘江），占领东岸的要害，连营百余里，船舰上千艘，遮盖江面，声势很大。来护儿建议说："吴人擅长舟楫水战。对岸的都是必死之贼，我们难以与之争锋。杨公可以严阵以待，不与敌人交战；请借我奇兵数千，偷偷渡过江去，掩破贼军后方，让他们退无所归，进不得战。"杨素接受了来护儿的建议，分出轻型战船数百艘归他指挥。来护儿偷渡浙江，率领奇兵突袭高智慧后方营垒，烧毁了地方的物资军粮，动摇了叛军的军心。杨素乘机从正面发动总攻，大败高智慧军。高智慧逃入东海之中。接着，杨素分兵镇压各地叛军。来护儿奋勇直追，一口气杀到福建山区，平定高智慧的余党。高智慧在福建立足未稳，又被打败。来护儿因功跻身于一线大将军之列。来护儿在福建招降纳叛，恩威并施，相继消灭了做乱建州的高智慧余党和黟歙等地的汪文进叛军。福建等地就此平定。杨坚收到捷报后，封来护儿为永宁郡公，还派画工图了他的画像，挂在宫中观看。

另一个随杨素出征的将领史万岁则率数千军队向西进攻，一路上翻山越岭，攻陷无数溪洞，转战上千里。此后六七年，史万岁一直在南方平定零星的反隋兵乱。开皇十七年（597年），史万岁平定南宁州（今云南）部族首领爨翫的造反，也跻身一线大将军的行业。粗粗算来，史万岁征战八年，一直从浙江打到了云南，横贯了半个中国，功劳不小。史万岁行军作战的时候总是身先士卒，对部下关怀备至，深得部下拥护，因此他的部队很团结，战斗力很强。

先前，韦洸入岭南招降冼夫人，成功后就留下来镇守岭南了。不久岭南人王仲宣连络各部族攻打韦洸，响应高智慧等人的反隋行动。冼夫人坚持站在隋朝一边，派孙儿救援韦洸。第一个孙子救援不力，冼夫人依然将他关进大牢，再派另一个孙子增援，自己亲自领兵作为后应。当时，隋朝派遣的官员裴矩正准备代表朝廷去岭南巡视。裴矩也真是倒霉，在北齐、北周、隋朝都当过官，当时快五十岁了，还是不大不小的官，本来以为巡视岭南是挺风光的事情，结果还没去就赶上叛乱，道路不同，被堵在了南康。裴矩在南康就地募兵数千人准备按计划进入岭南巡视。当时王仲宣分兵围困东衡州，在大庾岭屯兵，隔绝岭南和北方的联络。裴矩率领新兵，一举攻下大庾岭，叛军害怕了，从东衡州解围而逃。裴矩迅速进入岭南，和冼夫人联合增援韦洸。王仲宣的叛军在联军的进攻面前，四惧逃散。裴矩一举收复二十多州，分别招抚当地的酋长和首领担任刺史、县令，平定了岭南。

叛乱平了，杨坚大喜，追赠冼夫人的先夫冯宝为广州总管、谯国公，封冼夫人为“谯国夫人”。裴矩回到大兴复命时，杨坚亲自慰问，嘘寒问暖，还对高颎、杨素等人说：“韦洸率领二万士兵，都不能安定岭南。朕担心是不是朝廷派往岭南的军队太少了。没想到，裴矩以区区三千新卒，一举安定岭南。有这样的干臣，朕还有什么好害怕的！”

杨坚的一句夸奖，胜过裴矩之前五十年的表现。从此，裴矩时来运转，平步青云。

第三章

开皇盛世

仁寿元年（601 年），齐州（今山东济南）小官王伽负责押送犯人李参等 70 余人去京城。

70 多个人说多不多，说少也不少。按照朝廷规定，除了王伽外，齐州还征发了许多百姓服役，负责押送和沿途照料。一行人走到河南荥阳的时候，王伽对李参等人说："你们触犯了国法，受罪是该当的。但护送你们的民夫，辛苦受累，却是无辜的。看到他们因为你们受苦，你们心安吗！"李参等人纷纷谢罪。于是，王伽遣散民夫，释放李参等人。他和犯人们订下"君子协定"：大家分头去京城，某月某日在大牢里会面。这样，王伽方便，犯人也方便，还不用劳累民工。但是如果犯人在路上逃跑了，到时候不去自动服刑，王伽就是私自释放囚犯，犯的可是死罪。王伽和犯人们告别前，也坦白地说："如果你们失约不去大牢中领罪，我只好代替你们受罪了。"到了约定的日子，王伽心情忐忑地在京师大牢前等待犯人们到来。结果到太阳落山时，70 多个犯人一个不落都如约而来。

京师的官员们最开始听说王伽的讲述时，以为是在听天方夜谭。后来见过有犯人全部自动来领罪，大家不得不佩服王伽的胆量。杨坚听说这桩奇闻后，召见了王伽，大为叹赏；又让李参等人携带妻子入宫，召见赐宴，当场宣布所有人免罪。

开皇年代出现王伽和李参这样官民一心、路不拾遗、民不闭户的好事，正是盛世的表现。杨坚因此觉得特有面子，专门下诏号召全国官吏学习王伽。王伽成为了开皇年代官员的楷模。

降服突厥

一

南北朝以来，北方的突厥越来越强大，强大到足可以对中原王朝的生存形成威胁了。

杨坚当了中原的皇帝，突厥成为了他不得不解决的棘手问题。

581 年杨坚夺得皇位的时候，突厥大军就杀入长城，烧杀抢掠，作为送给杨坚登基的“见面礼”。突厥人很会玩文字游戏，说自己是北周的兄弟之邦，现在来给北周报仇讨伐杨坚。

真实情况是突厥人所在的漠北草原在 580 年遭遇了大灾荒，“竟无雨雪，川枯蝗暴，卉木烧尽，饥疫死亡，人畜相半。”大灾荒造成草原赤地千里，民不聊生，没饭吃的突厥人天天饿得前胸贴后肚皮。而刚当上皇帝的杨坚一点眼力价也没有，一反北周、北齐争相讨好突厥、贡献不断的惯例，对突厥的困难不理不睬。突厥人当老子当惯了，现在见南边的“儿皇帝”不恭顺了，不送东西了，勃然大怒，发兵来教训杨坚。

这次突厥人因为隋朝的反击没有从南方捞取多大好处，但隋朝还是被动挨打，胜少败多。杨坚吞并陈朝的宏大计划也受到了影响。

突厥问题的重要性让一个人在政坛崛起。这个人叫长孙晟。

长孙晟武艺超群，北周时送千金公主去突厥和亲。突厥的沙钵略可汗很欣赏长孙晟的武艺，留他在突厥住了一年。这期间，长孙晟充分了解了突厥的国情，“因察山川形势，部众强弱，皆尽知之”。一次长孙晟陪着突厥贵族出游，天空中有两只雕在争肉吃。沙钵略可汗递给长孙晟两枝箭，让他表演射箭。长孙晟驰马飞奔，对着纠缠争食的双雕一箭射去，落下两只雕来。沙钵略可汗大喜，让突厥贵族子弟去跟着长孙晟学习射箭。长孙晟整天和突厥贵族混在一起，成为半个突厥人。

沙钵略可汗的弟弟处罗侯是个很有心计的人。他声望很高，遭到哥哥沙钵略可汗的猜忌。处罗侯暗中与长孙晟结盟，希望能够借助隋朝的力量。处罗侯和长孙晟成了无话不谈的朋友。

长孙晟回国后，向杨坚“口陈形势，手画山川，写其虚实，皆如指掌”，提出了对付突厥“远交而近攻，离强而合弱”的战略：利用突厥各部间的矛盾，结交、扶持那些偏远的、弱小的部族，共同对付那些紧迫的威胁和强大的敌人。

杨坚对长孙晟这个“突厥通”很信任，采纳了长孙晟的提议。

突厥的政权形式类似于部族联盟，除了沙钵略可汗这个联盟的大可汗外，还有若干强大的部族可汗。杨坚就派使者结交西域的突厥达头可汗，故意赐给狼头纛，礼数周全。杨坚和达头可汗套近乎，还故意在接见突厥使者的时候把达头可汗的使者排名在沙钵略可汗使者的前面。沙钵略可汗很自然中了杨坚的离间计，对达头可汗产生了猜疑。杨坚进一步派长孙晟携带大量钱财，结交奚、契丹等部族，展开“统战工作”，孤立沙钵略可汗。长孙晟自然也去了老朋友处罗侯那，引诱处罗侯与沙钵略可汗决裂，站到隋朝的一边来。

沙钵略可汗转化成了劣势，决心发兵教训一下杨坚，警告后者不要玩阴招，不要耍小把戏。突厥大军的势头很猛，结果被长孙晟的一个“谣言”给吓退了。长孙晟散布谣言说臣属于突厥的铁勒部落反叛，出兵袭击突厥牙帐。沙钵略可汗已经对内部团结失去了信心，一下子就中了谣言的当，撤军返回漠北保护老巢去了。

轮到杨坚出牌了。杨坚在开皇三年（583 年）下诏要反击突厥。

杨坚在诏书中探讨了突厥问题的由来和解决之道。他认为突厥的猖狂，很大程度上是中原割据的结果。各个割据王朝都寻求突厥的支持，“周人东虑，恐齐好之深；齐人西虞，惧周交之厚”，谁都怕突厥倒向敌人一方，结果争相讨好突厥。“竭生民之力，供其来往；倾府库之财，弃于沙漠。”这样只能削弱了自己的力量，助长了突厥的实力和骄狂，结果突厥“劫剥烽戍，杀害吏民，无岁月而不有”。现在中原统一了，该是给突厥颜色看看的时候了。杨坚鼓励将士抵抗突厥，以战争制止突厥的杀掠。

当年，隋朝大军兵分八路出塞讨伐突厥。双方主力在白道川（今内蒙古呼和浩特西北）遭遇。沙钵略可汗占据要点，依然轻视隋朝军队的战斗力，以为隋军不敢主动发起进攻。结果隋军主力对突厥军营主动发起猛攻，打得沙钵略连自身的金甲都来不及穿戴，在齐腰深的草丛中匍匐逃得性命。突厥军队大败。这一年，草原又是遍地饥馑，突厥军队的粮食供应都得不到保证，民间疾疫流行，死伤惨重。而隋军在白道川大胜后，又乘胜追击，接连打败突厥各部可汗。开皇三年隋朝的反击战，取得了全线胜利。

583 年在突厥历史上是重要的一年。强盛的突厥帝国由盛转衰，往日的雄风一去不复返了。不久，突厥内讧，分裂为东西两个汗国，开始了长达 20 多年的内战。

隋朝牢固把握住了对突厥战争的主动权。

二

突厥分裂为东西两部后，给长孙晟的战略提供了绝好的实施机会。

隋朝不用一兵一卒，利用突厥内部矛盾，挑拨离间，时而团结这一部分，时而打击那一部分，加速了突厥的衰亡。

开皇四年（584）九月，内忧外患的东突厥沙钵略可汗降低身段，主动向杨坚请求和亲。

沙钵略可汗原本迎娶了北周王朝的千金公主。隋朝替代了北周，千金公主与隋朝有着深仇大恨。当初挑唆沙钵略“为北周报仇”的就是千金公主。现在夫家衰落了，她迫不得已，请求改姓杨，还要认杨坚当干爹。

西突厥的达头可汗见沙钵略、千金公主和隋朝眉来眼去，生怕落在他们后面，也赶紧向隋朝请求和亲。

杨坚观察了一下形势，觉得沙钵略可汗的日子的确很难过了，而达头可汗比较强大，就决定扶持沙钵略可汗，对付达头可汗。他同意和亲，认千金公主为隋朝的大义公主。这样就等于是隋朝将公主嫁给了沙钵略可汗。沙钵略大喜，上了一封肉麻的奏折：“隋朝皇帝是岳父，就是我爹；我是皇帝的女婿，就是儿子。两境虽殊，情义是一。现在我们双方重修旧好，希望子子孙孙万世不断。上天为证，绝不违负。”杨坚回信说：“既然沙钵略做了隋朝的女婿，那我以后将把你当做儿子来对待了。”从此，隋朝和突厥以翁婿相称。

当然了，沙钵略可汗并不是真心的。草原上的枭雄的自尊心都很强，他虽然自降为杨坚的女婿，但那是在文字上做做样子，实际上仍以大国天子自居。长孙晟去向他颁发诏书的时候，沙钵略可汗就拒绝跪接诏书。长孙晟说：“可汗既然做了大隋的女婿，怎么能不敬岳父呢？”最后，沙钵略不得不跪受诏书。接完诏书，沙钵略满脸惭愧，和大臣们抱头痛哭。沙钵略君臣不仅是为可汗脸面尽失而羞愧，更是为突厥强盛时代的逝去而痛哭。

可是隋朝给予沙钵略的支持仅仅停留在口头上，沙钵略依然打不过西突厥的达头可汗，东边新兴的契丹民族也开始咄咄逼人。沙钵略的东突厥的局势进一步恶化了。开皇五年（585年）七月，沙钵略实在混不下去了，向隋朝告急，请求率领部族南下，寄居在白道川。实质上是寻求隋朝的军事保护。

在隋朝讨论对策的时候，沙钵略的老婆孩子都被敌人给俘虏走了。杨坚意识到东突厥的灭亡，将使隋朝失去制约西突厥的重要力量，同意东突厥南迁白道川。隋朝还出兵救援沙钵略，帮助沙钵略抢回了家人。沙钵略因为隋军才能够有一个栖身之地，不得不彻底投向隋朝的怀抱，连隋朝的女婿也不做了，直接上表称臣。沙钵略还主动把儿子送到大兴城中，作为人质。一年多后，见证了突厥从盛到衰历程的沙钵略可汗死了。

沙钵略临终时，把可汗之位传给了弟弟处罗侯。处罗侯勇猛聪明，深得众心。沙钵略生前很不喜欢这个弟弟，一直猜忌提防他。沙钵略之所以不传位给儿子而传给了处罗侯，完全是抛弃了私心杂念，希望处罗侯能够复兴突厥。

杨坚听说突厥换可汗了，派长孙晟来“册封”新可汗。处罗侯知道一旦接受隋朝的册封，也就是将东突厥进一步置于隋朝的控制之下，东突厥的可汗就成为需要隋朝“任命”的官员了。但他更明白东突厥处境艰难，离不开隋朝的支持，因此不仅安然接受了隋朝地册封，还遣使入朝。从此，隋朝和东突厥之间形成了固定的册封关系。在隋朝军队的直接参予下，处罗侯杀回漠北，多次打败西突厥。隋朝也通过处罗侯这个代理人间接控制了漠北草原。

可惜，处罗侯在位仅一年，就在与西突厥的战斗中阵亡了。开皇八年（588 年），东突厥推举雍虞闾为新可汗。隋朝再次册封他为都蓝可汗，巩固了双方的君臣关系。

三

都蓝可汗是个反复无常的人。当时东突厥的日子也好过多了，都蓝可汗对隋朝不像前两代可汗那么恭顺了。

突厥有个习俗，就是后世可汗要迎娶前世可汗的妻子为妻子。因此大义公主（原来的千金公主）就又成为了都蓝可汗的妻子。大义公主亡隋之心不死。刚好当时有个叫杨钦的内地人犯了罪，逃到漠北，造谣说北周的宗室女婿刘昶要起兵反隋，请大义公主出兵配合。大义公主就去蛊惑都蓝可汗。都蓝可汗还真派兵，几次骚扰隋朝边界。

隋朝出兵杀了大义公主，讨回了杨钦，算做是对都蓝可汗的一个警告。

都蓝可汗没了老婆，就向隋朝求亲。刚好东突厥另一位可汗突利也向隋朝求婚。杨坚问长孙晟怎么办。长孙晟分析说："都蓝依附隋朝只是因为和西突厥的达头有矛盾，现在还需要隋朝的帮助。如果翅膀硬了，都蓝可汗肯定会叛隋而去的。而且如果都蓝迎娶了隋朝真正的公主，那么就会借隋朝的威力压迫达头、突利等突厥可汗，更加强大，难以控制。而突利是'亲隋派'处罗侯的儿子，本人也与隋朝亲善。不如将真正的公主许配给突利，让突利率领本部军民南徙。突利兵少民弱，容易控制，可以作为抵御都蓝的力量。"杨坚采纳了长孙晟的意见，决心扶植最弱小的突利可汗，打击都蓝和达头。总之，突厥各部中，谁把头冒出来，隋朝就打谁，直到突厥乖乖驯服为止。

开皇十七年（597 年），突利可汗迎娶了隋朝安义公主，率众南迁。

都蓝是东突厥的大可汗，反不如突利，大怒，骚扰隋朝边界更加频繁了。突利可汗每次都给隋军通风报信。隋军严阵以待，都蓝可汗一点好处也没捞到，还白白损耗了不少兵马。

都蓝觉得这样下去不行，就在开皇十九年（599年）与西突厥的达头可汗握手言和，共同攻打突利可汗。突利哪打得过，结果大败。他和部落失散，兄弟子侄全被杀了，只身逃到隋都大兴哭诉。隋朝官方很给突利面子，不说他是惨败逃来保命，而是用了一个特文雅的词："入朝"。

突利的失败，就是隋朝突厥政策的失败。

杨坚当然不甘心失败了，加大了对突利的扶持力度。隋朝把突利可汗更名为"启民可汗"。当时安义公主已经死了，杨坚又把义成公主嫁给启民可汗做妻子。隋朝在朔州筑大利城（今内蒙古和林格尔县西北土城子）安置启民可汗。启民可汗一开始的实力实在太小，不足以完成隋朝期望的镇抚的任务。隋朝就帮助启民收集部众，修建工事，还专门在河套地方辟出牧地给启民可汗游牧。为了防止都蓝和达头把启民可汗扼守在摇篮里，隋朝屯兵两万，日夜保护启民可汗。可以说，启民可汗完全是隋朝一手"制造"出来的东突厥可汗，启民本人也完全听命于隋朝。

隋朝不仅扶持启民，还主动出兵攻击都蓝和达头，将投降和俘获的突厥人都交给启民可汗管辖。突厥属下的部族降服隋朝，隋朝也全部划给启民可汗管辖。东突厥就这样硬生生被分裂为了南北两部，启民在漠南，都蓝在漠北。

开皇二十年（600年）十二月，都蓝被部下杀死，北突厥内讧。西突厥的达头可汗企图趁机兼并北突厥。养兵千日，用在一时。当时的启民可汗已经小有规模，隋朝就命令启民可汗率部招降北突厥。在隋朝的支持下，启民可汗进展顺利。突厥属下各部纷纷降服，东突厥重新统一。奚、室韦等东胡族也都依附启民可汗。此后，西突厥和东突厥、隋朝的战争断断续续地进行。隋朝要么命令启民可汗反击西突厥，要么和启民组成联军共同还击。突厥问题已经不再是隋朝北方边界的问题了。

隋朝通过启民控制了广大的北方草原，北方边界维持了长期的和平。

突厥问题的解决，功劳最大的是长孙晟。其实长孙晟这个人最大的本领还不是和突厥打交道，而是"识人"。他选择了一个乘龙快婿——李世民。唐朝赫赫有名的长孙皇后是长孙晟的女儿，长孙无忌是他的儿子。当然，这一切都是后话了。长孙晟生前一直是很勤勉的隋朝官员，丝毫没有国丈的派头。

改革决定高度

一

开皇九年（589 年），隋灭南陈，天下重新统一的那一年，杨坚任命高颎为尚书左仆射，苏威为尚书右仆射，同掌朝政。杨素为纳言，参予朝政。

高颎与苏威并称为“开皇名相”。

高颎不仅是隋朝的开国功臣，还是隋朝制度的制定者。在高颎的主持下，隋朝的行政制度、官制、法律等进行了全方面的改革。高颎用他的创造力，不仅为隋朝的发展制定了规矩，还深深影响了整个中国传统社会时期。杨坚有许多重大政务和想法，都习惯于交给高颎办理。苏威则是另外一种风格，他行政经验丰富，淡然敢谏。一次，杨坚执意要杀一个看不顺眼的人。苏威坚持此人罪不至死，不让杨坚杀。杨坚更加生气了，自己提着刀就要去亲自动手。苏威硬是挡住暴怒的杨坚的去路，不让他前进。杨坚闪到左边，苏威就遮挡到左边；杨坚跑到右边，苏威也赶紧拦住右边。最后杨坚没办法，拂衣退入后宫。那个倒霉的人侥幸不死。杨坚冷静下来后，把苏威叫来嘉奖了一番：“公能这么做，我还有什么可以担忧的呢。”因此杨坚在苏威右仆射的本职之外，还让他兼了大理寺卿和御史大夫的职务，将司法和监察大权交给了他。

开皇元年（580 年），杨坚刚坐上龙椅，就废除北周官制，开始了政治改革。

隋朝的改革进程，是从政治改革开始的。

这次改革的主要内容是在中央设置了分权制衡的机构，将最高权力分为尚书、门下、内史（中书）、秘书、内侍（宦官）五省。尚书省负责处理日常政务，其他的分别是决策、审查和记录机构。尚书省置尚书令一人（虚职），左右仆射各一人；下面设吏部、礼部、兵部、都官部、度支部、工部，每部设尚书一人。583 年，度支部改称民部，都官部改为刑部。一般情况下左仆射分管吏、礼、兵三部事务，右仆射分管民、刑、工三部事务。这套“五省六部”的制度让现代人看起来非常眼熟。这一政治制度在隋朝时开始定型，一直沿袭到清末。尽管其中名称和具体分工有所更改，但基本框架固定不变。

这又是隋朝的一大贡献，也是“杨—高—苏”团队的一大贡献。

二

解决地方官制是杨坚君臣面临的另外一个难题。

隋朝接手的是一个地方官制混乱，官吏队伍臃肿庞大的局面。

秦汉时的郡县制在四百年的乱世中演变成了州郡县三级，地方权力不断扩大。官制也变成了三级，而且除了由中央直接任命的官员（刺史、太守等）以外，地方官员还可以自己辟置、安插官吏，建立幕僚队伍。州、郡、县地方行政机构越来越庞大，官员队伍名目繁多，比如典签、州都、郡正、主簿、西曹书佐、祭酒从事、部郡从事、仓督、市令、光初光曹、光初主簿、县正、功曹、西曹等等，不一而足。而在乱世之中，各地的官员更换频繁。最后简直就发展到领导到任，说谁是官，谁就是官了。

为了安排越来越多的官僚，乱世中的各方各派就必须开拓出越来越多的职位。最通行的方法就把行政区划越划越小，多设置州、郡、县。比如东汉末年，割据荆州南部的刘备为了安排兄弟张飞，硬是在今三峡地区划出了一个“宜都郡”，任命张飞为“宜都太守”。许多地方行政区划是各地官员自行划定的，一旦存在的，中央要废除起来，困难重重。人们很形象地按照地域的大小将州郡县也分为“上中下”三六九等。

乱世中，许多北方的士族大家和读书人南迁避乱。为了安排这些人，也为了寄托南迁士人的思乡之情，南方的东晋和宋齐梁陈各代执行了“侨州侨郡”制度，在南方“复制”北方州郡。比如豫州（河南大部）并不在南朝的控制范围内，但是南朝依然设置了“豫州”，相应的也设置了归属于“豫州”的各个郡县和一整套的“州政府”官员。那么这些人在什么地方办公呢？南朝在湖北或者安徽等地划出一块地方来，成立所谓的豫州各郡，任命官员走马上任。这样的结果是，南方的州郡越划越小，机构叠床架屋，错综复杂。

隋朝成立后，杨坚发现有的地方不足百里之地，竟然在上面设置了好几个县；有的地区居民不满一千户，竟然分属于二个郡。最荒唐的是，有的居民点只有三四户百姓，也独立成了一个县。史家常用“十羊九牧”来形容隋朝初期民少官多的局面。

许多新进入官场的年轻人，往往要花大力气去了解五花八门、名目繁多的行政区划和官职名称。

可以想象，改革地方官制无疑是牵一发而动全身的事，要得罪多少既得利益者啊。

作为乱世的终结者，作为有责任心的君主，杨坚必须继承这份乱世的遗产。

开皇三年（583 年），杨坚制定了“存要去闲，并小为大”的原则，对地方官制进行了大规模的精简整顿。

首先，隋朝罢天下诸郡，把州郡县三级制改为州县二级制，州直接管辖县。后来，隋朝又易州为郡，地方官制成为郡县二级。到 609 年，隋朝达到极盛的时候，全国有郡 190 个，县 1255 个。地方官制上的二级制一直延续到今天。其次，隋朝彻底废除了汉代以来地方长官自行辟署置僚佐的制度。之前，地方官员和自己设置的官吏之间往往形成主仆关系，下级对上级惟命是从。现在，即使是最小的小官，任命和考核的权力也都收归了中央，由吏部掌管。各级地方官员都要唯中央马首是瞻了。第三，为了防止地方官员势力膨胀，贪赃枉法，隋朝创造了许多被后世沿用的制度。比如规定官员任职要回避家乡州县，必须“异地为官”；禁止官员在地方两度担任同一个职务；规定地方主要官员的任期为三年（后来改为四年），到期必须离任。后来，隋朝把关注点投到了官员家属身上，规定地方官员不得带父母或 15 岁以上的儿子赴任，以免家属干政。

杨坚为了加强对各地官员的控制，规定每年年终各地太守或副手必须进京述职，称为“朝集使”。中央政府不定期地派遣官员巡察地方，检查督促各地的政务。

三

政治体制改革最终都要落实在具体的官员身上。改革的成功与否，归根结底是用人的成功与否。

杨坚对中央官制和地方官制翻天覆地、大刀阔斧的改革，必然要侵害到数以万计的贵族官员的利益。而政治体制改革本身，也需要有大批的志同道合者和新型官吏参予其中。多数旧贵族和旧官员不会积极配合杨坚的改革。那么杨坚从哪里去寻找官场的新鲜血液呢?

隋朝成立时，官场选拔人才采用的是“九品中正制”。中央和地方州县都有专门的“中正官”，负责考核评定各地人才的等级，分为“上中下”各品各级，一共九个级别。不同级别的人才出任不同级别的官职。很自然的，世代高官的家族垄断了“中正官”的职位，给自己家的孩子和亲戚评个特别高的品级，让子孙后代世代为官。于是就出现了“上品无寒门，下品无世族”的现象，当官的标准也就成了比谁家的老爸官当得大，谁家的门第高。

最先对这种近似世袭的选拔标准表示不满的是山东的士族大家们。因为北齐王朝灭亡后，山东各个大家族在北齐朝廷中当的官不算数了。他们比不过关中的北周官员贵族们。后来隋朝建立了，杨坚任命的官员也主要是出身关中的贵族、士人和武将。

山东的士人们就想办法寻找当官的门路了。原来的北齐王朝文化比较发达，山东的士人们文字素养普遍比较高。因此他们嚷嚷着要按照才学的高低来选拔官吏。582 年初，杨坚顺应山东士人的要求，命令选拔“贞良有才望者”担任官职。杨坚巧妙地将人才选拔制度的改革和政治体制的改革结合了起来，在第二年（583 年）正式取消“九品中正制”，废除了各级中正官的职务。朝廷的吏部接管了中正官的人事权，各级官员改由吏部任命。

为了规范人才选拔制度，杨坚在开皇七年（587 年）规定每州每年向朝廷保荐3名士人。保荐的标准是文章华美。这些士人集中到京城后，统一参加名为“秀才科”的特别考试。

对中国历史乃至民族文化产生巨大影响的科举制度，就此萌芽了。

紧接着，陈朝被隋朝吞并。大量的南方官员和士人“失业”了。他们比北方人更会写文章，才学更好，人数也很多，纷纷要求朝廷扩大每年参加科举的人数，给自己一个机会。开皇十九年（599年），杨坚下令凡是京官五品以上，地方官总管刺史以上，每年都可以向朝廷保荐人才。保荐的标准有两条：一是志行修谨（有德）、一是清平干济（有才）。按照这两条标准保荐的人才分别参加不同的考试，被称为“举人”。这就大大扩展了科举的范围。

后来在大业四年（608年），隋朝将举人考试扩展到十科。其中有一科的标准是“文才秀美”，被称为“进士科”。据说这是因为当时的隋炀帝本人是个文学家，要专门出一门诗词歌赋的考试，于是创办了进士科。当时进士科只是诸多考试中的一科，人们不会知道随着岁月的推移，这一科会对后世产生多大的影响。

隋朝就这样埋葬了魏晋以来凭门阀高低作官的人才制度，创造出了科举制度。

那么，隋朝的科举考试的具体是怎么操作的呢？

有关隋朝科举的史料极少，我们只能通过零星的记载，尽量还原当年的考试情境。

有个叫杜正玄的举人去参加“秀才科”的考试。考试的内容可能是面试和笔试相结合。吏部尚书询问杜正玄一些国家的制度和治国的方略，杜正玄要响亮地回答出来，同时还要根据询问的专题将见解形成文字，呈送上去。杜正玄参加的秀才科考试是隋朝所有科举考试门类中最难的，因为秀才科考试的内容非常宽泛，什么东西都可能考到。朝廷选择秀才，看中的是应考者的综合素质，既包括文学素质，更包括行政和管理能力。此外，“明经科”考察的是应试者对经书（往往是某一典籍）的熟练掌握程度，相对死板，比较适合记忆力超强的“书呆子”；“进士科”主要考文才，看一个人吟诗作赋的能力，比较适合陈叔宝那样的文学青年。考试内容不一样，人们对各科的推崇程度也不一样。士人们最看重考察综合能力的“秀才科”，其次是“明经科”，最看不起的是“进士科”，认为进士科考的都是奇计淫巧，不实用。

通过各科考试的举人，就可以直接出任官职了，一般是九品或者八品的级别。

隋朝科举考试在大兴举行，周期可能是三年一届，也可能是不定期的。

隋朝创办科举考试的目的是为了杜绝因为家族门第产生的官职世袭现象，但家庭背景对考试的影响依然比较严重。首先，所有的举人需要官府推荐，这就表明参加科举考试的门槛还是比较高的。其次，考试过程中的家族关系和个人信息是公开的。比如考官问某个举人祖父和父亲是干什么的，回答“我爷爷是刺史，我爸爸是太守”的举人总比回答“我爷爷是士兵，我爸爸是佃农”的举人要有优势。最后，考生们考场外的“公关活动”是不被禁止的。有钱有势的考生会提前拜访考官，送上一些自己写的或者抄袭的优秀作品，拉拉关系（唐朝发展出了一个专有名词，叫做“行卷”）。尽管给普通士人提供了进入仕途的机会，隋朝科举的公开、公平性还是比较欠缺的。

也许是因为科举制度的推行和官制的改革是同步的，激烈的政治体制改革没有在隋朝掀起激烈的反应。原因很简单：如果你对管制改革不满，有意见，那没关系，请你下岗，反正每年都有通过科举选拔出来的新官员等着替换你的位置。

四

杨坚君臣还在土地制度和赋税徭役制度上进行改革，推动了隋朝的经济繁荣。

开皇十二年（592 年），杨坚在全国推行均田法。隋朝的均田法沿用北齐的制度，规定不管奴婢还是普通民众，每丁（18 岁以上的男女）受“永业田”20 亩，永业田为百姓个人所有，可以继承和自由买卖。另外，国家颁给成年男子露田 80 亩，女子露田 40 亩。露田归国家所有，受田人到一定年龄要归还国家。有健壮耕牛的家庭，可以按照每头牛 60 亩的标准领取额外的田地(最高不能超过240亩)。均田法的颁布，是对土地制度的一大革命，带有强烈的“耕者有其田”的理想色彩。好在常年战乱之后，国家手中掌握了大量的无主土地，天下也有大量的荒地，再加上杨坚向各地派出了大量钦差大臣督办，隋朝的均田法得以在全国铺开。结果，只有部分地广人稀的州县才能按照朝廷的标准给农民分配土地，多数州县难以完成。一些州县平均每个成年人才分得20亩土地。可均田法公布后，天下百姓依然欢欣雀跃，能分到田地总比没有田地要好。

既然拿了国家的田地，就要为国家出力，服徭役。

北朝时期，百姓是18岁开始受田，同时开始承担赋税徭役，20岁开始有义务当兵，60岁以后免力役，66岁以后退田同时免租调。具体的赋税标准如下：已婚的人每年交绢一匹，绵八两，粟五斛；未婚的人减半；夫妇二人合称一床，每年交给朝廷垦租二石，交给地方州县义租五斗，外加绢一匹，绵八两。具体的徭役标准如下：18岁到59岁服徭役，每年服役时间不超过30日，单位时间里每家只需出1人服役，以保证农时。

北周时期，苏威的父亲苏绰制定了王朝的赋税和徭役标准。他曾对年少的苏威承认自己定的役法过重，还可以减轻。后来苏威继承父业，执掌了隋朝的经济大权。他奏请杨坚减轻赋税徭役，得到杨坚的支持。

开皇三年(583年)，隋朝将百姓承担赋税徭役的年龄延长到21岁，而受田的年龄依然是18岁。这就让百姓增加了3年稳定的收入。之后，朝廷将百姓每年服役的时间从30天压缩到20天，交纳的绢数从一匹(四丈)减为二丈。开皇十年(590年)，规定50到59岁之间的百姓可以纳庸来免除兵役。“庸”就是免役的人交纳绢代替服役，每天的数量为几尺，20天也不过数丈。总之，苏威的改革使百姓的负担越来越轻。而在宏观上，百姓有更多的时间从事农作和家庭生产，对国家经济是有利的。

均田制和租庸制度也被唐朝所延续，成为了又一项影响深远的制度。在理论上，隋朝的赋税和徭役都不算重。

开皇初年，隋朝的户口数目是360余万，灭陈后得到50万户。为了与豪强和贵戚增多隐蔽的人口，也为了将流民编入户口，隋朝开展了全国户口检查工作。这项工作难度很大。有钱有势的人家要隐藏奴婢，为自己服役；许多百姓不愿服役纳税，或者涂改年龄牟利。隋朝就进行“貌阅”：原始的相貌登记工作。将每个人的相貌纪录在官府的户籍登记簿上，让隐藏人口和逃亡变得非常困难。到了大业三年（607 年），隋朝登记有 8907546 户，46019956 人。

五

政治上的改革和经济上的繁荣带动了开皇年代文化的发展。

隋朝在成立的第三个年头（583 年）下诏求书，规定献书一卷赏绢一匹。

之前几百年战乱使得大量文化典籍在战火中焚毁、遗失。开皇初年出现了“书荒”。

重赏之下必有勇夫。当时有个叫刘炫的人，赶紧埋头去找书。可书哪那么好找啊，刘炫脑瓜一转，想朝廷是下诏求书，没说现写的书不算啊。于是，他日以继夜、争分夺秒开始写书。功夫不负有心人，刘炫不久就“攒”出了《连山易》、《鲁史术》等书，共计一百卷，恭恭敬敬地献给官府。当地官府没有专门的人才来辨别图书的真伪，同时也不愿意打击民间献书的积极性，只好按照一卷书一匹绢的赏格奖励了刘炫。刘炫因此成为了一个小财主。如此真真假假，民间古书异书层出不穷，隋朝社会没几年就图书丰富，图书馆里藏书不绝了。

求书仅是一个开头，杨坚在文化教育方面专门下了一道诏书。首先，杨坚把文化教育提到了一个很高的高度：“建国重道，莫先于学，尊主庇民，莫先于礼。”但几百年的乱世沉重打击了文教事业，使得社会上“务权诈而薄儒雅，重干戈而轻俎豆”，百姓们不重视道德，你争我夺，尔虞我诈。为此，杨坚高呼“治国立身，非礼不可”，表示要“去华夷之乱，求风化之宜。戒奢崇俭，率先百辟，轻徭薄赋，冀以宽弘”。他也承认“积习生常，未能惩革”，拨乱反正，发扬文教是长期而艰巨的任务。杨坚要求全国建立健全文教制度，地方官员要大力宣扬朝化，要求百姓在非役之日和农亩之余学经习礼，目标是让全天下都“知礼节，识廉耻，父慈子孝，兄恭弟顺”。《隋书》不吝啬篇幅，全文刊登了杨坚的这道诏书，并说诏书颁发后不久天下州县都设置了博士加强文教事业。可惜的是，因为文化和教育事业是长期工程，短期内看不到成效，后人无法在短暂的隋朝历史上看到优秀的文学作品和耀眼的文教成就。但是隋朝扭转乱世积习，重拾文教的努力是需要肯定的。

开皇十二年（592 年），度支官奏称：“天下府库都藏满粮食布匹，无法接纳新的物资。许多物资只能堆积在廊庑之下。”天下富足，仓库难以承载赋税物资的盛况之前只在 700 多年前的西汉文帝和景帝时期出现过。那是一个被艳称为“文景之治”的盛世。因此，史家将杨坚统治时期成为“开皇盛世”。

杨坚下令在主要的赋税地区河北、河东等地减收本年度田租三分之一，租调全免；同时赶造新的仓库来容纳绢匹。当时，隋朝建设的最重要的粮仓是“黎阳仓”。黎阳仓位于帝国的腹心地区，遗址在今天河南省浚县大伾山北麓。它不仅仅是一个国家战略仓库，而是一座仓城，有城墙、护城河，驻军守卫。仓城之外，还有漕运码头、运粮渠道，与黄河水运、大运河漕运密切联系，吸收了隋朝物质生产和交通运输的精华成果，聚拢国家血脉。隋唐时代，黎阳仓一直是帝国的物资宝库、战略重地。唐末一度废弃，北宋又重新起用，并在废墟上加建新仓。两宋交替时期，才彻底废弃。

那么，黎阳仓到底有多大规模，储备了多少物资呢？尘封千年之后，黎阳仓因为“大运河申遗”而重见天日。2011 年 11 月，考古队对文献记载的黎阳仓所在的近 10 万平方米区域进行钻探调查。经过三次考古勘探，发现黎阳仓仓城平面布局近正方形，东西约 260 米，南北约 280 米，总面积约 78800 平方米，已探明粮仓中心区仓窖 84 座，占仓城面积的五分之四。仓窖排列规整有序，以勘探已确定的 84 个仓窖平均容积计算，黎阳仓总储量约 3360 万斤，可供 8 万人吃 1 年。限于实际条件和民房所压，还有未勘探区域，实际仓窖数量可能会超过这个数量。

《隋书》艳称这一时期“躬节俭，平徭赋，仓廪实，法令行，君子咸乐其生，小人各安其业，强无凌弱，众不暴寡，人物殷阜，朝野欢娱，二十年间天下无事，区宇之内宴如也”。末了，还不忘加一句“考之先王，足以参踪盛烈”，来给杨坚的脸上“贴金”——当然人家说的也是实情。如果将盛世定义为在对外上，国际地位崇高，外交环境安全；在对内上，经济发达，社会进步的王朝大一统的时代，那么杨坚创造的开皇年代无疑是一个合格的盛世。

独孤皇后

一

提到“开皇盛世”，不能不说独孤皇后。

独孤皇后是独孤信的女儿（这使得隋朝皇室和之前的北周皇室和之后的李唐皇室都扯上了亲戚关系），在杨坚攀登政治巅峰的过程中帮助很大。杨坚建立隋朝后，将后宫完全交给了独孤皇后。

孤独皇后非常希望能做个好皇后。她吸取乱世中后宫混乱，孳生祸害的历史教训，大力整饬后宫体制：一是提倡简朴。一次杨坚配药要用到一两胡粉，宫中竟然没有储备胡粉，还有一次杨坚要找个衣领，宫中也没有多余的储备；二是对宫中女子的装扮和言谈举止都做了严格规定，禁止浓妆华服和议论朝政；三是废除三妃六嫔制度，禁止其他嫔妃亲近杨坚，谁怀孕了就让谁堕胎。杨坚的五个皇子，全部都是这位独孤皇后生的。

可贵的是，独孤皇后并没有“对人马克思主义，对己自由主义”，而是以身作则，严于自律。她平时生活俭朴，衣着朴素。一次，幽州总管殷寿告诉独孤皇后说突厥商人拿着一盒稀世明珠来隋朝贸易，要价不高，才八百万钱，建议皇后买下。对于皇家来说，这个价格的确不高。但孤独皇后断然拒绝说：“如今戎狄屡次侵犯内地，国家多事，将士们征战辛苦，还是留着八百万钱犒赏有功将士吧。”

平日杨坚上朝理政的时候，独孤皇后都和丈夫同车而去。到了朝堂前，独孤皇后就下车在外面等着，看丈夫在朝堂之上和大臣们处理政务。退朝之后，独孤皇后再和杨坚一起回宫，回宫后，独孤皇后和杨坚同桌吃法，同床睡觉，继续监督着丈夫。杨坚处理政务稍有不当的地方，独孤皇后就出言相劝。令人敬佩的是，独孤皇后这么做不是心血来潮，偶尔为之，而是日复一日年复一年不厌其烦地坚持如此。在后宫，她对丈夫的生活起居照顾得无微不至。就连皇帝每餐吃什么吃多少，每天穿什么衣服怎么穿，她都亲自过问；在外面，她注视着杨坚每天怎么会见大臣，怎么处理政务。独孤皇后这么做的目的就是为了让杨坚能专心致志地处理朝政，没有一点懈怠。

我们不知道杨坚有这么一个死盯着的老婆，整天几乎没有什么“人身自由”会作何感受。史载杨坚和独孤皇后两人“相顾欢欣”，关系很好。

独孤皇后最可贵的是并没有利用杨坚的政治信任为独孤家族谋取利益。外戚专权是隋朝之前历朝历代的一个政治老大难问题。外戚之家往往利用皇后之权获取高官厚禄。而杨坚一朝，“内外亲戚，莫预朝权，昆弟在位，亦无殊宠”。独孤皇后的亲兄弟们只担任普通的将军、刺史职位。独孤皇后的表哥崔长仁当官时触犯王法，按律当斩。杨坚看在皇后的面子上，有意赦免其罪。独孤皇后反而不干了，认为“国家之事岂可顾私”，坚持将崔长仁处斩。独孤陀是独孤皇后的亲兄弟。他是个酒鬼，酗酒后就为非作歹，为害百姓。独孤皇后特地把这个兄弟叫到皇宫里来，严加训斥。没想到独孤陀怀恨在心，回去后用猫鬼诅咒皇后。被人告发后，独孤陀被判了死刑。独孤皇后为此气得三天吃不下饭去。但这一次，独孤皇后却出面为兄弟求情，请求杨坚赦免其罪。杨坚说他都咒你死，你为什么还要帮他说话。独孤皇后说：“如果独孤陀是乱政害民，我不会为他说情。但独孤陀是因为诅咒我被判死罪，所以我请求赦免他。”最后，独孤陀被赦免了死罪。隋朝对外戚势力控制得很好，不能不归功于独孤皇后的自律。

朝野上下将独孤皇后的所作所为看在眼中，记在心里。宫中将她和杨坚并称为“二圣”。

二

独孤皇后的性格中具有矛盾的一面。每次听说大理寺要处决死囚，独孤皇后为此流泪，表现得很仁爱；但她会狠毒地逼迫其他怀孕的嫔妃堕胎，警惕地不让其他女人亲近丈夫，妒嫉心极强。

独孤氏 14 岁嫁给杨坚的时候，在新婚之夜逼丈夫发誓：一辈子只爱独孤皇后一个人，不纳妾，不滥情。今天，如果有小女生在初恋的时候要求男友发誓终生只爱自己，还显得“很傻很天真”；在一千五百千年前的北周，独孤皇后这么说就显得惊世骇俗，充满理想色彩。可是杨坚郑重其事地发了誓，并且做到了，的确陪伴、宠爱独孤皇后直到爱妻去世。这就成全了一段美好的佳话。

杨坚当了皇帝，独孤皇后形影相随，朝夕管着他。杨坚身边没有其他女人，其他女人也近不了杨坚的身子。

杨坚这么做，只有两种可能：要么爱独孤皇后爱到了骨子里，要么怕独孤皇后怕到了骨子里。

独孤皇后如果眼睛只盯着杨坚，那是皇帝的家务事，外人不好多嘴。然而，独孤皇后将自己超强的妒嫉心“泛滥”到了朝堂之上，“蔓延”到了隋朝的人事工作之中。她要求朝野上下臣工都以杨坚为榜样，不能纳妾，不许滥情。这让大臣们哪受得了啊，纷纷向杨坚诉苦。杨坚就做独孤皇后的工作，终于独孤皇后松了口，说纳妾可以，但不许和妾室生子。独孤皇后在朝堂外面盯着杨坚办公，每次知道哪位王公贵戚或者大臣让家里的小妾怀孕了，就劝杨坚不要重用这个人，而且要降官贬爵，严加惩罚。杨坚也都照办，结果弄得满朝文武在私生活方面都谨小慎微。

开皇二十年（600 年），独孤皇后生病了，卧床修养。几十年来，杨坚终于获得了几天自由。也巧了，杨坚突然想到御花园里散散心，结果遇到了一位十七八岁的美貌少女。这个少女是旧时叛官尉迟迥的孙女，因罪罚入宫中。这一天晚上，杨坚就没有回去陪伴独孤皇后，而是在外面“临幸”了尉迟氏。杨坚很喜欢这个女孩，留恋良久，第二天早朝都差点迟到了。独孤皇后很快就知道了，趁杨坚早朝的时候，气势汹汹地去惩罚尉迟氏。她痛骂尉迟氏凭女色诱惑君王，祸国殃民，边骂边打，将一个好好的女孩打得体无完肤，当场就死了。

杨坚早朝后，还想去找尉迟氏，不料得来的竟然是皇后将尉迟氏痛打至死的噩耗。这简直是晴天霹雳，打得杨坚惊惶失措。只见他拂袖而起，踉踉跄跄地抓住一匹骏马，狂奔出宫而去。高颎等大臣见状，赶紧招呼人跟在后面“护驾”。杨坚跑出宫门，也不走大路，跌跌撞撞地跑出了二十几里路最后骑马停在一所寺庙里，神情恍惚，四处乱走。高颎、杨素等大臣闻讯也都赶到寺庙里，恳请杨坚回宫。杨坚不理不睬，继续四处乱走，高颎拽住杨坚的马缰苦谏。杨坚对高颎道苦水：“朕贵为天子，竟然不得自由！”据说，汉语中的“自由”一词，出处就在这里。高颎劝他说：“陛下岂以一妇人而轻天下！”皇帝要以天下为重。杨坚驻马良久，在外面转悠到深夜，才返回宫中。“离家出走”行动半途而废了。经过这么一闹后，独孤皇后认了个错，杨坚夫妇也重归于好了。

可独孤皇后的妒嫉心依然旺盛，为此还恨上了高颎。因为高颎劝杨坚说：“陛下岂以一妇人而轻天下！”这话传到独孤皇后耳朵里，独孤皇后认为它有大男子主义倾向！独孤皇后是个“女权主义者”，认为妇女虽然不比天下更重要，起码也能撑起半个天下吧！独孤皇后就对高颎有意见了，对心腹说：“高颎与我有世交，想不到他竟然如此藐视我！我堂堂国母，怎能让他轻视？”

三

真不凑巧，高颎马上就有把柄落在了独孤皇后的手里。

高颎的妻子死了。独孤皇后就对杨坚说：“高仆射老了，现在死了夫人，陛下可以出面给他再娶一位夫人！”杨坚就张罗着要给高颎找个老伴。高颎哭着谢绝了，说：“臣今已老，退朝之后，唯斋居读佛经而已。感谢陛下垂哀老臣，但纳室续娶并非臣所愿。”杨坚因此作罢。独孤皇后听到高颎的话，没想到高颎这个老家伙对死去的妻子感情还挺深，心里还感动了一下。

谁料不久高颎的一个爱妾生下了一个男孩。高颎老年得子，同僚们纷纷致贺，杨坚也为老搭档感到高兴。独孤皇后却很不高兴。杨坚问她为什么不高兴，独孤皇后说："陛下难道还能相信高颎吗？之前陛下想为高颎续娶，高颎明明是心存爱妾，却欺骗陛下说是念旧不想再婚。现在他和小妾生子，欺诈阴谋已经败露，陛下还怎么相信他！"杨坚一算时间，高颎和小妾亲密应该是老伴生病期间，于是听信了皇后的话，内心对高颎有了意见。

独孤皇后本来就忌恨高颎，现在更恨高颎与妾室生子，动不动就在杨坚耳边说高颎的坏话，到处扬言高颎行为不检点。杨坚和高颎的关系渐渐的不像早年那么亲密了。

这时发生了两件事，将杨坚和高颎关系中的裂缝越撕越大，最终导致了两人决裂。

杨坚晚年有些好大喜功，曾经发动对高丽的战争。战前，高颎坚决反对出兵，但是杨坚非但不听，还任命小儿子、汉王杨谅为主帅，高颎为监军，辅助杨谅。杨坚知道杨谅年轻，没有经验，事先赋予了高颎"专委军事"的大权。这次战争进展非常不顺利。隋朝的陆军刚走出临渝关（今山海关）就爆发了传染病；水军出海不远就遭遇了大风，损失了多数战舰。结果，隋朝大败而归，回来的士兵只有原来的十分之一二。杨坚雷霆大怒。独孤皇后趁机诋毁高颎说："高颎本来就不愿打仗，陛下派遣他出征，他肯定不会卖力。我一开始就知道会出师无功！"而在征战过程中，高颎以为杨坚授予了他征战大权，事事出头做主，对名义上的主帅杨谅的意见很不尊重，通常予以否决。他老觉得杨谅年轻，考虑不周，却忘记了谨慎为臣的道理，"无自疑之意"。杨谅原本对指手画脚的高颎就非常不满，后来打了败仗，闹得灰头土脸的，就由不满转为怨恨了。回到京城后，杨谅就向父皇和母后哭诉："儿子我幸亏没被高颎杀掉，才能侥幸回来见到双亲。"杨坚和独孤皇后自偏信小儿子的话，对高颎更加不满了。

第二件事情是开皇十九年（599 年）"王世积案"。王世积是从北周进入隋朝的老臣，立下了不少军功，官拜隋朝的凉州总管。和当时许多跨越了两个朝代的大臣一样，王世积在隋文帝篡位之前，很难调适自己的心理。昨天还冲着宇文氏三跪九叩，今天就要改向杨坚叩拜了，一般人心理都很难迅速适应。王世积头脑比较简单，他知道高颎是新崛起的掌权人物，就偷偷问高颎："吾辈俱周之臣子，社稷沦灭，其若之何？"我们都是周朝的臣子，社稷沦亡了，我们该怎么办？他内心的纠结、不安，都体现在这句话里了。高颎听了这话，只能在心里嘀咕说王世积这个人果然是一介武夫，太幼稚太简单了。高颎最终没有做出回答，他也不好回答什么话，同时高颎也没有举报王世积"心怀旧主"。高颎是个厚道人。

事情过了二十年，王世积的一个亲信皇甫孝谐犯罪。官府四处抓捕他，皇甫孝谐投奔王世积，恳求收留。王世积不愿多事，闭门不纳。皇甫孝谐最终被捕，发配桂州。他恨死了王世积，就告发王世积"谋反"，说王世积在凉州暗中训练精兵，图谋不轨。这是子虚乌有的诬告，本来是打倒不了王世积的。但是，杨广、杨素等人翻出了王世积和高颎的老账，罗织罪名，指使有关部门上奏说王世积对本朝不满，囤积兵马，准备谋反，同时指认宰相高颎与王世积交往联系，发泄不满。高颎还接受了王世积赠送的河西宝马。他们把真真假假的信心都混合在一起，利用杨坚的多疑猜忌，让杨坚最终相信了诬告。王世积遇害。

杨坚对高颎的不满，此时都发泄了出来。他认定高颎有罪。大将贺若弼、兵部尚书柳述等众多中央和地方各级官员纷纷出面申辩，为高颎开脱。大家认为高颎即使有罪，也为国家立下了大功，应该赦免。杨坚更加恼怒，认为高颎平日交结朝野官员，结党营私，谁敢为高颎说话就痛斥、罢贬谁。很快，朝野再也没有人敢为高颎说话了。当年八月，杨坚免去高颎尚书左仆射职务，保留齐国公爵位，赋闲回家。

高颎毕竟和杨坚搭档二十多年了，感情很深。一次宴会，杨坚见到了高颎，信誓旦旦地对高颎说："只要你不辜负我，我绝不辜负你。"但是，到底谁"辜负"谁的判断权力掌握在杨坚手里。

当时与高颎对立的晋王杨广、杨素等人不让高颎有任何重起的机会。没过多久，高颎的部属就上书揭发说："高颎的儿子高表仁曾经对高颎说：'司马懿当初托疾不朝，赋闲在家，最后不也政变夺取了天下吗。父亲今天遭遇挫折，焉知非福！'"外人不知道高表仁有没有这样宽慰父亲高颎。如果高表仁真的白痴到将父亲和篡位夺权的奸臣、西晋缔造者司马懿相提并论的程度，那就是将落难的老父亲向地狱门口推了一把。杨坚不得不怀疑高颎的忠心了，下令囚禁高颎，严加审讯。司法部门很快又奏称有和尚术士对高颎说："明年国家有大丧。皇上在开皇十七、十八年有大厄，最迟不会躲过开皇十九年。"这简直是在咒杨坚死啊！杨坚出离了愤怒，对着群臣咆哮说："帝王之位岂可强求！高颎与儿子谈话，自比晋朝皇帝，安的是什么心啊？"皇帝都给高颎定性了，有关部门只好奏处斩高颎。最后时刻，杨坚还是念了往日情分，说："去年杀了虞庆则[1]，今年又杀了王世积，如果再诛杀高颎，天下会怎么看我呢？"于是，高颎被除名为民——免去了爵位。

早在高颎出任尚书仆射的时候，他的老母亲就告诫他说："儿子，你富贵已极，但要当心自己的脑袋，平日里要慎之又慎啊！"高颎也一直担心发生祸变，现在被免为平民百姓了，反而表现得很高兴，如释重负，一点悔恨的样子都没有。

四

高颎被斥退后，接替的人选是杨素。

杨坚期间，隋朝的尚书左右仆射（二人被尊称为丞相）人选相对固定。高颎长期担任尚书左仆射；开皇九年（589年）苏威出任尚书右仆射，三年后因为任用私人而罢免，由杨素接任。现在高颎为民，苏威则宦海沉浮。杨素成为了强势的尚书左仆射。

杨素的能力和功绩可能不逊于高颎，但个人品德、操守根本没法与高颎相比。杨素不仅对人严厉苛刻，而且是以权谋私、贪赃枉法的高手。调任中央要职后，杨素的两只手忙着捞钱，大兴城和其他大都会中到处都有杨家的客栈、磨坊、田宅。杨素还挺会享受，在家里养了成百上千的妓女和侍妾，还有更多的奴仆维护着他那奢侈得像皇宫一样的府邸——不仅规模样式仿照皇宫，内部装修也遵循皇家标准。杨素很会享

1 虞庆则，隋朝建立前就在杨坚身边担任相国司录，开皇元年任内史监兼吏部尚书，曾经是朝廷中仅次于高颎的第二号大臣。杨坚往年多疑暴戾，诛杀了不少大臣。

受，而且很看不起那些不会享受、只知道低头干活的同僚。

同时，杨素非常善于伪装，很会在杨坚面前装出艰苦朴素、勤勉为政、精忠报国的样子。杨坚至死都认为杨素忠诚孝顺，对杨素信任有加。

早在开皇十三年（593 年），杨坚想在岐州（今陕西凤翔）之北建造一座仁寿宫，作为皇家行宫，命令杨素督造。为什么选择杨素呢？因为杨素“驭戎严整”，管理军队很有办法，而用管理军队的办法督工最有效。著名的建筑专家宇文恺正在担任莱州刺史，也被抽调来负责具体技术。杨素领命后，广征百姓，“夷山堙谷以立宫殿，崇台累榭，宛转相属”，样样求全求好，对民工奴役得很急，管理得很死，逼死累死了许多百姓。百姓倒毙在工地上，杨素就下令把尸体推进坑坑沟沟里，盖上土石，筑成平地——等于把百姓的身体当作原料了。结果几万百姓的尸骨筑成了一座仁寿宫。仁寿宫造成后，丞相高颎先前往验收巡视，回来后报告杨坚说宫殿绮丽壮观，奢侈过度，而且害死了数万百姓。杨坚听了就对杨素不满意了。他亲自跑到岐州去看仁寿宫，果然是琼楼玉宇，奢侈无度，于是勃然大怒，斥责杨素是“殚民力为离宫，为吾结怨天下”。既浪费了民力财力，又让杨坚在天下人心中留下了坏印象。杨素一听，这不是骂自己是乱臣贼子嘛。他害怕了，不知道怎么办，急得团团转。病急乱投医，杨素拉住 25 岁的土木监封德彝，请教避祸之道。封德彝是个温文尔雅的小秀才，善于出谋划策，对杨素说：“杨公勿忧，等皇后到了，必有恩诏。”杨素一听就明白了，封德彝是让自己去走“夫人路线”。杨素赶紧哭哭啼啼地找到独孤皇后，摆出了一大套理由：“帝王本来就应该有离宫别馆。现在天下太平，造一座宫殿又何必担心破费呢？”独孤皇后觉得很有道理。第二天，杨坚召杨素来痛斥，一旁的独孤皇后替杨素辩解说：“杨素知道我们夫妇老了，没有娱乐休闲的地方，这才盛饰仁寿宫。他难道不是一个忠孝之人？”杨坚听后，非但没有追究杨素的责任，还赏赐钱百万，锦绢三千段。他又一次去新宫游览观光，换了一种眼光去看看得兴高采烈，直夸杨素是忠臣。

杨坚为什么会有这么大的转变呢？因为他在内心里接受了杨素的那一套思想观点。建国初期，杨坚面对百废待兴的局面，“如临深渊，如履薄冰”的谨慎勤政之心消失了，开始追求安逸奢侈的生活了。变成杨素的同路人之后，以节俭著称的杨坚夫妇开始挥金如土，荒于政务，更对百姓的呼声充耳不闻了。也许，他们觉得辛辛苦苦干了二十年，天下已经富足安康，享受的时刻到来了。

此后，仁寿宫成为了杨坚和独孤皇后经常光临的地方。有的时候，夫妇俩一年来好几次，住下就不想走了，干脆命令把大兴城的政务奏折也转交仁寿宫。每次往返的时候，皇家车骑銮驾，扈从万千，光亮得很。而沿途百姓不仅要提供车驾沿途需要的食品、水、享受的物资，还要跪迎“二圣”。杨坚夫妻的享受变成了扰民。

豪奢享受的时间长了，处理政务的时间就少了，杨坚晚年的政治开始黯淡下来。仁寿元年（601 年）四月，突厥的达头可汗侵犯边界。隋朝派出了大军分路反击，结果打赢了。杨素作为其中一路的统帅，但功劳并没有大将史万岁大。史万岁率军与突厥军遭遇混战。达头可汗听说对手是史万岁，闻风丧胆，不战而退。史万岁长期对突厥作战，威名在外，被突厥人视作战神，即使夜晚史万岁没有警备突厥人也不敢偷袭。在突厥人看来，史万岁是不可战胜的。所以这一次突厥军闻其名而逃，不敢接战。史万岁不依不饶，乘势率少数骑兵追击，深入敌后数百里，斩首数千。战后论功行赏，史万岁是战果最大的，这就引起了杨素的妒嫉。除了少数几个人外（杨坚、高颎等），杨素看不起其他人，容忍不了史万岁的功绩比自己高，就向杨坚谮毁史万岁：“突厥本已投降，这次只是来塞上放牧，根本不是入侵。史万岁为了邀功，故意挑起战端，破坏我朝和突厥的关系，现在他又来邀功。”杨坚重视杨素，就把史万岁和部下的功劳一笔抹煞了。史万岁多次上书申述，杨坚都不予理睬。

从此，杨素更加有恃无恐，凌辱众臣。但他唯独对一个人特有好感：封德彝。替自己解决难题后，杨素擢升封德彝为内史舍人，很快又升迁为侍郎。杨素常常和年轻的封德彝讨论朝廷大事——许多是封德彝那个级别的官员不应该知道的事情，终日不倦。一次，杨素谈到兴头，拍拍自己坐的榻子说：“封德彝日后肯定会坐我的位置。”

开皇年代过了二十年后，杨坚在登基的第二十一年（601 年）改元“仁寿”。

盛世当官难

一

杨坚驾驭臣下也充满矛盾性，这让在开皇和仁寿年间当官成为一件相当危险的事情。

对于清廉自守、政绩出色的官员，杨坚不吝重奖。开皇十一年（591年），临颍县令刘旷考绩为天下第一，马上被擢升为莒州刺史。五年后（596年），汴州刺史令狐熙考绩第一，杨坚赏给他帛三百匹，布告天下，把他树立为学习典型。惯例，京城内外长官都有公廨钱，用来放债牟利。开皇十四年（594年），杨坚下诏公卿以下各官按品级分给职田，停止放债扰民。杨坚经常派人侦察朝野百官，监督臣下都按照自己的要求，为自己设想的理想社会努力。

重奖的另一面是重罚，剥夺官员的地位、财富直至生命。相比重赏，杨坚使用惩罚的次数更多。杨坚年纪越大，对待臣下越严，发现罪状就加以重罚。“上性猜忌……明察临下，恒令左右觇视内外，有过失则加以重罪。”

开皇初年，杨坚让高颎等人修订了《开皇律》，废除了乱世特有的许多严刑峻法。但是杨坚在他的统治过程中又不断地增加了许多新的严刑峻法，有的简直就是酷刑。比如规定：凡是偷盗边关军粮一升以上者，斩，家人没入官府为奴；凡盗窃一文钱以上者，斩；四人共盗一桶、三人共偷一瓜，全部问斩。有些严刑峻法是放在那里威慑百姓的，杨坚则将这些酷刑不折不扣地执行了。

一次早朝，有名武官没有将宝剑佩戴整齐，而御史没有及时提醒纠正。杨坚知道后将御史斩首。

一日，蕃客馆（外宾招待所）的几个下人在庭院的地毯上玩耍，而不去清理一旁的马屎。杨坚知道后，将在场的所有人和蕃客馆的主管官员全部斩首。

杨坚为了考验官员的“抗腐拒贪”的决心和能力，往往安排人私底下拿着钱帛“贿赂”官员。如果有人拿了，立斩……

发展到最后，愤怒的杨坚向人询问某些事情，如果旁人不能解释清楚，也被拉出去斩首。隋朝的朝堂之上，天天响起打人、杀人的哀号之声。尚书左仆射高颎（还在任的时候）、治书侍御史柳彧等人多次劝谏杨坚，说：“朝堂不是杀人的场所，殿廷也不是判决处罚的地方。”杨坚就是不听。吏部尚书韦世康奏请退休，理由是得了某种病，私底下告诉子弟真正原因是自己害怕。在杨坚手下当官实在太害怕了，所以韦世康不等年老体衰就提前辞职了。

严惩贪污是必要的，严格考核官员也是必要的，但考核不等于是猜忌，严惩不等于是苛刻。杨坚往往凭借个人好恶就痛下杀手，完全违背了考核和惩罚的本意。

二

刘昉在杨坚受禅后，被封为舒国公。但是杨坚内心中并不喜欢他这样的弄臣，即便刘昉对自己有拥立之功，也毫不犹豫地将刘昉赶出宫廷，剥夺实职。刘昉闲居无事，又自以为是开国元勋，现在被疏远了，非常不满。后来长安出现饥荒，杨坚明令禁酒，刘昉公开在自家产业中做起了沽酒买卖，宣示内心的不满。御史弹劾刘昉，杨坚不处理，实际上上对刘昉进行冷处理。不理他，看他怎么办？

刘昉更加郁郁不得志。北周时的大将梁士彦当时失去了实职，对杨坚心怀不满。惺惺相惜，刘昉就和他凑到了一起。梁士彦的老婆非常漂亮，轻浮的刘昉与她私通。梁士彦毫不知情，反而和刘昉的感情更好了，两人相约谋反。刘昉推举梁士彦做皇帝。北周时期的旧臣宇文忻的境遇与两人相同。杨坚暗地里忌讳宇文忻的威名，寻个小错就削去他的职权，遣归于家。落寞之余，宇文忻加入了梁士彦、刘昉的阴谋集团，准备干出大事。策划归策划，三人的计划皆流于空泛，缺乏可行性。

刘昉把事情拖着，最后败露了。杨坚知道后决定和三个老伙计开开玩笑。

杨坚下诏任命梁士彦为晋州刺史，“欲观其意”。

梁士彦70岁了，赋闲好多年了，老年突然获任地方实职，高兴得手舞足蹈。他和刘昉等人之前曾制定过一个割据晋州的政变计划。现在杨坚突然把晋州送给梁士彦，阴谋集团成员都觉得这是天意在助他们成功。大家都弹冠相庆了一番。

上任前，梁士彦去向杨坚辞行。杨坚也不说话，一挥手，刀斧手一拥而上，将梁士彦当场拿下。没多时，刘昉、宇文忻等人也被捆绑了进来。梁士彦的上任仪式变成了审判大会。杨坚喝问刘昉等人："你们为什么要造反！"刘昉知道这回祸闯大了，默默无语。最后，杨坚下诏诛杀刘昉等三人。

临刑前，一干犯人被带到朝堂。同案的宇文忻不断叩头求饶。刘昉勃然大怒，对宇文忻喝道："事已至此，还叩头干什么！"刘昉慷慨赴死，被籍没全家。

另一个对杨坚有过巨大政治帮助的人郑译和刘昉一样出身官宦，祖父是太常，父亲是司空，家族还与皇室通婚。郑译从小就和各位皇子交游，轻浮随性，而且贪财专权，也因此被废黜过。但宇文赟始终将郑译作为心腹，留在身边。在宇文赟死后的关键政变中，郑译出力最多，杨坚专权后拜他为柱国、相府长史、治内史上大夫事，之后一再升官。郑译自由出入杨坚卧室内外。杨坚对他言无不从，赏赐给他的玉帛不可计数。郑译每次出入，都带领大批甲士。杨坚对这些都忍了，而且还承诺即使郑译犯了死罪，也宽恕他十次。但实际上，杨坚在内心里非常疏远郑译这样轻浮贪险的人，只是因为他有定策大功，不忍废黜，暗地里叫官属不得将所有事情都汇报给郑译。

杨坚受禅后，封郑译为封沛国公，让他回家去慢慢消化丰厚的赏赐。

杨坚充分发挥郑译的爱玩会玩，懂艺术的特长，让郑译为隋朝制定乐制，负责音乐创作。郑译玩得很好，借鉴西域胡人的音乐奠定了隋朝音乐事业的基础。他专门写了一本《乐府声调》，共八卷，洋洋洒洒，俨然是一代乐坛宗师。但在内心深处，郑译知道自己已经被权力疏远，现在的辉煌是表面的。内心空虚的他暗地里招呼道士章醮为自己祈福帮助。郑家的奴婢上奏，告郑译厌蛊左道。杨坚就召见郑译，语重心长地说："我绝不辜负你，你这么做是什么意思？"郑译无言以对。

杨坚事后授予郑译隆州刺史的实职。谁想，郑译在地方上恶习不改，贪赃枉法，胡作非为。再次被人告发。杨坚专门为郑译的事情下了一道诏书，指责郑译："鬻狱卖官，沸腾盈耳。若留之于世，在人为不道之臣，戮之于朝，入地为不孝之鬼。"但处理意见非常轻："宜赐以《孝经》，令其熟读。"结果郑译的政治生命就此结束，回家好好阅读《孝经》了。

再后来，杨坚在醴泉宫召见了这位故人，赐宴。席间，两个人谈得非常高兴。杨坚对郑译说："你已经被贬退很久了，现在我们的感情还是这么好啊。"于是恢复郑译沛国公的爵位，位列上柱国。杨坚并且对左右侍臣说："郑译与朕同生共死，间关危难，兴言念此，何日忘之！"郑译因此得以善终。开皇帝十一年（591 年），郑译因病死在任上，时年 55 岁。杨坚专门派遣使者吊祭，追谥"达"。

三

杨坚晚年的表现显示他是一个极端矛盾的人。

一方面杨坚提倡节俭。苏威曾见到宫中以银为幔钩，认为太奢侈，提醒杨坚节俭治国。杨坚于是下令所有撤掉雕饰豪华之物。因为皇帝本人提倡节俭，隋朝前期整个社会以俭为荣。当时的士人平常都穿布帛，饰物都只用铜铁骨角而摒弃了金和玉。但是杨坚晚年喜欢大兴土木，开始追求奢侈享受，完全违背了之前的节俭形象。

一方面杨坚关心百姓疾苦。开皇初期，关中发生大饥荒。杨坚知道百姓用豆粉拌糠当饭吃后，亲自拿着这样的食品在朝堂上遍示群臣，痛哭流涕。之后他下令降低自己的膳食标准，不喝酒不吃肉。早期出巡的时候，杨坚遇到扶老携幼的人群会主动让路，还对百姓好言抚慰；遇到难走的道路，杨坚甚至会令左右侍从去扶助负重难行的人。但到了晚年，杨坚爱民之心大减，一再增加百姓赋税，用严刑峻法惩治那些反抗的人。普通百姓往往因为一丝一毫的过错而锒铛入狱。

一方面杨坚澄清吏治，希望搞好君臣关系。一度，杨坚对大臣们虽然宽待，人尽其才。比如他对高颎的感激，对贺若弼的宽容。但是越到晚年，杨坚就越沉迷于个人世界，对臣下越苛刻，大有“顺我者昌，逆我者亡”的率性举动。结果造成了贤臣去，佞臣留，奸臣做大的局面。许多后人评价杨坚是成在用人，败也败在用人上。

黄仁宇先生在《中国大历史》中说杨坚说马基雅维利式的人物，所作所为以在巩固个人权力的基础上促进王朝发展为目标。给杨坚贴上“马基雅维利”的标签，的确能说明杨坚的晚年的残暴和前后判若两人的矛盾言行。但客观地说，没有人生来就是当皇帝的料，也没有人教过杨坚怎么当好皇帝。杨坚的皇帝生涯是摸索着前进。他在个人喜好和政治理性，在禁欲和享受，在宽容和苛刻，在短视和远视等等考验之间寻找平衡。这可能是任何一个皇帝真实的内心世界。杨坚还算是应对各种考验，掌握平衡比较出色的帝王。

第四章

说不清的家事

杨坚有个早死的弟弟叫做杨整。登基后，杨坚追封杨整为蔡王，由侄子杨智积袭封爵位。

蔡王杨智积很有意思，老觉得王爷是世间最危险的“职业”，日夜担心伯伯杨坚猜忌、迫害自己。史载，杨智积终日“常怀畏惧，每自贬损”。为了避祸，杨智积装疯卖傻，自我贬低，甚至不允许儿子多读书和交际宾客，怕儿子读了书以后太有才能了遭杨坚的猜疑，怕儿子交际好了名声大了惹祸。

事实上，杨坚没有任何迫害侄子杨智积一家的实质行动，可杨智积就是感到恐惧。

一般人都难以理解杨智积贵为亲王，怎么会产生那么严重的“心理疾病”。因为那是皇帝家族的家事。寻常百姓家里的事情，外人尚且说不清楚；皇帝的家事就更说不清楚了。我们甚至连皇帝有没有家事也说不清楚。皇帝身上的权力光芒太耀眼了，他的一举一动、家中的任何点滴小事都可能衍化为政治风波。

“美好愿望”

一

杨坚长期生活在政治恐惧之中，又是通过仓促政变侥幸上台的，所以严重缺乏安全感，多疑猜忌。这种心理疾病严重影响了隋朝政治。它在杨坚身上的表现，一方面是猜忌、防范乃至杀戮大臣，另一方面则是厚待自己的儿子们，树立藩镇来拱卫皇权。

杨坚篡夺了北周的江山，在篡位过程中他得出一个经验教训。那就是北周的迅速灭亡，很重要的一个原因是宗室力量薄弱，关键时刻没有力量保卫皇权，眼睁睁看着江山落入了异姓人的手里。杨坚从中吸取教训，认为上阵父子兵，打断骨头连着筋，血缘关系是最靠得住的。一旦到了危急时刻，皇帝还是离不开宗室诸王来镇压叛乱，保卫自己。所以，杨坚一登基就大封杨姓诸王，并且给予关系亲近的子侄以实权，让他们出镇一方。其中，杨坚重点栽培、寄予厚望的，就是嫡长子杨勇。

杨坚政变夺权后，立刻任命杨勇为洛州总管，向东镇守洛阳，统管原来的北齐之地。很快，杨坚又征召杨勇回京，晋升杨勇为大司马，领内史御正，掌握宫廷宿卫。当时杨勇多大呢？史书没有记载杨勇确切的出生日期，但是从他弟弟们的年纪倒推，杨勇当时也就十三四岁。杨坚建立了隋朝，他是十四日宣布登基的，三天以后，也就是十七日就册封杨勇为皇太子。杨勇这个皇太子可不是虚职。凡是军国大事，杨坚都让杨勇参予决策，有些事情杨坚干脆就让大臣们禀报太子处理。可见，杨勇这个皇太子是握有实权的。而他还是一个十四五岁的少年。

册封杨勇为皇太子的几天以后，杨坚又册封其余四个儿子为王，第二个儿子杨广为晋王，三子杨俊为秦王，四子杨秀为越王，五子杨谅为汉王。封王完毕后，杨坚没有让儿子们都歇着，而是给他们配置了助手、幕僚，安排镇守地方。其中晋王杨广曾任并州总管、扬州总管，秦王杨俊历任秦州总管、扬州总管、并州总管，蜀王杨秀任职益州总管，在工作实践中接受历练捶打。最小的汉王杨谅因为才六岁，实在是不能独当一面，所以开始并没有给他压担子，等到杨谅十几岁后，杨坚还是让杨谅出镇太原，去抵御突厥了。杨坚的如意算盘是，我给儿子们军政大权，给他们兵马粮草，给他们配备官员，创造条件好好锻炼他们，等他们塑造成才后可以保卫我这个父皇，让杨家的天下江山永固。

杨坚只和皇后独孤伽罗生育了五个儿子，他曾经向大臣们炫耀说："前代的帝王，宠幸妃嫔，嫡系和庶出的皇子众多，废立之事由此而出。朕不亲近嫔妃，五个儿子都是皇后所生，可谓是真兄弟，哪会出现前代那样内宠争斗、孽子夺权的亡国之事！"

杨坚的想法是好的，他在陪养儿子这件事情花费了不少心思。有意思的是，杨坚的五个儿子，都是他和独孤皇后生的。独孤伽罗十四岁嫁给杨坚，夫妻二人感情非常好，在隋朝建立前生了上述五个儿子。杨坚发誓"誓无异生之子"，也就是他不和其他女子生育儿子。他也确实做到了这一点，登基以后，杨坚没有和其他嫔妃生育任何子女。对于这一点，杨坚本人很自豪，乐观地估计之前朝代皇室内部兄弟争位、骨肉相残的悲剧不会在自己家里重演。

那么，杨坚的美好愿望能够实现吗？他那五个同父同母的儿子，就真的不会重演之前祸起萧墙、骨肉相残的悲剧吗？

二

在五个儿子中，杨坚一开始就明白无误地确立长子杨勇为自己的接班人，重点栽培。他之所以早早地册封太子，是由于内在的不安全感作祟，想通过早立太子来确定新王朝的根基。太子制度，中国自古有之。太子也叫"储君"，一个"储"字说明了他的特殊地位：随时准备着接班掌权。朝野把太子看作是国之根本、王朝之基。一个朝代如果没有太子，接班人就没有着落，君臣心里都没有底。大家担心会有他人觊觎皇位，会有奸人作祟，祸患横生。有了太子，就可以断了他人的歪思邪念。所以不管在位皇帝的年纪大小，都会册封嫡长子为太子，如果没有嫡子，就从庶子中挑选太子。这其中，既有古代人家族宗法观念的影响，也有现实政治的考虑。

皇太子杨勇不仅是杨坚的嫡长子，而且在客观上也品行不错，具备一个太子的基本素质。杨勇容貌俊美，生性好学，写得一手好词、填得一手好赋，吸引了一批文人学士在身边。而且，杨勇贵为太子，却个性宽厚、言行温和，更难能可贵的是他“率意任情，无矫饰之行”，为人不矫揉造作，没有架子，平易近人。就做人而言，杨勇是一个不错的小伙子。

杨勇从开皇元年一直到开皇十年左右，皇太子的地位都是非常稳固的。在这十年时间里，杨勇和父皇杨坚、母后独孤伽罗的关系很融洽，没有产生矛盾。同时，杨勇还获得了一大批大臣的支持，其中就包括诸多的政坛重量级人物。杨勇最强大的政治盟友就是当朝宰相高颎。

高颎在隋文帝时代，地位特殊。杨坚登基前，高颎是他的谋主；杨坚登基后，从开皇元年至十九年，除了短暂几个月外，高颎一直担任尚书左仆射，是杨坚的宰相。在整整二十年里，高颎门生故旧遍布朝野，权倾一时。而他坚决支持太子杨勇，还让儿子高表仁娶了杨勇的女儿为妻。当朝宰相公开把自己和太子绑定在一起，高调地支持太子。

隋文帝杨坚、独孤皇后一方，宰相高颎是第二方，太子杨勇是第三方，他们三方的关系在这十年里非常融洽，相互支持。因此，杨勇的太子位也就非常稳固，几乎是不可撼动的。当时的大臣，都以和太子杨勇交往为荣。比如消灭南朝、统一全国的功臣贺若弼，红极一时，他就对人夸口说：“皇太子与己，出口入耳，无所不尽。”他说我与太子是无话不谈的好朋友，以此来抬高自己的身份和地位。

那么在这个表面看起来铜墙铁壁一般的三角平衡当中，就没有一点儿的瑕疵吗？还真有一点不太和谐的地方。那就是在对于物质享受方面，隋文帝杨坚和皇太子杨勇存在矛盾。

隋文帝杨坚是开国之君，深知“自古帝王未有好奢侈而能久长者”，提倡节俭。隋朝一般士人多用布帛，饰带只用铜铁骨角，不用金玉。隋文帝自己生活也很朴素，宫中的妃嫔都不作美饰。但是杨勇不一样。他从小生活在锦衣玉食当中，没有过过苦日子。在他价值观开始定型的十来岁的时候，他就是皇太子了，一切吃穿用度都是最好的。那些伺候皇太子的官员们，都巴不得把天底下最好的东西供应给太子。所以，杨勇并不觉得锦衣玉食、歌舞升平的生活有什么不对的地方。话又说回来，你逼着杨勇去过粗茶淡饭、麻布衣服的生活，他也不会过，因为他压根就没见过这样的生活。

杨坚把儿子的生活看在眼里，心里是不满意的。终于有一天，杨坚把杨勇叫了过来，很严肃地给太子上“忆苦思甜”的课，讲了很多诸如物力维艰、勤俭持家之类的话。杨勇听在耳朵里，心里大不以为然，回去以后该怎么过日子还是怎么过日子。也许，杨勇回到东宫后，把一百人的乐队裁减到了八十人，把平时喝的西域美酒换成了长安本地产的佳酿。这在杨勇看起来就已经是非常俭朴了，但是在杨坚看来还是很奢侈、很浪费。在物质生活方面，杨坚对太子是不满意的。

但是，这个矛盾远远不足以动摇杨勇的太子地位。杨勇更大的危险，来自于母后——独孤伽罗。

之前我们说过，隋文帝杨坚和独孤皇后并称“二圣”。独孤皇后的嫉妒心特别强，容不得男子宠爱姬妾。偏偏独孤皇后的大儿子、太子杨勇是一个三妻四妾的人。杨坚和独孤皇后为杨勇迎娶了系出名门的元氏为太子妃。这个元妃出身高贵，生性温婉贤淑，端庄有礼，在独孤皇后看来非常适合将来母仪天下，很喜欢这个儿媳妇。但是杨勇不喜欢既严肃又程序化的太子妃，而喜欢出身工匠家庭的云氏，立云氏为昭训。云昭训不仅相貌秀丽，而且活泼乖巧，很对杨勇的性格脾气。杨勇宠爱云昭训，对待云昭训的礼遇超过了正妻元氏。杨勇和云昭训生下了隋文帝杨坚的皇长子杨俨。杨坚虽然觉得这似乎有些不妥，但还是封杨俨为长宁王。可在独孤皇后看来，自己的长孙竟然是一个侍妾所生，她就接受不了，进而讨厌起了杨勇这个儿子。

开皇十一年，常年失宠的太子妃元氏郁郁而终。她的死属于暴病而亡，第一天传出来太子妃有心疾，第二天就病逝了。独孤皇后怀疑其中有阴谋，为此痛骂了杨勇一顿。太子妃死后，东宫由侍妾云昭训专权。这一下子独孤皇后愤怒了，这完全是在挑战她这个皇后的价值观！而且挑战者还是自己的大儿子。独孤皇后认定是杨勇和云昭训合谋，害死了太子妃元氏。从此以后，独孤皇后就派人监视杨勇，专门观察杨勇的过错。你一旦戴着有色眼镜去看一个人，肯定会发现他的缺点。慢慢的，独孤皇后发现自己的大儿子罪过越来越多，越来越难以让人忍受。于是，她开始给隋文帝杨坚吹耳边风，鼓动杨坚另选贤能，改立太子。

隋文帝杨坚虽然对独孤皇后的话言听计从，但是改立太子不是一件小事。杨坚对杨勇基本上还是肯定的，只是在心里开始有了负面的印象，而且这个负面印象的影响在日渐扩大，持续发酵。

杨勇这个皇位争夺战中的领跑者开始有危险了。这也暴露出了预立太子制度的缺点。早早册立太子的做法有哪些缺点呢？

首先，预立太子制度对皇太子的成长不利。尤其是中国古代的皇太子，往往都是在年纪很小的时候就被册立为太子。他们是顶着皇太子的光环接受教育，并且成长起来的。他们过早地失去了正常的孩子应该有的童年、少年和教育，失去了像正常人那样塑造人生观、价值观的机会。年轻的皇子们结果很可能成为骄奢淫逸、妄自尊大、目空一切的人。因为他们的周围不是阿谀奉承、逢迎攀附的人，就是战战兢兢、只知道磕头的人。他们想要什么，这个世界都已经给他们准备好了。所以，他们不会真切地感受到艰苦朴素、奋斗进取、孝老爱亲的含义。就比如十来岁就被册立为太子的杨勇，他就不知道“物力维艰”的含义。在以后的几集里，我们会发现，杨勇还不知道“以退为进”、“韬光养晦”等等策略的含义。

一句话概括，预立太子制度下培养出来的皇太子往往没有健全的人格和正常的情感。

预立太子制度的第二大缺点是让太子早早地成为众矢之的，增加了成功继位的风险。太子制度虽然明确了皇位的继承顺序，但也把第一继承人早早地推到了各派政治势力的跟前。在君主专制政体下，争夺皇位的斗争永远不会停歇。俗话说“枪打出头鸟”，太子就成为了各派政治实力争相打击的出头鸟，反而不利于太子的顺利登基。

杨勇被册立为太子后，他的一举一动、一言一行都处在朝野臣民的关注之下。杨勇表现出来的忠厚大度、平易近人，大家可能会觉得这是应该的，谁让他是太子呢？太子就应该表现出优秀的品质和过人的地方。但是，杨勇的任何缺点，却被放大了。独孤皇后为什么对杨勇专宠云昭训的事情出离了愤怒，为什么派人监视杨勇？还不是因为杨勇是太子吗？人在放大镜下最容易出错。太子不好当啊！

三

杨坚三子杨俊被封为秦王。杨俊奢侈无度，崇信佛教又好色淫乱。杨坚任命杨俊为并州总管，把山西交给秦王。可杨俊在任上只知道聚敛民财，奢侈享受，还搜罗美女，胡作非为，最后发展到违制建造宫殿的地步。杨俊的王妃崔氏出身名门望族，和婆婆独孤皇后一样嫉妒成性。崔氏看丈夫在外面拈花惹草，很少来自己房中亲热，竟然在水果中下毒要把杨俊毒死。可能是第一次杀人，崔氏的毒药量放得不够，没有把杨俊毒死，只是毒残了而已。杨坚知道这桩人间悲剧后，下诏赐死谋害亲夫的崔氏，同时免去杨俊官职，拉回京城囚禁起来。大臣们纷纷上奏，认为杨坚对儿子的处罚太重了。杨坚坚持说："我不仅是五个儿子的父亲，还是天下亿万百姓的父亲。如果对儿子就要法外施恩，为什么不为皇帝的儿子专门制订一套法律呢？"杨俊身子瘫了，官制也没了，躺在床上很后悔，上表谢罪。杨坚不仅不安慰瘫痪的儿子，还下了一道严厉的诏书痛骂了杨俊一顿。杨俊羞愧难当，病情加重，死了。

杨俊的死，不能算是善终，但也称得上是自然死亡。他留下两个儿子：杨浩、杨湛。

四子杨秀被封为蜀王。杨秀性情暴躁，为人残酷，曾经生剖死囚，取胆为乐。杨坚一直很讨厌这个儿子，曾对独孤皇后说："杨秀不得好死！我活着的时候，他不会出什么事情；但等我死了，杨秀肯定会造反。"尽管如此，杨坚仍然让杨秀去统治四川地区。结果杨秀在四川"违犯制度，车马被服，一拟天子"，关起大门做起了小皇帝来。

杨坚的五子、汉王杨谅，年纪尚小，我们暂且不表。剩下的二皇子、晋王杨广，则值得我们大书特书，好好研究一番。

表演政治家

一

杨坚和独孤皇后的五个儿子当中，心机最深的要数晋王杨广。

开皇元年，杨广和诸位兄弟一起受封，当时只有十二岁。在获封晋王的那一刻，他就知道自己的童年彻底结束了。那些简单、纯真、美好的日子一去不复返了。现在，杨广是晋王了，是一个政治人物了。他必须早早地进入政治角色。

杨广发现，他们五个兄弟相互观察对方的眼光也很自然地在封王的那一刻改变了。尤其是四个弟弟看待哥哥杨勇的目光，都齐刷刷地改变了。之前，他们是兄弟，可以吵吵闹闹，甚至相互打骂。现在，大哥是太子，弟弟们是王爷，有尊卑贵贱之分，不可以再喧闹打骂了；将来，大哥是皇上，弟弟们是臣子，是君臣而不是兄弟。君要臣死，臣不得不死，自己的生死祸福就掌握在大哥的手中了。而且，大哥的子子孙孙都是皇帝，我们的子子孙孙都是臣子，都要恪守君臣之礼。这是一道多少深刻的鸿沟，这是一幅多么可怕的前景。就因为杨勇是大哥，一切都似乎注定了。杨广等四个弟弟难免在心中出现一个大大的问号：凭什么？

杨勇之所以能早早被立为太子，得益于中国自古奉行的嫡长子继承制。古代宗法制度最基本的一项原则，就是嫡长子继承制。权力和财产必须由嫡长子继承，所谓“立嫡以长不以贤，立子以贵不以长”。但是，面对至高无上的皇权，所有有资格参予皇位竞争的人难免都会心痒。很多矛盾就由此而生。所谓的“同胞亲情”在权力诱惑面前，逐渐被欲望撞击得粉碎。

杨广在北周天和四年，公元569年出生于大兴（现在的陕西西安）。史书说杨广“美姿仪，少聪慧”，“好学”，“善属文”。套用现在的说法就是，杨广和一般人相比，家庭背景更好，智商更高，更可贵的是他比一般人还要努力刻苦。

杨广很小的时候，就名声在外。据说他7岁就能写诗，一生文学作品结集 55 卷（流传下的有严可均《全隋文》收录的文章 100 多篇和逯钦立《先秦汉魏晋南北朝诗》收录的诗歌 44 首，皆有据可查）。有他写的诗作证。杨广曾写过《季秋观海诗》：

浮天迥无岸，含灵固非一。
委输百谷归，朝宗万川溢。

如果不事先说作者是杨广，很多人都以为这首诗的作者是曹操那样的一代豪杰。杨广还写过一首《春江花月夜》，对景物特点的拿捏非常到位，意境优美：

暮江平不动，春花满正开。
流波将月去，潮水带星来。

杨广对自己的文学才能相当自负，当了皇帝以后曾对群臣说：“天下人都说朕是承藉绪余而有四海，可就是让朕与士大夫们一起比赛高下，也应当由我来做这个天子。”杨广真的这么有才吗？

隋朝建立之初，杨广担任并州总管、河北道行台尚书令等，驻守并州八年，积累了相当的政治和军事经验。开皇八年，公元 588 年冬天，隋朝兴兵讨伐南陈。第二年，589 年，隋朝灭亡了南陈，时隔三百年重新统一了中国。杨广是这场战争名义上的统帅，主要出力的是高颎、杨素、韩擒虎、贺若弼等大臣。但杨广在调兵遣将，战后惩办南陈的奸臣、安定江南方面做出了不小的贡献。当时他只有二十岁，凯旋后因功晋封太尉。从开皇十年，公元 590 年开始，杨广任扬州总管，镇守江都，也就是现在的江苏扬州整整十年时间。在这十年里，杨广每岁一朝，每年来首都长安朝拜父母一次。

从经历可以看出，杨广在几个兄弟当中，功劳最大，政治经历也是最丰富的。他在将近二十年的镇守藩镇时间里，锻炼了能力，在工作中和许多文臣武将建立了联系，自己麾下也有可供驱使的人才，这就形成了杨广自己的政治力量。当开皇二十年北方边境形势紧张的时候，隋文帝杨坚调杨广北上出力。杨广成功击退了突厥，显示出了他已经具备了相当的实力。《隋书》评价杨广早期经历说："爰在弱龄，早有令闻，南平吴会，北却匈奴，昆弟之中，独着声绩。"这个评价应该说比较客观的，杨广确实在杨勇的四位弟弟中功劳最大，办事稳重，个性深沉，声望最高，最有可能对杨勇的太子位构成挑战。

开皇十七年（597年），史万岁远征云南凯旋，途中分别拜访了秦王杨俊和晋王杨广。杨俊亲自接见了史万岁，好奇地向他打听云南的奇闻轶事，索要虏获的奇珍异宝。杨广也亲自接见了史万岁，"虚衿敬之，待以交友之礼"，和史万岁谈的也都是军国大事，如何安定南方，如何驾驭突厥等等。杨广和杨俊为人的高低贤愚，一望即知。

杨广在扬州的十年，镇压江南的零星叛乱，稳定社会秩序，推行朝廷法令，打破南北隔阂，南方稳步走向繁荣昌盛。在政务之外，对于掌权的大臣，杨广都倾心相交。每次朝廷派遣使节来江都，杨广无论对方高低贵贱，都和颜悦色，以礼相待，临别还赠送厚礼。所以，上自朝臣、下自宫中的奴婢，都说晋王仁孝。

二

事实上，杨广是个伪君子，人前一套背后一套。其实他和大哥杨勇一样，从小锦衣玉食，长大后也过着奢侈的生活。杨广的府邸也是三妻四妾，他常常在府里莺歌燕舞，把美女左拥右抱，日夜享乐，和大哥杨勇相比有过之而无不及。这也很正常，含着金汤匙出生的宗室藩王都是这样。你让他住茅屋、吃青菜，生活自理，那是不现实的。杨广的不同之处是，他演技高超，用各种表演技巧把奢侈糜烂的生活掩盖起来，把自己装扮成艰苦朴素的楷模。

江南是个好地方，游玩的地方多，财富积累也快，美女就更多了。杨广能够克制住内心的欲望，十多年来洁身自好，清廉为政，夫妻恩爱，真的不是一般人可以做到的。杨广牢牢压制住物质、女色和声乐等方面的享受欲望，是为了实现内心埋藏更深、更大的欲望——政治欲望。

杨广前半生过得非常顺利，如果说有什么遗憾的话，那就是比哥哥杨勇晚生了一年多。结果杨勇成了太子，自己却只能镇守江南。但凡能力高强、功劳卓著的人，往往会萌生出强烈的政治欲望。杨广的政治欲望就是能够当皇帝，治理江山，他觉得自己有能力也有资格做到。为此，他首先要取代哥哥杨勇的太子地位。

杨广知道，皇子的地位和将来，仰仗于皇帝和皇后的态度。所以，他很重视搞好与父皇母后的关系。杨广知道父皇是“妻管严”，怕母后，所以先做独孤皇后的工作。独孤皇后最恨男子三妻四妾，要求丈夫感情专一。杨广就投其所好，正式迎娶的姬妾只有屈指可数的几个人，在公开场合高调地和正妻萧妃秀恩爱。暗地里，杨广和其他女子生了子女，他竟然狠心亲手掐死自己和侍妾生的庶出子女。可见，他为了装扮出感情专一的假象，还真下得了手。这些情况传到独孤皇后那里后，独孤皇后非常感慨：同样是自己生的两个儿子，怎么差距就这么大呢？于是，独孤皇后对太子杨勇更加不满意，开始称赞晋王杨广的德行。

搞定了母后，杨广又去做父皇杨坚的工作。杨坚提倡俭朴，杨广也投其所好，做了很多工作。每次杨坚驾临晋王府或者派使节光临的时候，杨广都要把府邸从里到外重新布置一番，把奢侈华丽的摆设都撤掉，换成艰苦朴素的物品，把乐器的弦都弄断了，再在上面洒上尘埃，伪装成很久没用的样子，表现自己不好声妓。杨坚知道后，果然很满意。一次，杨广打猎的时候遭遇暴雨，随从献给他一件雨衣，杨广很严肃地说：“士卒们都在雨里淋着，我怎么能一个人批雨衣呢？”挥挥手让随从把雨衣拿下去。杨广镇守江都的时候，每年来长安朝拜一次，每次来的时候车马侍从都非常俭素，一点都看不出来是藩王的仪仗。不知道的人还以为是南方来的一个土财主呢！在长安的时候，杨广拜访相关部门的官员，礼极卑屈，表现得非常谦卑。这一切都给杨坚很好的印象。杨坚觉得晋王杨广为人朴实，谦恭有礼，非常像自己。

杨坚虽然把几个儿子都安排到各地，但始终在暗中观察他们。他有一个非常信任的相面术士，叫做来和。当年杨坚发动政变的时候，曾遇到来和，让他给自己看了一回相。来和说杨坚相貌吉祥，无往不利。很快，当天的政变就以胜利完成。所以，杨坚对来和刮目相看。现在，杨坚让来和给五个儿子都看相。来和走了一圈后，回来禀告说：“晋王眉上双骨隆起，贵不可言。”杨坚在心里，又对杨广多了一层好感。

隋文帝杨坚对杨广有了良好的印象，加上独孤皇后在一旁不断地称颂杨广的品德、数落杨勇的缺点，杨坚心里的天平也慢慢发生了倾斜。连续几年以来，杨坚得到的信息，都是杨勇失德杨广仁孝。慢慢地，“废杨勇改立杨广为太子”就成了杨坚心中的一个选择项。

杨坚的心理变化，不自觉地体现在了政治行为上。从开皇十一年开始，支持太子杨勇的政治势力开始受到打击，原先看似牢不可破的三角平衡开始出现了松动。开皇十二年爆发了“卢恺朋党案”。卢恺是当时的吏部尚书，主管朝廷的人事选拔，是握有实权的大臣。同时，卢恺是太子杨勇的支持者，他选拔的官员基本上也都是支持杨勇的。当年，隋文帝杨坚认定卢恺党同伐异，罢免了以尚书卢恺为首的一批吏部官员，贬斥到地方去。虽然此事并没有广为株连，在历史上的影响并不大，但透露出了一个明确的信号：杨坚对太子杨勇不满。

太子争夺战

一

过了五年后，开皇十七年，“刘居士案”爆发，更加明确地把太子杨勇牵连了进去。

刘居士是一个“官二代”，是彭国公刘昶的儿子。刘昶是元老重臣，是隋文帝杨坚的老伙计了。刘居士仗着家庭背景，在长安城内外聚徒任侠，不遵法度，劣迹斑斑。一开始，杨坚看在刘昶的面子上都没有追究。他觉得，年轻人不懂事，只要不闹出大事来，就算了吧。

刘居士一看没人管自己，越来越肆无忌惮，纠结了一批官二代，形成了带有黑社会性质的小团伙。当时，长安城里存在一个官二代群体，都是没人敢管，目无法纪，胡作非为。刘居士听说哪个公卿子弟体力雄健，就闯到他家去，先用车轮套住他的脖子，再用棒子打他。如果对方宁死不屈，刘居士就称他为壮士，和他结拜相交。就这样，刘居士纠结了三百余人，把身体矫捷的编为“饿鹘队”，把身强力壮的编为“蓬转队”。这群豪门子弟殴打路人，抢夺财物，长安城里无论贵贱，看到他们都远远躲开。甚至公卿王妃，都不敢惹他们。

说了这么多，刘居士和太子杨勇有什么关系呢？

刘居士日夜在外面乱搞，却是有官职的，算是朝廷命官。刘居士的官职是“太子千牛备身”，是皇太子杨勇的侍从官员。他的狐朋狗友当中，相当一部分人也是杨勇的侍从官员。古代皇帝为了拉拢王公大臣、达官显贵，常常授予他们的儿子一些闲职和虚衔，作为一种安抚手段和政治待遇。而这些官二代年纪小，又没什么政治经验，比较适合安排给太子做侍从官员。反正太子也很年轻，双方凑在一起还有共同语言，能玩到一块去。大家一起成长，都可以为将来接班做准备。所以，隋朝的公卿子弟，很多都在杨勇身边挂有官职。

刘居士他们在长安城里横行霸道，就常常亮着自己的官职，有意无意地打着太子杨勇的旗号。旁人的观感就是“太子身边的人横行不法”。

终于有人告发刘居士与党徒游览汉代的长安城遗址，登上了汉代皇宫未央宫的殿基，刘居士竟然南向而坐，党徒们前后列队，摆出了君臣朝会的架势。这就是大逆的行为了。刘居士又相互约定：“当为一死耳。”那么，有什么事情值得以死发誓呢？又有人告发刘居士派人暗中勾结突厥，引诱突厥大军南侵，刘居士一党在京师内应。这可就是叛国行为了。隋文帝杨坚接到举报后，认定刘居士等人阴谋造反，迅速将包括刘居士老爸刘昶在内的一干人等全部逮捕入狱，株连了很多人。最后，刘居士被斩首，刘昶被赐死。

刘居士案对太子杨勇的声望打击很大。应该说，杨勇没有管教好身边官员，在此案中负有失察的责任。但是隋文帝杨坚看得并没有这么简单。他已经在心里讨厌杨勇，倾向杨广了，经过此案后加重了这种倾向。他更加认为杨勇这个太子无法无天，骄横霸道。自己怎么能把辛辛苦苦创建的王朝事业交付给这样的人呢？

一次，杨坚突然问大臣韦鼎：“你看，我的几个儿子，谁适合接班继位啊？”

韦鼎吓出一身冷汗来。什么叫做“谁适合接班”啊？皇太子杨勇都已经确立十多年了，皇上怎么还会问这样的问题呢？难道，这是皇上在考验我？韦鼎的脑子飞快地转了起来，最后他做出了一个模糊的回答：“至尊皇后最爱者，即当与之。”大家都知道皇帝怕皇后，杨坚对独孤皇后言听计从，所以韦鼎就半认真半调侃地说：“独孤皇后最喜欢谁，皇上就把皇位交给他吧。”

杨坚听了，笑着对韦鼎说：“你这老狐狸，不肯明说啊？”

这件事情发生后，朝野都知道，太子杨勇已经失去了皇帝的支持与信任，杨坚心中已经有了废立之意，而且明明白白地表露了出来。废立太子是大事，杨坚必须明白宰相高颎的态度。所以，他试探高颎说：“晋王王妃萧氏，得到神灵启示，说晋王必有天下。你怎么看？”高颎的态度非常明确。他一点都不绕弯子，长跪在地回答：“长幼之序，其可废乎？”高颎明确反对废立太子。杨坚只好把接下去的话咽了回去。

废立太子最大的政治阻力，可能就是宰相高颎了。独孤皇后是一心要废杨勇立杨广的，知道高颎坚决反对了，下决心先扳倒高颎。打倒了高颎，太子杨勇就成了孤家寡人了。恰好当时出现了前述的高颎谢绝杨坚续弦的建议，却和爱妾生出儿子的事件来。独孤皇后趁机在杨坚耳边说高颎欺君。杨坚从此不再相信高颎，开始疏远冷落他。至此，太子杨勇的处境就更加危险了。

二

开皇十八年，公元 598 年的冬至，天下文武百官朝拜完隋文帝杨坚，集体去东宫朝贺太子。皇太子杨勇在东宫备齐仪仗、鼓乐，穿上正式的法服，南向而坐，接受百官的朝贺。行礼的乐声传到了杨坚的耳朵里，掀起了他内心巨大的波澜。我们在之前的节目当中讲过，杨坚在长期的政治斗争中形成了多疑猜忌的个性，即便是儿子也难以幸免。他就在心里想：“我还没死呢，杨勇就迫不及待地接受了百官的朝拜。一旦我驾崩了，杨勇和大臣们又会怎么对待我呢？”

其实，百官冬至朝贺太子，太子受礼，并不算是僭越。这件事可大可小。它之所以刺激了杨坚敏感的神经，主要是皇太子制度在作祟。在传统的君主专制体制下面，皇帝和皇太子，都不是一个简单的自然人，而是一项制度，一个机构，一派政治力量。皇帝代表的是皇权，皇权是至高无上的，不允许有其他任何挑战。太子代表的是储君，是一派相对独立的政治力量。太子一旦确定，朝廷就为他配置教师、幕僚、属官、卫队，迅速形成一股力量。皇帝和皇太子的关系，不是简单的两个人的关系，更不是纯粹的父与子的关系，而是两个政治人物的关系，是两派政治势力的关系。皇帝发出的圣旨、太子发出的命令，文武百官都得执行。隋文帝杨坚不就允许太子杨勇参予军政大事的决策吗？夹在皇帝和太子之间的大臣们是很为难的，两边都不能得罪。皇帝掌握有生杀予夺大权，而皇太子呢，说不定明天一起床就发现太子成了新皇帝了。所以，大臣们难免两边都得跑着。一些欠稳重的官员，觉得皇太子更有前途，和太子走得比较近，也是可以理解的。皇帝于是就感觉受到了侵犯。

再深厚的父子感情，在这个冷酷的政治现实面前也是脆弱的。汉武帝刘彻和太子刘据的父子感情不可谓不深。刘据是汉武帝刘彻和心爱的卫子夫生的第一个儿子，也是汉武帝苦苦等待的长子。所以，刘彻在儿子牙牙学语的时候就立其为太子，给他配备了最好的教师、最好的成长环境。最后怎么样？汉武帝刘彻和太子刘据各自调兵遣将，在长安城里厮杀了几天几夜，直杀得血流成河，父子恩断义绝，阴阳永隔。悲剧的根源就在于皇太子制度本身。

发生在开皇十八年冬至的朝贺太子事件，就击穿了杨坚和杨勇脆弱的父子感情。事件发生后，杨坚马上问大臣："朕听说冬至节，内外百官集体去东宫朝拜太子，这是什么礼数啊？"

下面的大臣都吓得不敢说话。掌管祭祀礼法的太常寺官员躲不过去，太常少卿辛亶就如实回答："百官去东宫是贺，不得言朝。"

杨坚说："百官逢年过节，朝贺太子，可以三数十人，零星、自愿前往。为什么有关部门征召文武官员，集合了再去，太子还穿戴法服、设乐相待？东宫如此，殊乖礼制。"接着，杨坚下诏说："君臣有别，礼节也不同，近年以来礼制混乱。皇太子虽然是储君，同时也是臣子。各方官员，正冬朝贺东宫，不合礼制，应该马上立即全面停止。"从此，杨坚对太子杨勇的恩宠迅速衰落。之前，杨坚虽然有废立之心，但对太子杨勇的表面文章还是做足了的，经过冬至朝贺这一事后，杨坚的表面文章也不做了，现在可是连普通老百姓都能看出皇帝对太子不好了。父子两人是渐生疑阻。

不久，杨坚要从各宗室侍卫中挑选强健的人，给自己当侍卫。高颎就奏称，如果把强者都挑选走了，恐怕东宫的宿卫力量太弱。杨坚就不高兴了。“朕时常有所行动，安保力量必须加强，侍卫必须是雄毅之人。太子常年居住东宫，哪里需要强健的武装？之前给东宫配置武装的。做法就很不好，甚非我意。我对前代的制度和历史很熟悉，你不须照搬之前的做法。”杨坚不仅否决了高颎的建议，削弱了太子的侍卫力量，而且怀疑高颎是因为和杨勇是儿女亲家，所以向着杨勇。顺带着，杨坚更加疏远高颎。现在，高颎和杨勇都很危险了。

易储风波

一

杨勇的地位岌岌可危，杨广开始蠢蠢欲动。开皇十九年，公元599年，杨广又一次来长安朝拜。在从长安返回扬州之前，杨广去向独孤皇后辞行。这不是一场普通的母子离别，而是一场非常精彩的政治表演。所以，《隋书》把每一句话都详细地记载了下来。我们一起来看看：

杨广其实是想探探母亲独孤皇后对废立太子的态度。杨广很想当太子，但他总不能直截了当地问父母：“父皇、母后，你们同意我来当太子吗？”他不能这么问。同时杨广每年只能来长安一次，所以他只能利用辞行的机会，想方设法打探出独孤皇后的明确态度。

一见到独孤皇后，杨广脸上写满了悲伤：“儿臣镇守东南，不能经常看到父皇与母后，臣子之恋，实结于心。一想到辞别母后后，儿臣就不能侍奉左右了。今日拜别，我觉得就像是末日一样。”说完，杨广哽咽流涕，伏地起不来了。

独孤皇后见状也很伤心。她说：“你在方镇，我又年老，今天的分别，真的是和寻常的离别不同。”说完，她哭了。母子两个人相对歔欷。

杨广成功营造了悲伤的氛围后，继续说：“儿臣性识愚下，平常恪守兄弟之意，但不知道犯下了什么罪过，失爱于东宫太子。大哥对我非常生气，多次想杀害我。我每天都生活在恐惧当中，怕大哥诬陷我，给我下毒，不知道自己哪天是日期。”杨广说的纯粹是谎话，没有任何史实证明杨勇要加害于二弟杨广。

独孤皇后不辨真伪。她早就在心里把杨勇判了道德死刑，认定杨勇就是逆子了。现在听说杨勇竟然要杀害自己宠爱的二儿子杨广，她气愤地说：“杨勇实在是太不像话了。我为他迎娶了元家女，希望能兴隆我们杨家基业，杨勇却不把元氏当作妻子，从不作夫妻，一门心思宠爱那个狐狸精阿云。太子妃元氏身体好好的，突然就暴亡了，我看是杨勇和那个小狐狸精派人投毒，杀死了我的儿媳妇。事已如是，我也不能追究到底。想不到他竟然把毒手伸向了你！我现在还活着，尚且如此；等我死后，你还不成了他们的案上鱼肉？现在东宫没有嫡妻，等皇上千秋万岁之后，难道你们兄弟还要向那阿云狐狸精跪拜问安？我一想到这儿，就无比心痛！这可怎么办好啊？”独孤皇后的这番情绪发泄，把自己的态度表露无遗。

杨广已经得到了需要的答案。他再次郑重地向独孤皇后行大礼，欲言又止，伏在地上一个劲儿地呜咽。多么完美的表演啊，看得独孤皇后也悲不自胜。母子两个人在悲伤当中达成了共识：废掉太子杨勇，另立杨广。《隋书》记载：“此别之后，知皇后意移，始构夺宗之计。”杨广加快了夺位的步伐。

杨广面临的情况是，隋文帝杨坚和独孤皇后都明确表露出了废黜太子杨勇的意思，但是杨勇毕竟在位多年，影响广播，势力根深蒂固，不是想推翻就能推翻的。杨广需要积蓄自己的力量，自下而上地打击杨勇的势力。杨广分析了一下“敌我形势”，发现自己欠缺的就是一个朝堂上的政治盟友。就像太子杨勇和宰相高颎是政治盟友，相互支持一样，杨广还没有这样的角色。

杨广用目光扫视了一下朝堂上的衮衮诸公，发现有一个人很适合参予自己的“夺位大业”。这就人就是在迅速崛起的政治明星、越国公杨素。杨素从开皇十二年开始出任尚书右仆射，是居于高颎之下的“副宰相”。杨素曾与太子杨勇结怨。

杨广召集张衡、宇文述商量，怎么争取杨素。大家定了一个计划，先由宇文述出马，到长安去找认识的大理少卿杨约。杨约是杨素的弟弟，兄弟感情很好。做通了杨约的工作后，再谋求与杨素结盟。

宇文述到京后，多次宴请杨约。宇文述知道杨约贪财，故意在酒足饭饱之际拿出许多奇珍异宝来给杨约欣赏。杨约看到这么多宝贝，爱不释手，心里很想要，又不好意思开口。宇文述就主动提出大家玩两把，赌博娱乐。玩了几把后，宇文述把所有的宝贝都输给了杨约。杨约发了一大笔横财，觉得有些不好意思，主动回请宇文述。席间，杨约主动问：“宇文大人，您和我说实话，这么多奇珍异宝，到底是怎么来的？”可见，杨约这个人也不傻。

宇文述就说：“那些都是晋王之赐，让我送给杨大人你高兴高兴的。”

杨约大吃一惊：“晋王想要我做什么？”

宇文述摊牌了：“政治无常，识时务者为俊杰。自古贤人君子，没有不紧跟形势，掌握消息，避祸趋利的？杨大人兄弟二人，功名盖世，掌权用事，也有好几年了。你们这么多年来，得罪的人也不在少数。我听说，东宫太子有好几回在执政大臣那里碰了钉子，对贵兄长很不满意啊。杨氏兄弟现在有皇上的信任，暂时不会有事。皇上一旦驾崩，贵兄弟将如何自保？”宇文述这话一下子就抓住了杨约的心思。

宇文述继续说：“当今皇太子失爱于皇后，皇上素有废黜之心，这事你也知道。如果尊兄杨素能请立晋王为太子，就能建立不世之大功。晋王必然会镌铭于骨髓。这样，你们兄弟俩就能累卵之危，成泰山之安了。”杨约觉得宇文述说的很有道理，回去就去做哥哥杨素的思想工作。

杨约提醒哥哥杨素说：“你已经与太子结怨，一旦太子登基，你我兄弟注定没有好日子过。大哥要早做打算。”越国公杨素的心思比弟弟杨约缜密得多，做事情也稳重得多。杨约把宇文述的话大概一说，杨素就明白晋王杨广的意思了：“看来杨广是迫切地想推翻大哥杨勇，取而代之了。”宇文述给杨家兄弟分析的话，从逻辑上讲是没有错的，但是其中有一个关键点：杨广取代杨勇的可能性有多大？杨素觉得，必须分析清楚杨广的胜算几率，自己才能下定决心站在哪一边。所以，杨素回答："只是不知皇后态度如何？如果真的像宇文述所言，我还有其他选择吗！"

几天后，杨素入宫侍宴，刚好借此机会刺探独孤皇后的态度。他就借机说晋王杨广孝悌恭俭，很像当今圣上。独孤皇后听了以后，很感慨地说："你说的很对。我这个二儿子非常孝顺，每次听说皇上或者我派遣使节到他那，他都要在边界迎接。晋王每次谈到远离父母，都会泣不成声。我那二媳妇也很可怜，生活得很清苦。我派婢女过去，她贵为王妃，还常常与婢女同寝共食。"说着，独孤皇后的眼角都泛出泪光来了。不过马上，独孤皇后就把话锋一转："哪里像杨勇那样，就知道和阿云那个狐狸精腻味在一起，终日酣宴，昵近小人，疑阻骨肉。一想到这，我就更加可怜阿摐，常常担心他被那狠心的哥哥暗杀了。""阿摐"是杨广的小名。杨素是何等聪明的人，听了独孤皇后的话，马上明白了，附和独孤皇后，说了很多"太子不才"的话。

独孤皇后没有想到大臣当中，还有这么通自己心意的人。这一番谈话，让独孤皇后对杨素大为好感，临别前还赏赐了杨素金银珍宝。这次谈话后，杨素坚定地选择站在晋王杨广的一边，互通消息，准备推翻杨勇。晋王杨广、右仆射杨素、独孤皇后三股力量形成了新的铁三角，共同推动废立太子。

二

在这个时候，长期养尊处优的太子生活的缺陷就暴露了出来。杨勇虽然感觉到自己失去了父皇和母后的宠信，也感觉到朝堂之上支持自己的力量在衰落，但是他并没有采取必要的补救措施，更没有对威胁自己的杨广等人展开反击。杨勇不知道如何调动自己的支持力量，如何施加自己的影响力，更不知道主动进攻、以退为进、韬光养晦等等政治技巧和斗争策略。他几乎是坐等危险一步步在向自己逼近。

反对杨勇的铁三角中，杨素最先积极行动了起来。他把攻击的矛头对准了左仆射高颎。打倒了高颎，既可以断掉太子杨勇的臂膀，重创杨勇的支持力量，同时自己可以取代高颎的宰相之位，杨素何乐而不为呢？

高颎和杨素，一个是尚书左仆射，一个是尚书右仆射，官位基本相当。但是高颎在历史上的名声要比杨素好得多。我们可以通过一件事来比较两人的高下优劣。隋文帝杨坚晚年喜欢清静，杨素奉命在首都郊外营建仁寿宫。杨素平山填谷，严厉驱赶民工劳作。很多民工死在了这项土木工程上。仁寿宫落成后，宫侧常常能听到鬼哭之声。隋文帝杨坚派遣高颎去验收工程。高颎回奏说，仁寿宫虽然绮丽，但是大损人丁，用百姓性命换取的富丽堂皇是有害的。杨坚听了，觉得很有道理，要责罚杨素。杨素害怕了，急中生智去求独孤皇后。杨素为自己辩解说："帝王兴建离宫别馆，是一贯的做法。如今天下太平，皇帝就造这么一座宫殿，不需要担心损耗花费问题！"独孤皇后觉得杨素的话有道理，就帮着做杨坚的工作。杨素这才逃过了一难，事后开始怨恨高颎。

就在杨广、杨素两人联手的开皇十九年，公元 599 年，九月，爆发了"王世积案"。此案被杨广和杨素所利用，沉重打击了高颎。最终，杨坚将高颎父子削职为民。高颎彻底失去了政治实力。尚书右仆射杨素很快顶替了高颎的地位，升任尚书左仆射。

三

太子杨勇现在终于明白了自己的危险处境。他环顾四周，自己已经失去了父母的宠信，父皇杨坚显露出了废立太子的明显信号；原本自己的铁杆支持者高颎不仅失去了宰相地位，还被削职为民，朝堂上也没有了自己可以依靠的力量。杨勇也知道，二弟杨广和新宰相杨素，正在联合要扳倒自己。杨勇又担心又害怕，到底应该怎么办呢？

这个时候，过早的太子生活给杨勇造成的负面作用，彻底暴露了出来。杨勇在长期的安乐生活中并没有掌握充分的政治斗争的技巧，完全不知道如何利用自己的身份和地位，动用自己现有的资源，进行谋篇布局，展开反击。相反，他有不少荒唐的举动。

杨勇为了保住太子位，主要的对策就是求助于封建迷信。历朝历代都有许多政治骗子，装神弄鬼谋取私利。当时就有一个新丰人，叫作王辅贤，据说搞封建迷信有一套，蒙骗了不少政治人物。杨勇听说他的名声后，召他过来询问自己的前程。王辅贤掐指那么一算，说：“白虹贯东宫门，太白袭月，皇太子废退之象也。”杨勇大惊，赶紧问：“大师，我应该怎么办呢？”王辅贤就“指导”杨勇应该如何如何，杨勇一一照办，用铜铁造了各种兵器，摆在宫中用来抵御天象。同时，他还在东宫后园中建立庶人村，自己粗衣粗食，住在庶人村，希望能躲过不利的天象。他以为自己破衣烂衫的，上天就看不出他是太子了，就不能把坏运气施加到他头上了。

上天有没有看到杨勇的种种努力，我们不得而知；父亲杨坚倒是看到了太子杨勇的种种不寻常举动。隋文帝杨坚当时并没有下定决心要废黜杨勇。他得知太子的举动，知道杨勇内心非常不安，就派宰相杨素去观察杨勇。一来看看杨勇现在的情绪状态到底是怎么样，如果可以，杨坚也包含让杨素做做杨勇思想政治工作的意思。

杨坚把如此敏感的任务，交给杨素，注定是不会成功的。之间杨素来到东宫后，站在宫门口先不进去。杨勇听说父皇派宰相杨素来东宫，整理好服装，在宫中迎接杨素到来。但是杨素就是在宫门口不进来，拖延了很长时间，也不让人通报。杨勇在这种尴尬的情况下，既不愿意屈尊主动出宫来迎接，也没有想到派人出来询问，就是让局面这么僵持下去。而且时间越长，杨勇自己的情绪越糟，在心里不断地埋怨杨素。等把杨勇激怒后，杨素这才迈进东宫大门，和太子相见。杨勇自然没有好脸色，两个人不着边际地谈了一会，就散了。

杨素回到隋文帝杨坚那里，说太子杨勇如今怨望很深，情绪不太对，恐怕会有其他变故，提醒杨坚早做提防。与此同时，独孤皇后一直没有停止针对杨勇的监视和窥探。她把侦察到了东宫的大事小事，都戴着有色眼镜朝着负面的方向看，然后不断地传递给杨坚负面信息。

这些信息刺激了杨坚心中对杨勇的不满，他不仅是疏远杨勇，而是开始防范这个情绪状态不太正常的儿子可能会做出一些过激的行为来，布置了许多防范措施。比如，杨坚亲自安排了许多侦察兵，观察杨勇的动静，遇到情况随时报告自己；又比如，杨坚命令东宫所有的侍卫，都隶属于各个卫府。隋朝的军队由皇帝控制的中央军和非直辖于皇帝的地方军组成，其中皇帝直接控制的中央军队，设立了十二个卫府，每个卫府统辖一个军，每军设置一个大将军。比如，左卫大将军，就是左卫府的最高指挥官。现在，杨坚命令太子身边的所有宿卫武装，在人事关系上要隶属于十二个卫府，就等于是把太子的武装都掌握在了自己手中，釜底抽薪，防止杨勇有不轨的行为。即便如此，杨坚还是不能彻底放心，他把东宫侍卫中勇猛健硕的卫士，全都开除了，只给杨勇留下老弱平庸的侍卫。从中可见杨坚父子关系之紧张。《隋书》用一句话描述，那就是："高祖惑于邪议，遂疏忌勇。"

废立太子

一

当年的杨坚，正好 60 岁。在隋朝，60 岁算得上是高龄了。政治人物一旦年纪大了，疑心往往更重。《隋书》是这么说"多疑猜忌重症患者"杨坚的："逮于暮年，持法尤峻，喜怒不常，过于杀戮。"喜怒无常，就已经够可怕的了，问题是杨坚还"不复依准科律"，也就是他想怎么办就怎么办，完全把"法律"两个字抛到了脑后。杨坚常常认为哪个官员有罪，就下令把他斩首，甚至不惜以皇帝至尊亲自监斩。几十年的政治斗争，让晚年的杨坚渐渐失去了理智。

晚年杨坚还有另外一个特点，就是志得意满，越来越喜欢听好话、享清福。他不愿意听到坏消息和真实的情况，只希望臣民们都歌颂他，齐声高唱"开皇盛世"。既然天下一片太平，杨坚也就觉得自己不用把主要精力和时间投在工作中。那么，晚年的杨坚主要在干什么呢？两个字"养生"。

之前，我们谈到杨素主持修建了仁寿宫。仁寿宫，位于今陕西凤翔境内，离京城较远，绝山构殿，决壑为池，环境优美，不仅可以避开大城市的各种污染，而且可以让杨坚推卸掉繁重的工作。所以，杨坚在仁寿宫完工后，就老往那里跑。从开皇后期开始，隋文帝杨坚和独孤皇后几乎每年春天一到就前往仁寿宫，一直住到秋高气爽才回到京城。过完冬再去仁寿宫。他们居住在仁寿宫的时间，比在首都的时间还要长，已经很难离得开清静的仁寿宫了。这也意味着隋文帝杨坚关注政治的精力少了，辨别是非的时间少了，他对首都的实际控制也就减弱了。而杨广在开皇二十年因为要北击突厥的缘故，从遥远的江都返回了北方。他在首都的时间极大地增加了。这就便利了杨广、杨素等人搞些小动作。

父皇杨坚年纪越来越大，杨广觉得必须要加快推翻太子杨勇的节奏。图谋推翻太子的阴谋集团，觉得必须要给予杨勇最后一击。之前，杨广派遣党羽段达，偷偷去拉拢太子杨勇身边的亲信姬威，给了姬威金银财宝，拉拢过来作为内奸。东宫的很多消息，就是姬威密告杨素，经过杨素、杨广等人加工后，转化为攻击杨勇的弹药的。杨勇备受打击，姬威在其中出了不少功劳。现在，杨广又让段达威胁姬威说："东宫罪过，主上皆知之矣。皇上已经草拟了密诏，要废掉杨勇，改立晋王为太子。你如果能投靠晋王，前面有大富贵等着你。"姬威没有多少犹豫，同意充当打手，给太子杨勇致命一击。

开皇二十年，也就是公元600年，九月，隋文帝杨坚结束了在仁寿宫的休养，返回京城。第二天，杨坚就在大兴殿召集群臣，要公布重大消息。他先问了一个问题，试探一下大家："我刚回到京师，本来应该开怀欢乐，但不知道为什么，老是愁眉苦脸的？"

吏部尚书牛弘回答说："臣等不称职，所以导致皇上忧劳。"

杨坚之所以那么发问，是不清楚朝臣们是否都知道杨勇的"滔天罪行"。他这么问，是希望从大臣们那里听到太子杨勇的其他问题。但是，牛弘的回答，偏离了杨坚想引导的方向。杨坚于是不搭理牛弘，严肃地对东宫的官属说："我每次从仁寿宫返回京师，沿途都要加强安全保卫，三步一岗五步一哨，防止在敌国一般。我担心有人加害，睡觉都不敢脱衣服。昨天我患痢疾，夜里本想去后殿上厕所，因为担心有危险，硬是去前殿方便的。"杨坚气愤地说："难道这一切，都不是你们这些人在坏我国家吗？"

皇帝的这一句，把东宫官员们吓得不轻，大家面面相觑。就在他们都没缓过神来的时候，杨坚一声令下，把太子左庶子唐令则等好几个东宫主要官员立刻逮捕，交司法部门严刑审讯。

杨坚接着让杨素宣布太子的罪状。杨素就添油加醋地说了起来：“臣之前奉皇上旨意，令皇太子搜查刘居士余党。太子奉诏，非常气愤、骨肉飞腾，对臣说：‘居士党羽都已经伏法，让我到哪儿去搜查？你是右仆射，职权很大，自己去搜，关我何事？’太子还说：‘如果大事不遂，我先被杀。皇上现在待我，还不如那几个弟弟。没有一件事情能让我自由。’太子还感叹：‘我太受刺激了。’”应该说，杨勇为人直率，不太会掩饰情绪，他可能说过类似的话，但是在杨素添油加醋的述说下，在气头上的杨坚听起来，就是大逆不道了。

杨坚紧接着杨素的话说：“此儿不堪承嗣久矣。皇后一直劝我废了他，我考虑他是我登基前所生，又是长子，希望他能渐渐改正，隐忍至今。想不到他变本加厉，越来越荒唐，今天我就要废黜太子，以安天下。”

虽然太子杨勇要遭废黜的传闻已经流传很久了，但是等这一刻来到面前，而且是由皇帝亲自用如此激烈的态度表达出来，大臣们还是惊呆了！杨勇的支持力量虽然遭受了严重的打击，但朝堂上还残留着一些支持者。听到皇帝要废太子后，左卫大将军、五原公元旻就勇敢地站了出来，表示反对。在君主专制政治下，皇帝已经明确表达了意见，还能当面反对的，都是值得敬佩的勇士。《隋书》用了八个字来形容勇士元旻的状态：“辞直争强，声色俱厉。”只见他站出来说：“废立是大事，天子无二言，一旦颁布了废太子的诏书，后悔就来不及了。现在朝野流传着不少针对太子的谗言，请陛下明察。”

听了元旻的意见，杨坚沉默了，没有回答。杨坚不是昏君，也不是暴君，不会无理地下令把元旻拉出去，也不会剥夺元旻说话的权利。从元旻的反应中，杨坚明白，朝堂之上还有一股支持杨勇的力量。大臣们并没有对废黜杨勇的事情达成共识。那应该怎么办呢？

就在这关键时刻，太子杨勇平日的亲信、已经被晋王杨广买通的姬威，主动站了出来，告发“太子非法”。隋文帝杨坚正好在思考怎么进一步“揭穿”杨勇，为废除太子统一思想，在这节骨眼上看到有人告发太子，马上对姬威说：“太子的那些事儿，你知无不言言无不尽，尽管说出来。”

姬威就半真半假、添油加醋地说了起来：“臣陪伴皇太子多年，皇太子和臣说了很多话。太子意在骄奢，想把从樊川到散关的土地，都划为自己的林苑。太子说：‘昔日汉武帝计划建造上林苑，东方朔谏阻了他，汉武帝反而赏赐东方朔黄金百斤，这多可笑啊！我没有金子赏赐这样的人。如果有人反对，我刚好可以杀了他，杀他上百个人，自然就再也没有人反对我享乐了。’”之前，我们谈到过，隋文帝杨坚提倡节俭，反对享乐浪费。姬威告发太子要大兴土木，建造园林，完全与隋文帝的价值取向相悖。不过，从樊川到散关的土地占了大半个关中平原，绵延数百里，如果要建成这么大的园林，那该是多大的一项工程啊！只要是正常人，想想就能判断出姬威的告发，可信度不高。

姬威接着，就把攻击的矛头，转移到了政治领域，说杨勇对隋文帝君臣有诸多的不满。原先，太子左卫率苏孝慈是历经西魏、北周和隋朝三代的老臣，打过仗，有能力，是太子杨勇属官中的佼佼者。后来，杨坚解除了苏孝慈的职务，改任他职，杨勇难免心中不快。姬威的描述是，杨勇“奋髯扬肘”说：“大丈夫会当有一日，终不忘之，决当快意。”这是公开发泄对这一人事任免的不满，含有要秋后算账的意思。姬威又说，东宫提出了许多需求，尚书大臣们依法办事，很多都拒绝了。杨勇为此也很生气，说：“仆射以下，我要杀他一两个人，让他们知道怠慢我的后果。”杨勇又在东宫中建造了一座小城，驱赶工匠不停日夜赶工。杨勇曾经说：“至尊嗔我多侧庶，难道高纬、陈叔宝岂是孽子乎？”这就是把自己拉低到了和亡国之君高纬、陈叔宝相提并论的地步了。最后，姬威举报杨勇指使巫师占卜吉凶，事后宣扬：“开皇十八年，是皇帝的死忌。这日子快到了。”

姬威的一席话，勾勒出了一个骄奢蛮横、急于登基、不忠不孝的太子形象。杨坚听得眼泪都流下来了，伤心地说：“谁非父母生，乃至于此！之前，杨勇亲近女色、觊觎皇位，我一而再再而三地容忍他。想不到他变本加厉，胡作非为。我最近翻阅《齐书》，看到高欢放纵他的儿子，最终导致国破家亡，看得我特别气愤。历史教训就在眼前，我怎么能再犯错误呢？”姬威的告发，坚定了杨坚废立太子的心思。他觉得废黜杨勇不仅是正确的，而且幸亏及时决策，才没有酿成大祸。于是，杨坚下令囚禁太子杨勇及其诸子，逮捕东宫的党羽，严加审讯。

二

讯问的任务，交给了杨素。杨素是推翻杨勇阴谋集团的核心成员，肯定不会“审查”出好结果来。几天之后，有关部门就在杨素的授意下，审查出了一个“以太子杨勇为首的阴谋集团”来。这个集团大搞政治活动，阴谋篡位。其中，左卫大将军元旻负有宿卫的责任，投靠杨勇，曲意逢迎。杨勇通过亲信裴弘，和仁寿宫的元旻传递信息。两人往来的信息都密封好，上面题写“勿令人见”。隋文帝杨坚得报，恍然若悟：“怪不得朕在仁寿宫，有什么细微小事，东宫都能知道，比驿马还快。原来有元旻这个家伙在！”马上下令武士把元旻、裴弘等人都抓起来治罪。

先前，杨勇从仁寿宫参见父皇起居返回东宫，途中看到一棵枯槐，根干蟠错，直径有五六围大。杨勇就对左右说：“这棵树浪费了，可以做什么用呢？”有人回答说：“古槐尤堪取火。”隋朝的卫士都佩带火燧，有需要的时候可以自己生火。杨勇就命令工匠把枯槐造了数千枚火燧，准备分赐给左右。审查的时候，这些火燧都还在仓库里，同时还查获了数斛艾草。审查官员很奇怪，问姬威这是怎么回事。姬威说：“太子此意别有所在。他让长宁王杨俨等人，去仁寿宫办事，返回的时候，都要快马疾行，一个晚上就返回东宫。为此，东宫养马千匹。”杨素拿着姬威的话质问杨勇，杨勇不服，反驳说：“官府蓄养马匹数万匹，我身为太子，有马千匹，就是造反吗？”杨勇的辩解也有道理。但是，杨勇在遭受审查的时候，还如此强硬，实在是不明智。

杨素正好利用杨勇的态度，攻击杨勇痴迷不悟、拒不配合审查。杨素又把东宫的器物、服饰都加以修饰，陈列在朝堂之上，给文武百官看。在前几集我们说过，杨勇本来就生活奢华，现在杨素又挑选东宫最奢华的器物，故意暴露了杨勇骄奢淫逸的一面。隋文帝杨坚一向号召节俭，看到太子背道而驰，肺都要气炸了。他派人把这些物件一一展示给杨勇看，同时责问他为什么这么不检点。独孤皇后也派人，责问杨勇，大致是骂他宠爱姬妾，沉迷女色等等。杨勇的表现，还是两个字：不服。

他面对杨素主持的审查，不服；面对父皇与母后的责问，还是不服。杨勇坚持自己没有大过。

事情发展到这一步，双方都没有回旋的余地了。杨坚决定废太子杨勇，派人去把杨勇带来。杨勇见到使者，这才害怕了：“不会是要杀我吧？”

杨坚穿上戎服，在武德殿排列甲兵，召集百官，皇帝站在东面，宗亲王公站在西面，把杨勇及其儿子带上殿堂。然后，杨坚命大臣薛道衡宣读诏书：“太子之位，实为国本，苟非其人，不可虚立。自古以来，都有因为溺爱儿子，把江山托付给不合格的人，导致国破家亡、生灵涂炭的悲剧。皇太子杨勇，能力平庸，不仁不孝，又亲近小人，多次生事。朕虽欲爱子，实畏上灵，岂敢以不肖之子而乱天下。杨勇及其儿女，都废为庶人。”

读完诏书，杨坚又让薛道衡对杨勇说：“你的罪恶，人神共弃，你想保住太子位，怎么可能呢？”杨勇已经彻底明白了自身的处境，老老实实地拜了两拜，求饶说：“我本该弃尸都市，告诫世人，幸亏皇上可怜，得以保全性命。”说着，杨勇的眼泪汩汩地下来了，流满了衣襟。杨勇当了二十年的太子，大致上前十年是顺风顺水、地位稳固，但安逸富贵的环境并没有培养出与太子身份相符的素质和心机，结果在后十年的权力争斗中节节败退，导致全军覆没。杨勇遭到废黜后，被囚禁在东宫。

以左卫大将军、五原郡公元旻为首的很多人，被看作是废太子杨勇的党羽，遭到清洗。其中，元旻、唐令则等七人是罪魁祸首、核心骨干，全部处斩。车骑将军阎毗、东郡公崔君绰、游骑尉沈福宝等四人，被判处杖一百，自身、家属和家产，全部没收入官。此外，另有多人被看作杨勇的支持者，遭到处罚。对于一般官员来说，不清楚高层动态，很难把握好和太子相处的度量，当太子被废时惨遭清洗，实在是有些冤枉。

在追查“太子余党”过程中，大将史万岁被划入到了杨勇一党的名单中去了。原来史万岁一直为本部兵马抗击突厥有功没有受赏的事情耿耿于怀，在现在的节骨眼上写奏折请功。杨坚正烦着呢，见史万岁来邀功，怒问道：“史万岁现在何处？”史万岁正在朝堂候旨，杨素为了激怒杨坚却说："史万岁正在朝谒废太子。"杨坚大怒，命人召来史万岁在殿堂上当众打死。罪名就是"怀诈要功，便是国贼"。一代名将就被活活打死了。

史万岁是隋朝前期的重要将领，无论是南征还是北战，他都立下了赫赫战功。据说，史万岁在云南征战的时候曾见到诸葛亮纪功碑，背后刻着："万岁之后，胜我者过此。"史万岁毅然推倒纪功碑继续行军。史万岁征战千里，功劳很大，但是对政治比较生疏，所以官爵一直没有提上去，最后成了政争的牺牲品。他死后，天下官民不论认不认识都为他感到冤惜。

当年十一月，隋文帝杨坚立晋王杨广为皇太子。十二月，命令东宫官属不得称臣于皇太子。杨坚吸取了教训，一开始就显露出抑制新太子的意思。

杨广从成为太子的那一刻开始，"表演生涯"进入了新的阶段。在册立太子典礼上，杨广说原先预备的太子礼服和皇上的龙袍的颜色、样式过于接近，要求更换，并且要求以后太子的服饰要与皇帝的服饰严格区分开。之前，文武官员见到太子要自称"臣"。杨广觉得这个称谓也有问题，要求以后东宫官员见到自己不用自称臣。杨坚知道后，自然喜笑颜开。

成为太子后，杨广的日子过得很悠闲。读书、写诗、礼佛是杨广日常的主要生活。杨广本是名虔诚的佛教徒，在江南的时候对佛理佛法进行了深入研究。太子生涯基本上就是等待，杨广满腹才华和大量闲暇无法打发，干脆静下心来写了一部《法华玄宗》的佛学著作。这本书还挺长，足足有二十卷之多。

话说，杨勇被废后，始终觉得自己是冤枉的，频频请求面见杨坚申冤。新太子杨广一直阻拦他，压根不让父亲杨坚知道杨勇求见。杨勇于是跑到大树上面，大喊大叫，希望父皇杨坚能听到声音，自己能面见父皇申冤。杨勇这个人真是很傻很天真。杨素简单地一句话，说："废太子杨勇鬼附身了，精神不正常了。"一个人大白天爬到树上大喊大叫，不知道的人可不以为这是个神经病吗？果然，杨坚也判断杨勇发疯了，再也不见他了。

第五章

“弑父夺位”之谜

杨广当了将近两年的太子后，仁寿二年（602 年）八月，皇后独孤氏病逝，被尊称为“文献皇后”。独孤伽罗时年五十岁。

杨广表现得万分悲痛，拜见父皇杨坚时哀恸气绝，泣不成声，站不住脚。回到东宫后，杨广饮食举止马上恢复自然，可见是装的。为了表示事母至孝，杨广需要装出茶饭不思的样子，在独孤皇后灵前伏地哀嚎，对外宣称每天只吃一两把白米。杨广私下在衣袖里装了多个竹管，管里装着精制猪鱼肉脯，管口用蜡封死。夜深人静的时候，或者没人的时候，杨广就赶紧抽出竹管吃上几口美食，吃完了继续哭丧。一个人有两张面孔，那该多累啊！好在杨广在江南的时候演戏演惯了，也不觉得累了。

暗流涌动

一

之前，隋朝政治并没有因为太子废立一事尘埃落定而安静下来，相反是暗流涌动、争斗不断。借着皇后的丧事，一些为杨勇抱不平的人纷纷上书，为杨勇争取权益。

先是文林郎杨孝政上书说：“皇太子为小人所误，宜加训诲，不宜废黜。”隋文帝读后很生气，动手打了杨孝政。借着，贝州长史裴肃上表，请求仿照前朝的惯例，封废太子为王。这道上表对杨坚的触动很大，杨坚觉得天底下还有一帮人在维护杨勇，这出乎他的意料。他特地征召裴肃入朝，两人面谈了杨勇的问题。虽然杨坚最终没有封杨勇为王，但激起了朝中一批大臣相继发难。更多的人则把攻击的矛头对准了宰相、尚书左仆射杨素。这引起了杨坚的警觉。

仁寿元年，杨素拜为尚书左仆射，日渐独断专行、打击异己，权势膨胀。杨素的很多宗族子弟平步青云，占据朝堂。杨素的所作所为招致了朝臣的不满，杨家势力的扩张，也引起了杨坚的注意。皇帝在权力方面，都是非常敏感的，不允许任何人威胁到至高无上的皇权。

同情废太子杨勇的大臣梁毗，上书揭露杨素擅权，说：“杨素所私皆非忠党，所进咸是亲戚。子弟布列，兼州连县。天下无事，容息异图；四海稍虞，必为祸始。”杨坚开始还不太相信，把梁毗打入监狱，亲自审问。这一审问，改变了杨坚的态度。梁毗说杨素在杨勇被废、蜀王杨秀被废时，“扬眉奋肘，喜见容色”。梁毗的话，刺激了杨坚敏感的神经。他把杨素平时的言行在脑子里过了一遍，判断杨素的确有专权揽政的嫌疑，于是果断决定“架空”杨素。一方面，杨坚对杨素很客气，礼遇有加，但就是不让他过问具体的政务。尚书省是负责政令贯彻落实的，可一直到杨坚驾崩之前，杨素都不再支持尚书省的政务。另一方面，杨坚剪除杨素的党羽，把和杨素关系亲密的人，比如杨约、薛道衡等人，统统外放，不允许杨素势力扩张。

杨素的旁边，站着新太子杨广。两人早就结成了政治同盟，经过扳倒宰相高颎、推翻太子杨勇等战役后，杨广、杨素的同盟更加坚固，而且也为他人所知晓。而皇帝最看不得的，就是底下的人结党营私，可能威胁到皇权。杨坚要想从根子上遏制杨素—杨广这一派势力，就要树立一派新力量与之抗衡。毕竟，双轮车要比单轮车要稳定得多。

在隋文帝杨坚的支持下，以柳述、元岩为代表的权贵势力迅速崛起。柳述是当朝驸马，杨坚的女婿，娶了杨坚的女儿兰陵公主。之前，晋王杨广希望兰陵公主许配给小舅子、晋王妃的弟弟萧玚。杨坚开始答应了，后来又改主意。因为这件事情，杨广很讨厌柳述。柳述崛起后，两人的关系更加恶化。柳述担任吏部尚书的时候，仗着特殊的身份地位，骄横得很。杨素权倾天下，其他大臣都很怕他，但是柳述就不把杨素放在眼里，好几次在杨坚面前揭露杨素的短处。有几回，柳述的公务处理得不合杨素的心意，杨素派人通知柳述改正。柳述对来人说："回去告诉杨素，就说我柳述不改。"不用说，杨素也很讨厌柳述。

杨坚提拔的另一个人是元岩，任命他担任黄门侍郎。黄门侍郎是皇帝的近侍官员，负责传递诏令，同时在隋朝又是门下省的副职，掌握中央决策的审批，是非常要害的角色。杨坚用柳述、元岩两个人，勉强可以和太子杨广、尚书左仆射杨素的势力相抗衡。在大臣之间保持力量均势，不让任何一方坐大，是中国古代典型的"帝王之术"。隋文帝杨坚是其中的高手。杨广、杨素两个人十分不满，但也无可奈何。

此时的杨坚，压制了大半辈子的欲望和不满都宣泄了出来，开始纵情声色。他大规模扩充后宫的女眷，新设置了 3 名贵人，将嫔增加到 9 个人，世妇增加到 27 人，御女增加到 81 人。此时的杨坚 61 岁了，超过了花甲之岁 1 年，还整天阅尽美色。什么叫做纵欲过度？杨坚就是纵欲过度。杨坚在众多的嫔妃中最宠爱两个人，一个是陈氏，一个是蔡氏。杨坚封陈氏为"宣华夫人"，蔡氏为"容华夫人"。"容华夫人"来自北方，风流娇媚，善解人意。"宣华夫人"则是陈朝的宫廷美女，肌肤润滑，温柔可人。

出了后宫，杨坚则变得更多疑暴戾，罢黜、外贬和杀戮了大批看不顺眼的官员。

杨坚越糊涂，对杨广就越信任。仁寿初年，杨坚命令太子杨广巡抚东南；之后杨坚去仁寿宫避暑的时候，都令杨广在大兴监国，代理朝政。

二

宗室内部也不安稳。《隋书》认为杨勇在位日久，杨坚一朝废立太子，"开逆乱之源，长觊觎之望"。杨广取代大哥杨勇，当上了新太子。但是下面的几个弟弟心里就在想，为什么我不能同样取代二哥，当上新太子呢？在隋文帝诸子中，三子、秦王杨俊在开皇二十年六月已经去世，年仅三十岁。这个杨俊，也是个骄奢淫逸的王爷，给妃嫔建造水上宫殿，用金玉装饰，日夜欢歌享乐。秦王王妃崔氏，和婆婆一样，是一个妒忌心极强的女人，恨丈夫宠爱姬妾，竟然在饮食中给杨俊下毒。杨俊虽然没有丧命，但是身体受到极大伤害。杨坚和独孤皇帝对这个三儿子，是又爱又恨，在开皇十七年招杨俊回京，痛骂了一顿，让他闭门思过。杨俊在病痛和惊恐中去世。秦王王妃崔氏被赐死。

杨广当上太子后，能对他太子位构成威胁的头号人物就是四弟、蜀王杨秀。杨秀常年镇守四川地区。四川地势险要，加上杨秀经营多年，实力日渐壮大。大哥杨勇被废后，二哥杨广当上了新太子。外人可能对杨勇、杨广两人不太了解，但是杨秀是他们的亲弟弟。他对两位哥哥的为人禀性是有大致准确的认识的。杨秀对杨广上位，很不满。他暗中招兵买马，有意要争夺太子位。杨广察觉后，决定先下手为强，暗中勾结杨素，要栽赃陷害杨秀，置他于死地。客观上，杨秀本身也劣迹斑斑，小辫子一抓一大把。除了杨家兄弟“标配”的骄奢淫逸外，杨秀还有许多问题。比如，杨秀建造浑天仪、司南车、记里鼓，穿戴皇帝的服饰，这些都属于僭越的行为；杨秀又和妃嫔出去打猎，以弹子弹人，还抓捕四川当地的少数民族，阉割后充当宦官。杨素把这些问题一五一十报告给杨坚后，杨秀就没戏可唱了。

仁寿二年十月，杨秀被召回长安。杨坚命令杨素等人审问杨秀。杨素和杨广一商量，杨秀的所作所为的确应该受罚，但离彻底打倒在地、政治上难以翻身，还有一段距离。那怎么办呢？伪造证据，罗织罪名。中国古代流行巫蛊厌胜之术，常常做成人偶，诅咒某人。杨广就派人做一个木偶，上面写着隋文帝杨坚与杨广的名字，再缚手钉心，写上一段咒语：“请西岳慈父圣母收杨坚、杨广神魂，如此形状，勿令散荡。”然后，杨广派人将木偶埋到华山脚下。接着，杨素带人去把木偶挖出来，作为杨秀谋害父皇和太子的证据。此外，杨广又以杨秀的名义伪造檄文，在文中称杨广是贼臣逆子，要兴师问罪。写好后，模仿杨秀的笔迹抄写一遍，混入从杨秀家查抄出来的物品中。杨素根据这些证据，判定杨秀“谋逆”，报告了隋文帝杨坚。杨坚既吃惊又失望：“天下竟有这样的不肖子！”当年十二月，杨坚废蜀王杨秀为庶人，幽禁于内侍省。

剩下来可能参予太子竞争的，就只有皇五子、汉王杨谅了。开皇十七年（597），汉王杨谅出任并州总管，杨坚亲自出宫饯送。南北朝以来，并州地位很重要，既是东西两方政权征战的主要地区，又是防御北方突厥人的前线，是兵家要地。所以，隋朝在并州驻扎了重兵，赋予并州总管巨大权力。杨坚给杨谅划定的管辖范围“自山以东，至于沧海，南拒黄河”，一共有52个州郡。杨谅辖域之广，事权之重，势力在所有地方官中是最强的。但是，因为杨谅年纪尚小，出镇地方的时间也还短，所以没有和二哥杨广爆发冲突。杨谅只是借口防御突厥，修军整武，扩充武装，意图进则争夺天下，退则割据一方。

这一切，都表明隋朝的政治局势，并没有因为废立太子尘埃落定而归于平静。各种矛盾日趋复杂，后面还有好戏看呢！

深宫病榻

一

时间很快到了仁寿四年，公元604年。也许是对自己的身体状况比较担心，也许是为了避开京城的种种是非，隋文帝杨坚在当年的正月，就早早地张罗着要前往仁寿宫修养。术士卢太冀再三劝阻，对杨坚直言相告：“臣不敢说假话，皇上此行恐怕是有去无返。”杨坚大怒，把卢太冀抓进牢房，准备从仁寿宫回来，证明卢太冀所言虚妄后，将他斩首示众。

正月二十七日，杨坚动身来到仁寿宫，第二天下诏将大小政务都交由皇太子杨广处理。到了四月，“皇上病重”的消息传了出来。尚书左仆射杨素、兵部尚书柳述和黄门侍郎元岩等人入阁侍疾，太子杨广也赶到了仁寿宫，入住大宝殿。

杨坚的病，一直没有好转。相反到六月六日，朝廷宣布大赦天下。大家都知道，杨坚的病情很严重了，大赦是为他祈福。七月一日，天象记录“日青天光，八日乃复”，这是非常不吉利的天象。果然，到七月十日，杨坚感觉自己到了弥留之际，召集王公大臣诀别。君臣有“握手唏嘘”的举动。到这个时间为止，隋文帝杨坚的病情和活动，都是公开的，都有大臣作证。

皇帝病重，最紧张的人莫过于太子了。太子能不能顺利继位登基，现在到了“临门一脚”的时候了。之前，太子杨广入住仁寿宫的大宝殿，的确有来看望父皇、照料病情的一面，但是更重要的目的应该是掌控父皇病重期间的局势。为了今日的身份地位，杨广付出了巨大的努力。有些努力是旁人看得到的，更多的努力是旁人看不到的，或者不能让第二个人知道的。杨广肯定不希望这些努力都付诸东流。他很焦虑，很着急，于是亲自给同在仁寿宫侍疾的杨素写了一封信，派人偷偷送去。杨素收到后写了一封回信，派人送回给杨广。

杨广和杨素在信里都说了些什么？这已经不重要了，重要的是杨素派遣的那个传递回信的人，太不靠谱了，竟然把回信误送给了隋文帝杨坚！

杨广很有可能在信中询问父亲杨坚的病情，到底还能坚持几天？杨坚读起来，就感觉杨广迫不及待地要抢权接班了。杨广也很可能在信中询问期间可能会有什么变故，和杨素商量如何共同行动？杨坚读后，认识到杨广、杨素两人早就结成了政治同盟，共同进退。那么，之前的场场政治风波，是不是这两个人在作祟？他们俩背着自己，还干了什么见不得人的事情？一个人在病重的时候往往想得多，隋文帝杨坚本来就多疑猜忌，现在在病榻上就更多想多思了。他见信大怒，气得浑身哆嗦。

这时又有一件事情，火上浇油。就在杨坚拿着信件，思考怎么处置不孝之子杨广和不忠之臣杨素的时候，他晚年宠爱的陈贵人慌慌张张地跑了进来，看到杨坚，红着脸低下头，扭扭捏捏地缩到一边去。杨坚问她，到底怎么了？陈贵人流着眼泪说道：“太子无礼。”

这个陈贵人，是南朝陈宣帝的公主、陈后主陈叔宝的妹妹，才貌双全，陈朝灭亡后被杨坚收入后宫。独孤皇后在世时，又妒忌又强势，后宫嫔妃几乎没有人得到皇帝的宠幸，只有当时是宣华夫人的陈氏偶尔得到临幸。独孤皇后死后，陈氏晋封贵人，专房擅宠，主断内事，冠于六宫。此外，杨坚还宠信蔡夫人。杨广阴谋夺位的时候，经常送金蛇、金驼等东西取媚陈贵人、蔡夫人。陈、蔡两人就成了杨广在后宫的内助，对杨广夺位和窥探后宫帮助不小。

但是，杨广本性好色，看到才貌双全的陈贵人，心里难免痒痒。根据《隋书》的记载，杨广和陈贵人在仁寿宫侍疾的几个月里，时常相见。杨坚截获杨素回信的当天早上，陈贵人出来更衣，遇见了杨广。杨广色心大涨，要逼迫陈贵人成全好事。陈贵人奋力反抗，摆脱杨广，逃回了杨坚的寝宫。于是，就出现了前述的那一幕。

杨坚出离了愤怒，大叫："畜生何足付大事，独狐诚误我！"他对杨广彻底绝望了，叫来侍疾的兵部尚书柳述、黄门侍郎元岩，命令："召我儿！"柳述两人就要出去叫太子杨广，杨坚叫道："叫杨勇来。"或许，杨坚意识到了废太子杨勇是被杨广、杨素等人陷害的，杨勇虽然有各种问题，但毕竟不是阴谋小人，基本品德还是过关的。所以，他在重病之中又起了废杨广、传位杨勇的念头。

柳述、元岩离开杨坚寝宫，书写了召杨勇的敕书，竟然拿去给杨素看。杨素看到后，大吃一惊，连忙去报告杨广。两个人经过短暂的慌乱后，迅速商定了对策。杨素假传圣旨，调动东宫士兵入仁寿宫守卫，由杨广的亲信宇文述、郭衍等人控制了仁寿宫内外进出。接着，杨广的心腹张衡进入了杨坚寝宫。张衡进宫后，把陈贵人和其他侍疾的宫人都赶了出去，派人关押在一个房间里。不一会儿，寝宫传出消息，说"皇上驾崩"了。[1]

二

被关起来的陈贵人和后宫其他人，听到消息后，相顾失色："大事不好了！"大家都花容失色、双腿颤栗。很快，太子使者拿着一个金盒子进屋来，盒上贴着杨广亲笔书写的封条，说是赐给陈贵人的。陈贵人惶恐到了极点，以为鸩毒，吓得不敢打开。古代宫廷政变中，屠杀后宫

1 《隋书》对杨坚之死的记载非常简单，只有两句话："秋七月乙未，上以疾甚，卧于仁寿宫，与百僚辞诀，并握手歔欷。丁未，崩于大宝殿。"

灭口的情况，太多了。陈贵人觉得自己是最新的一个牺牲品。太子使者见状，逼陈贵人打开盒子。陈贵人硬着头皮打开，只见里面装着几枚同心结。原来，这是杨广在向陈贵人示爱。旁边的宫人见状，欢呼雀跃，互相叫道："我们不用死了！"陈贵人却高兴不起来，自己名义上是杨广的母辈，况且隋文帝杨坚刚死，你怎么让她马上投入杨广的怀抱。陈贵人坐在那里，不肯致谢。旁边的宫人逼着陈贵人，接过金盒子，谢过使者。当天晚上，杨广就提前把陈贵人给"接管"了。

隋文帝杨坚之死，里面疑点重重，杨广接下来的诸多举动，更是加深了人们的怀疑。首先是杨广下令秘不发丧。如果光明正大，杨广为什么不公布父亲的死讯呢？

第二，杨广伪造了隋文帝杨坚的诏书，赐死废太子杨勇。杨勇是被人用衣带勒杀的。杨广登基后，又假惺惺地追封杨勇为房陵王，但是规定其子不得继承爵位。杨勇的长子，也就是杨广的大侄子杨俨，担任宫廷侍卫官，死在一次随扈出巡的路上，据说是被杨广毒死的。杨勇的其他儿子全部流放岭南，后来杨广命令所在地官府杀害了他们。狠心的杨广把大哥杨勇"满门抄斩"了。

第三，杨广下令逮捕兵部尚书柳述、黄门侍郎元岩，关进监狱。柳元二人是杨坚晚年倚重的力量，又是杨坚临死前要废杨广、传位杨勇的见证人，杨广肯定不会放过他们。事后，杨广贬二人为平民，把柳述流放广东龙川（今惠州），元岩流放广东南海（今广州）。这两个地方当时都是偏僻莽荒的小地方。柳述是驸马，杨广逼兰陵公主与柳述断绝关系，改嫁他人。兰陵公主誓死不从，强烈要求与柳述一同流放龙川。杨广坚决不准，派人软禁公主。兰陵公主忧愤而死，柳述后来死于颠沛流离的途中。

上述情形都是正史《隋书》的记载，带有阴谋论的种种要素，成了一桩著名的历史公案。很多人都认为杨广"弑父夺位"。具体情形，只有当事人才能知道。黑幕也好，清白也好；流血也好，毒药也好，没有任何一本史书能够提供哪怕是蛛丝马迹的证据。我们后人只能通过分散在各处的点滴记载，再加上常理推断，来尽量还原杨坚之死、杨广继位的真相。我们不妨从四个方面来切入分析：

第一方面，我们首先分析相关记载的原始典籍。

厦门大学历史学教授韩升在《隋文帝弑君与被弑说考证》[1]一文中，指出最早指控杨广弑父的记载见于《资治通鉴》卷一百八十“文帝仁寿四年七月”条。该条内容引用了赵毅的《大业略记》和马总的《通历》两本书。其中，《大业略记》记载：

> 高祖在仁寿宫，病甚，追帝侍疾，而高祖美人尤嬖幸者，唯陈、蔡二人而已。帝乃召蔡于别室，既还，面伤而发乱，高祖问之，蔡泣曰：“皇太子为非礼。”高祖大怒，啮指出血，召兵部尚书柳述、黄门侍郎元岩等令发诏追庶人勇，即令废立。帝事迫，召左仆射杨素、左庶子张衡进毒药。帝简骁健官奴三十人皆服妇人之服，衣下置仗，立于门巷之间，以为之卫。素等既入，而高祖暴崩。……十八日，发丧。

分析这段史料，首先，《大业略记》记载桃色事件的女主角是蔡夫人，而不是陈贵人；此外，隋文帝杨坚发丧是在二十一日，而不是十八日。《大业略记》把人物和时间都弄错了，属于明显的错误。既然有这么明显的错误，那么这本史书的可信度又有多高呢？其次，该书记载在桃色事件中，蔡夫人和杨广发生了激烈的身体接触，所以才会“面伤”、“发乱”。这么激烈的身体接触，肯定声响不小，那么就在不远处房间的隋文帝杨坚，还有周围的宫人们，难道会不知道？

《通历》则记载：

> 上有疾，于仁寿殿与百僚辞诀，并握手唏嘘。是时唯太子及陈宣华夫人侍疾，太子无礼，宣华诉之。帝怒曰：“死狗，那可付后事！”遽令召勇，杨素秘不宣，乃屏左右，令张衡入拉帝，血溅屏风，冤痛之声闻于外，崩。

1　载于《学术研究》2000 年 02 期。

根据上文的描写，杨坚是命令杨素去召杨勇前来的。杨坚应该很清楚杨素和杨勇关系很差，杨素和杨广走得很近。那么，杨坚怎么会把废杨广、另立杨勇这么重要的任务交代给杨素执行呢？其次，《通历》有行凶场面的描写，比如张衡“拉帝”，也就是杖杀，而且“血溅屏风，冤痛之声闻于外”，非常有“影视效果”。十几年后，杨广自己被杀之前，坚持说“天子自有死法”，也就是天子不得加兵刃，要死得有尊严。杨广先是要求饮鸩，后改以练巾缢死。杨广为什么对亲生父亲那么残忍、刻薄呢？而且，杀皇帝这种事情，越隐蔽越好。而像《通历》记载的那种场面，几乎是半公开的，生怕知道的人少一样。所以，这段记载也不大可信。

以上两段史料就是杨广弑父的基本材料。但是，这两段记载都存在明显的硬伤，在写作的时候非常不严谨，带有市井传闻的色彩。所以，《资治通鉴》虽然引用了这两段史料，也不敢确定，慎重说明：“今从《隋书》。”杨广弑父一说，缺乏站得住脚的直接材料。

第二方面，我们来分析引爆杨坚—杨广父子关系的那桩桃色事件。

杨广事后把陈贵人收入自己的后宫，这是事实。后来人都觉得这难以接受，是骇人听闻的丑闻。可是要知道，南北朝时期，北方受到少数民族风俗的影响，存在儿子收纳父亲姬妾的风气。这种风气延续到隋唐时期，如唐太宗李世民收纳齐王李元吉的侍妾，唐高宗李治收纳武则天，都是这种情况。所以，杨广把陈贵人收入后宫，在当时也是正常现象。我们不能以此来推断杨广因为陈贵人的缘故，对父亲杨坚发难。

同时，面对即将咽气的老皇帝，年轻的嫔妃们为自己预留退路，也是人之常情。陈贵人应该也有类似的打算。况且，她和杨广早就有密切的联系，向杨广示好是她最现实的选择。最后，陈贵人本身也不是什么烈女节妇，不然就不会在杨坚去世的当天夜里，就和杨广成全了好事。从杨广这方面来说，他和陈贵人一起服侍病重的杨坚，相处了几个月时间，都平安无事。几个月都忍下来了，杨广为什么在最后一刻迫不及待，要强暴陈贵人呢？综上分析，在隋文帝杨坚临死之前，杨广和陈贵人勾勾搭搭是很有可能的，意欲强暴陈贵人的可能性则不大。即便有强暴的行为，陈贵人激烈反抗的肯定性也不大。

第三方面，杨广弑父夺位一说，在逻辑上存在诸多不通顺的地方。比如，柳述、元岩是杨广、杨素的对立面。柳元二人接受了杨坚改立杨勇的命令，为什么把这么重要的事情拿去给杨素看？这是令人费解的事儿。

又比如，仁寿宫地处深山老林，交通不便。当时，杨广、杨素掌握的武装力量，已经彻底地控制了宫殿内外、断绝了交通。一切都在杨广、杨素的掌握之中了。隋文帝杨坚又是病重不治，即将死亡。杨广为什么不静静等待父亲去世，而下令张衡杀害垂死的父亲呢？杀死杨坚，只是早几天让杨广当皇帝而已，却会让他背上弑父夺位的罪名。从常理上分析，这样做得不偿失。

再比如，隋文帝杨坚非常清楚，废立太子是一件大事，牵涉到方方面面。在废黜杨勇的问题上，杨坚就犹豫了多年，可见他是非常慎重的。杨坚还很清楚，废黜杨勇导致暗流涌动，后遗症不少。而如今的太子杨广，羽翼丰满，个人能力和政治势力都远在杨勇之上。再看看自己，杨坚行将就木。他还有能力废掉杨广，把杨勇重新扶上台吗？因此，杨坚有无明确下令更换接班人，是存疑的。

第四方面，《隋书》中的其他记载又证明隋文帝杨坚是正常死亡的。

术士卢太翼之前劝谏杨坚不要去仁寿宫休养，说杨坚会有去无回。杨坚把卢太翼关进大牢，准备从仁寿宫返回后开刀问斩。想不到，卢太翼的预言是真的。临死之前，杨坚想到了这件事，把太子杨广叫到床前，交代说："卢太翼非常人也，前后言事，未尝不中。我来仁寿宫那一天，他就说我回不去了，今日果然如此。我死了，你就放了他吧。"此事记载在《卢太翼传》中。

杨坚临终前，还过问了自己的陵寝事宜。他召见了当年修筑独孤皇后陵寝的大臣何稠。他对何稠说："你既然曾经安葬过皇后，现在我死了，你也要好好安置。属此何益，但不能忘怀耳。魂其有知，当相见于地下。"可见，杨坚临终前很怀念独孤皇后。接着，杨坚又搂着杨广的脖子叮嘱道："何稠办事用心，我把丧事托付给他，有什么事情你要和他商量。"此事记载在《何稠传》中。这两处记载丝毫看不出有宫廷政变的迹象。

《隋书》既记载了杨坚死亡和杨广继位的种种不寻常之处，令人生疑，又收录了似乎相反的事实，看似矛盾，其实是秉承了“有事必录”的史学原则。虽然是巧合，尽管可能引发后人争论，但只要是真实发生的，史书都记录了下来。至于杨广“秘不发丧”的原因，可以从现实操作的层面去解释。

三

那么，仁寿四年七月的仁寿宫，到底发生了什么呢？

在当时的山林深宫之中，各方力量看似都一心一意地伺候病榻上的杨坚，实际上种种联络、谋划早已结成了一张网络，覆盖在了仁寿宫之上。其中一条重要的密谋线索，就是太子杨广和宰相杨素互通消息，确保杨广能顺利登基。想不到，信件阴差阳错送到了杨坚手里。杨坚看了信件，明白了自己宠信的太子杨广，其实有着另外一副面孔，而身边的重臣杨素也有着不为人知的一面。不过，久经政坛风波的杨坚很清楚，权力角斗场中的人们，都是如此。他自己就是在各种明争暗斗之中挺过来的。所以，杨坚虽然感到失望，感到凄凉，勉强也能接受现实。

就在此时，不远处的房间里发生了杨广和陈贵人之间的桃色事件。此事本可以化为一桩秘密，永远不为人知。但是，陈贵人回到杨坚寝宫中出现了失态，敏感多疑的杨坚很快就逼问出了事实。陈贵人本能地把责任推给杨广，说是“太子非礼”。短期内的两件事情叠加，杨坚感到胸中一阵酸楚，愤怒之心油然而生。

侍疾的柳述、元岩等人，迅速抓住了杨坚的情绪变化。柳、元这一派势力是杨坚树立起来制衡杨广、杨素的。他们很清楚，一旦杨坚驾崩杨广即位，自己绝对没有好果子吃。眼看着杨坚就要归西了，柳述、元岩肯定很焦急，寻找机会要巩固自己的权势。这个时候出现了不利于杨广的事态发展，杨坚正处于对杨广的严重不满、愤怒情绪当中。柳述、元岩决定火上浇油，扳倒杨广。他们很可能劝杨坚废黜杨广，重立杨勇。

杨坚可能口头答应了，也可能没有答应，但是柳述、元岩迫不及待地就开始草拟诏书了。消息被同为侍疾大臣的杨素知道了。于是就有杨广、杨素联手，调兵接管仁寿宫的一幕。这一幕充分表明了两派政治力量相差悬殊。柳、元等人完全是杨坚硬生生扶持起来的，缺乏根基，一点儿兵权都没有。杨广很快就完全控制了仁寿宫。病重的杨坚，事实上已经丧失了任何权力，只能安静地走向死亡。杨坚了解了情况后，也平静接受了现实，交待了释放卢太冀、安排何稠负责丧事等等。

总之，杨坚生命垂危之时，仁寿宫确实出现了变故。杨广为确保顺利继位，联合杨素的所作所为，都是常理可以理解的。他的敌人是对立的柳述、元岩等政敌，而不是要谋杀父皇。只是，杨广、杨素的调兵遣将行为，和杨坚的死，时间高度重合，再加上杨广掌权后杀戮杨勇、迫害政敌的行为，都惹人怀疑。这可能是杨广“弑父夺位”传闻兴起的重要原因。

至于杨坚死后，杨广秘不发丧的原因，可以从实践操作的角度理解。仁寿宫远离京城，冒然立刻发丧，可能会因为信息传播、京城空虚等原因，造成不必要的骚动。所以，杨广等从仁寿宫返回京城后，再发丧的做法也是可以理解的。

杨坚在位 24 年，享年 63 岁。《隋书》评价杨坚“鸿恩大德，前古未比”，并没有赞誉过度。隋朝给他上庙号“高祖”，谥号“文”，史称杨坚为“隋文帝”。

大业开国

一

杨广在杨素的配合下，成功接班，登基做了新皇帝。八月，杨广护送着父亲的灵柩回到大兴城，正式接管隋朝的天下。杨素拥立有功，继续做他的尚书左仆射；宇文述是杨广的老搭档，又是拥立的重要功臣，现在被任命为左卫大将军，封为许国公。为了装点门面，高颎被起用为太常卿。

杨广很快公布了隋文帝杨坚的遗诏。杨坚的遗诏有六百多字。首先，遗诏概括了杨坚的执政过程："庶藉百僚智力，万国欢心，欲令率土之人，永得安乐，不谓遘疾弥留，至于大渐。此乃人生常分，何足言及！但四海百姓，衣食不丰，教化政刑，犹未尽善，兴言念此，唯以留恨。"马上，遗诏话锋一转，谈到了杨坚的"家事"，谈到了权力交接问题："人生子孙，谁不爱念，既为天下，事须割情。勇及秀等，并怀悖恶，既知无臣子之心，所以废黜。古人有言：'知臣莫若于君，知子莫若于父。'若令勇、秀得志，共治家国，必当戮辱遍于公卿，酷毒流于人庶。今恶子孙已为百姓黜屏，好子孙足堪负荷大业。此虽朕家事，理不容隐。"遗诏指出"皇帝的家事也是国家大事"，要把权力交给合格的接班人。杨勇、杨秀这样的人，品格恶劣、为非作歹，如果把国家托付给他们，会祸害天下，所以杨坚废黜了他们。那么，天下要交付给谁呢？"皇太子广，地居上嗣，仁孝着闻，以其行业，堪成朕志。但令内外群官，同心戮力，以此共治天下，朕虽瞑目，何所复恨。"遗诏的这段话，明确了杨广继位的合法性。这是整个遗诏最核心的内容。此外，遗诏还有丧事从简，地方官员不用奔丧的内容，也有根据实际情况，修订律令格式的内容，都属于官样文章。

南北朝时期，皇权交替的时刻，往往祸起萧墙，皇子们相互厮杀争位。杨广的四个兄弟，两死一囚，能对杨广构成威胁的只有最小的弟弟、汉王杨谅了。杨谅镇守并州，握有军队，是五兄弟中唯一有能力威胁到杨广继位的。

杨坚死后，杨广怕这个弟弟起兵造反，就想学父亲当年矫诏对付宇文家五位王爷的招数，派人持杨坚的玺书去晋阳（今太原市西南）征召杨谅回京。杨广派去执行任务的人是亲信将领屈突通。

隋文帝杨坚生前对杨谅有一个基本认识，曾语气很重地告诫杨谅："你要好好地当个藩王，只有敬依朝命，别轻信故旧的话，不要荒废了国家法令！你这个小子，一旦没有了我，如果想轻举妄动，你二哥抓你就像抓笼内的小鸡一样！"杨坚警告杨谅要恪守规矩，不要妄动。为了防止小儿子遭人利用卷入不必要的危险，杨坚和杨谅偷偷约定，我如果征召你，会在"敕"字旁边别加一点作为记号。这个暗号只有杨坚、杨谅两个人知道。杨广不知道，他伪造的诏书中没有暗号。

有人认为，杨广不知道这个暗号，说明杨坚生前没有告诉他。杨坚临终时，连释放卢太冀这样的小事都吩咐了，为什么没有把征召汉王杨谅的暗号告诉杨广呢？这可是关系到天下稳定的大事啊。所以，有人就由此推断，隋文帝杨坚非正常死亡。杨广有弑父的重大嫌疑。

这个问题可以这么来看。杨坚和杨谅约定是他征召杨谅入朝的暗号，如果杨坚死了，这个暗号就没有用了。继位的杨广，完全可以以自己的名义征召弟弟入朝，不需要知道父亲和弟弟之间约定。杨坚不知道杨广会假冒自己、假传圣旨征召汉王杨谅，而且杨坚也没有必要把父子俩之间的秘密告诉第三人。所以，杨广假冒杨坚征召杨谅入朝，不能证明他有弑父夺位的嫌疑。

话说杨谅接到伪造的诏书后，惊出了一身冷汗。他想："父亲不可能忘记了这么重要的约定，这只能说明父亲已经不在了。二哥现在掌权了，假传诏书征召我入朝，极不正常，极有可能要加害于我？不然，他为什么不光明正大地以自己的名义传旨召见呢？"杨谅也是个政治欲望很强的皇子。早在大哥杨勇被废时，杨谅自以为手握天下精兵，对最高权力有所企图。他以防备突厥为名，早早地缮治甲兵，营造军械，图谋不轨。

杨谅就反复盘问使者屈突通。屈突通哪知道怎么回事，只能闪烁其词。杨谅就让屈突通先回去，自己"随后就到"。屈突通回去不久，杨谅的造反大军随后就到了，来和二哥争夺天下。他的造反行为得到了辅助自己的陈朝旧将萧摩诃的支持。陈朝灭亡后，萧摩诃请求贺若弼说："我现在是囚虏，命在旦夕，只想见见旧主，死无所恨。"贺若弼答应了，安排他去见陈叔宝。萧摩诃见到陈叔宝后，伏地号泣，从皇宫旧厨中拿来食物进献给旧主，最后垂泪辞别。看守两人的士兵都被萧摩诃的情谊所感动，自愧不如。隋文帝杨坚知道后感叹道："萧摩诃真是位壮士，一般人很难做到他那样。"因此入隋后，萧摩诃的境遇还相当不错，被授予开府、仪同三司的待遇，随汉王杨谅出守并州。生活还过得去，但往日手握重兵驰骋疆场的威风一去不复返了，萧摩诃常为此而郁闷。恰好汉王杨谅对待他非常亲善，两人于是走得很近。杨谅要起兵反对杨广，萧摩诃举双手赞成。

杨谅造反之后，接连犯了几个错误。第一，杨谅起兵的口号是“诛杨素、清君侧”，一下子就模糊了自己的目标，对天下号召力不够；第二，杨谅起兵缺乏充分的准备，太仓促了；第三，杨谅没有集合军队，直扑京师，而是兵分多路，同时进攻山东、关中两个大方向，削弱了自己的力量。很快，杨广就集中精锐的中央军，以杨素为主帅，迅速迎击杨谅。

杨谅和萧摩诃两人起兵，一个是争权，一个是发泄不满，重温往日辉煌。目的不纯，再加上萧老将军的武艺也生疏了，造反者远远不是前来镇压的杨素的对手。仁寿四年（604 年）八月，萧摩诃在清源（今山西省清徐）被杨素俘虏，被杀，时年 73 岁。杨谅被抓，押送京师。杨广假惺惺地说自己兄弟所剩不多，饶了杨谅的死罪，除爵为民，开除出皇家族谱，囚禁起来。但是杨广不给杨谅囚饭吃，活活饿死了他。杨谅属下的官吏和军民二十多万家都被流放。

杨坚不愧为是老皇帝，料事很准。杨谅果然可以当一个平安的王爷，不是争权夺利的料。可惜杨谅没有牢记父亲的训诫。

至此，隋文帝的五个儿子里，三子杨俊死于疾病和恐惧，长子杨勇、五子杨谅被杨广所杀，就只剩下隋文帝杨广和被废掉的四子杨秀了。隋末江都之乱时，杨广被乱军缢死。之前，杨广对杨秀不放心，携带他随行，就近监视。杨秀也死于乱军之中。他们五兄弟，无一善终，没有一个是正常死亡的。《隋书》评论说：“自古废嫡立庶，覆族倾宗者多矣，考其乱亡之祸，未若有隋之酷。”

二

杨广即位不满四个月，仁寿四年年底，一直居住在洛阳的陈朝末代君主陈叔宝死了。

照例，隋朝有关部门奏请追赠陈叔宝为大将军、长城县公。陈叔宝虽然是俘虏，可人家毕竟做过皇帝，按理应由现任皇帝确定一个谥号来盖棺定论。下面的官员不敢乱拟，恭请新皇帝杨广亲自来挑选。

对陈叔宝这个人，杨广是很有感情的。早年，杨广是征伐陈朝的军事主帅，陈叔宝名义上是杨广的俘虏。平定江南，是杨广的重要功绩。从内心深处来说，杨广觉得陈叔宝和自己有点相像，都出身高贵，都喜欢文学，都写得一手好诗，都非常感性。但是杨广看不起陈叔宝对政治的荒唐态度。在杨广看来，一个人的价值必须通过政治来体现，政治远高于文学。为了政治，杨广可以抛弃文学，压制一切欲望，想出最肮脏的阴谋诡计来消灭前进途中的障碍。而陈叔宝将文学和欲望放在了政治之上，导致了身败国灭。杨广暗暗告诫自己，一定要从陈叔宝的身上吸取教训。

为了给后世树立一个反面典型，杨广反复斟酌，给陈叔宝确定了一个谥号：炀。

《谥法》说："好内远礼曰炀，去礼远众曰炀，逆天虐民曰炀。"这是所有谥号中最坏的一个字，是后世对一个皇帝最糟糕的评价。

给陈叔宝"鉴定"完毕后，新年快到了。新皇帝登基需要改换年号。杨广又是一阵冥思苦想，敲定了两个字：大业。

"大业"和"大兴"一样，大气、雄浑，寓意吉利而明显。大业，伟大的事业。杨广好不容易才坐上龙椅，胸中有宏图大志需要付诸实践，只有"大业"这个年号才能表达内心的激动和澎湃。

第六章

王朝的形象工程

杨广即位后想造一个崭新的书房。素有隋朝第一能工巧匠之称的宇文恺又有了发挥的机会。杨广的书房除了传统的藏书和阅读的功能外，还要求风格独特、让人耳目一新（新皇帝喜欢标新立异）。最后宇文恺设计了一座美轮美奂的书房。书房的门口悬挂着锦幔，门上面放置了两只凌空欲飞的仙鹤。读者要进入书房的时候，只需要踏动地上的机关，门上的两只飞鹤就会冉冉飞起，收起锦幔，书屋的大门随之缓缓打开。

杨广毕生都在追求这种新奇的事物，感受新奇的经历。他三次北巡长城和突厥地区、一次西狩西域、三次南下江都、三次东征高丽，都亲力亲为。大凡精力充沛、动作频繁的君主，不是一代万人景仰的明君圣主，就是天人共弃的昏君恶主。杨广显然希望成为前者。

皇帝的新衣

一

杨广是一个复杂的、难以看透的人。也许因为杨广是一个感性的人，浑身散发着文人气质，很多事情很难用理性的标准去条分析，而是需要深入杨广的内心去认识，照着杨广的逻辑去分析。

隋朝的大臣们很快就发现新皇帝是一个滔滔不绝的政治演说家。每天早朝的时候，杨广牢固把握着话语权，从天文到地理，从内政到外交，他有说不完的话。必须承认，杨广是一个成功的演说家，玉树临风的外表加上激情四射的话语、富有震撼力的肢体语言、逻辑清楚的解释，他的演说并不枯燥，还相当吸引人。许多大臣都被新皇帝崭新的政治理念和充满诱惑的政治蓝图所吸引，相信杨广能够带领天下实现那样的目标。

杨广对国情的基本认识有两点：第一是天下还有许多问题需要处理，第二是隋朝已经积累了相当强盛的国力。所以他要调动隋朝的实力去解决那些矛盾和隐患。当然了，老皇帝杨坚也在努力解决问题，但在杨广看来父亲的动作太小，太慢，解决不了所有的问题，解决不了大问题。闲置国力，任由问题继续存在，那简直就是犯罪。现在，杨广说的最多的词就是“急迫”和“规模”，谈论最多的内容就是外交、军事、财富。渴望建功立业的杨广似乎对一切都充满好奇。他“召募行人，分使绝域”，派遣使者远至中亚、波斯等地了解风土人情。听说吐谷浑在青海高原放牧的波斯马能生龙驹，能够一日千里，杨坚就放了2000匹雌马去求“龙种”。结果一头龙驹也没有生下来。杨广依然很高兴，因为他起码知道了青海的波斯马生不下龙驹来。

雄心勃勃、好奇心强、惹些无伤大雅的麻烦，刚刚登上皇帝宝座的年轻人都有这些小毛病。杨广也不例外。但这些小毛病和杨广的勤勉相比，根本就算不上是问题。新皇帝杨广经常看奏折到深夜，即使是在颠簸的出巡旅途中也不例外。杨广随时关注政策的执行进展，会在深更半夜把相关官员叫醒来问某某政策的落实情况。杨广执政期间，每年都有好几项巨大的国家工程同时上马，而他对工程细节都亲自过问。最能说明杨广的勤奋和精力充沛的例子是这位文人皇帝在繁忙的政事之余亲自主持编纂了图书31部，共计17000卷。

杨广又不是那种办事只有三四天热度的人。多年的政治历练和太子生涯让杨广既有理论又有实践，对于政治有成熟的看法。基层的政治实践让杨广对官场同行的“惰性”极为厌恶。他要挑战这些惰性，革新政治。如果说父亲杨坚崇拜汉文帝和汉景帝，创建了类似“文景之治”的“开皇盛世”，那么杨广崇拜的是秦始皇和汉武帝。秦始皇也好，汉武帝也好，哪一个不是挑战惰性，驱动整个国家。作家张宏杰认为：“在普通人眼里，父亲杨坚的功业已经达到了极盛：四海一统，天下太平，国力昌盛。开国之君似乎没有给继承人留下多少创业的空间。然而心高气盛的杨广却不这样认为。在他看来，‘素无学术’的父亲为人行政目光短浅、器局狭小，因此他的统治表面上成绩斐然，实际上存在着许多重大缺陷。”杨广认为隋朝有着极大的发展空间，自己煞费苦心才获得江山，就为了得到一个操纵权力治理天下的机会。他说：“非天下以奉一人，乃一人以主天下也。”天下需要一个强有力的君主（秦始皇、汉武帝那样的）来引导、治理。而隋朝选择的人就是杨广。

杨广一即位就废除妇人及奴婢、部曲的课役，又将男子成丁纳税的年纪从 21 岁改为了 22 岁，多给予了农民一年休养的时间。大业元年（605 年），太常少卿裴蕴迎合杨广的喜好，奏请将南北朝周齐和梁陈的乐家子弟编为乐户，让擅长音乐百戏的人轮流到太常寺供奉，在乐府之中研究、传授乐伎，达成文化盛事。杨广非常赞赏这个建议，准许推行。结果隋朝的声乐人才队伍扩大到了 3 万余人。这个出主意的裴蕴是陈朝人，隋朝灭陈之前暗中投靠隋朝，成为隋军的内应。陈灭亡后，隋文帝杨坚在众多南朝北上的精英分子中特别褒奖了裴蕴，还要越级提拔使用。当时的左仆射高颖不清楚内情，开始还不同意提拔裴蕴，可见裴蕴这个人隐藏之深。现在杨广登基改元，裴蕴再一次把握住机会，投其所好，很快就升迁为了民部侍郎。随着杨广开始推行心中的宏图伟业，一场轰轰烈烈的举国建设运动在隋帝国开展起来，裴蕴这样的官员也开始交好运了。

二

杨广登基后第一项国家工程就是营造新都洛阳。

隋文帝杨坚即位后曾经营建了新都大兴。到杨广登基的时候，大兴城还没有最后完工。但在杨广眼中，父亲的大兴城已经落伍了，满载不了自己的勃勃雄心。他把目光投向东方。尉迟迥和杨谅造反都曾给远在关中长安地区的朝廷措手不及的打击。杨广吸取教训，决定营建洛阳作为新都，以防“关河悬远，兵不赴急”。部分大臣同意朝廷应该加强对东方的统治，但反对在已经有首都的情况下再造一个新都。杨广反问，谁规定天下不能有两个都城的？结果，杨广的这句话为中国创建了“两都制”。洛阳成为了“东都”。

国家还没改元，仁寿四年（604 年）底，杨广就下令征发数十万民工开始建造东都洛阳。

杨广在地图上划了一条线，命令在洛阳以北挖掘一道长逾千里的长堑，用于预防突厥骑兵南下，以拱卫规划中的新都。大沟在第二年（大业元年，605 年）年初就完工了。杨广紧接着放弃了汉魏洛阳城的故址，在洛阳城以西 18 里的地方重建新建造都城。他任命丞相杨素担任营建东都大监，全面负责营建工作，将作大匠宇文恺负责具体施工。杨广几乎是挖掘全国之力来造洛阳，每月役使工匠超过两百万人，发长江以南五岭以北的奇材异石输运洛阳。杨广看得重，杨素等人催得也急，结果劳工的劳动强度很大，死亡率在百分之四十到五十之间。装载劳工尸体的大车在东至城皋，北至河阳的广大地区内“相望于道”。结果，一座比大兴城更加宏伟的洛阳城在 10 个月内就完成了。

完工后的东都洛阳城规模巨大，“前直伊阙，后据邙山，洛水贯其中”，周长 52 里。南北最长处 7312 米，东西最宽处 7290 米，面积约 45.3 平方公里。洛水自西南向东北穿城而过，分全城为洛北、洛南两部分。洛阳城延续了大兴城的分区设计，城郭分为宫城、皇城、外郭城三部分。城北的宫城是皇帝居住和处理政务的地方，殿堂错落，其中最壮观的是即使在城外百里之外都能望见的干阳殿。殿庭周围遍种枇杷、海棠、石榴、梧桐及奇花异木。在宫城西南还有规模巨大、风景优美的上阳宫；宫城南边是皇城，是官府衙门所在地；外廓城是官吏私宅和百姓居住地方。洛阳城西是规模巨大的御花园——西苑。整个西苑周长 200 余里，“其内有海，周十余里；为蓬莱、方丈、瀛洲诸山……堂殿楼观，穷极华丽。”西苑有山有海，建筑丰富，规模远远超过了洛阳的城郭。杨素、宇文恺等人搜求的奇花异树、珍禽怪兽都放在那里；杨广看了以后，又下令全国各地州县定期贡献花木鸟兽充实花园。苑内百花秋冬凋零怎么办？杨广就命令剪彩绫为叶，编丝绸为花，保持园内“四季如春”。

洛阳城致命的问题和大兴城一样：没有居民。它是在图纸上规划出来的又一个首都，就像杨广的玩具，需要玩主把居民“放”进城内。城廓筑成的第二个月，杨广下诏迁徙豫州（洛阳所在地）的百姓和数万家富商大贾充实东都。在大业二年（606 年）五月、大业三年（607 年）十月，杨广又分别迁徙江南百姓六千余家和河北工匠三千余家充实东都。杨广推行政策的力度很大，洛阳城很快就成了人烟密集的都市。隋朝后期，洛阳鳞次栉比的酒楼和旅馆表明这座新都的成功——商业往往是一座城市繁华度的晴雨表。洛阳“北通琢郡之渔商，南运江都之转输”。洛阳的市场有各种各样的商品，如金、银、珠宝、瓷器、皮毛、丝绸等。来自西域各国和来自东方日本的商人，与洛阳本地的小商小贩一起拥挤交易，将这些商品辗转到世界各地。随着杨广在洛阳的时间越来越长，长到超过了他在大兴城的时间，洛阳城逐渐发展成了文化和政治中心。每次科举考试的时候，全国各地的举人都聚集在洛阳。

当以洛阳为中心的大运河开通后，洛阳在全国政局中就更重要了。

说到大运河，它是杨广启动的第二项国家工程。开凿大运河的命令只比修建东都洛阳的命令晚下达了四天。隋朝的天下刚为洛阳的修建工程贡献了数百万民工，马上又要为征调万余民工奔赴通济渠。而又在九天之后，杨广又下令江南建造万艘巨船。因为他给了五个月的期限，要求打通中原和江南的水上交通。通船时，杨广要南巡检验。大运河和南巡是一件值得大书特书的事情。我们暂且按住它不表，先说说杨广和突厥的事情。

启民可汗款塞

一

话说汉王杨谅造反的时候曾派人联络突厥启民可汗，企图借助突厥骑兵的力量争夺帝位。还没等启民可汗回话，杨谅的造反行动就失败了。双方联系的事情败露后，杨广一度怀疑启民可汗的忠心。启民可汗是仰仗隋朝生存的。杨广怀疑他以后，不允许突厥部落在长城以南休养生息了，命令他们全都回到塞外后，而且不能在长城附近游牧。

启民可汗离不开隋朝的支持，不得不在大业二年（606 年）年初亲自跑来求见杨广，解释突厥人的忠诚，希望消除误解。

杨广很乐意享受启民可汗“来朝”的感觉。为了炫耀大隋的繁华，杨广煞费苦心，把大量已经失业的乐工、舞者和杂耍人员都重新召集起来（北齐、北周、南齐、南梁、南陈等国的末代君主们留下很多这类人员），准备一场盛大的表演。启民可汗一行人来到隋朝的朝堂后，杨广先派人引导他们参观陈列的各种文物珍宝。启民可汗等人刚看过千奇百怪的中原文物，就被引导金碧辉煌的大厅中。刚刚坐定，鼓声响起，演员们装扮成狮子、怪兽、水人、虫鱼、龙龟等跳跃而入，塞满大厅。突厥人目瞪口呆，还没缓过神来，大厅中突然冒出一个巨大的鲸鱼模型，背景突然换成了缤纷的海洋。鲸鱼向空中喷出雾烟，转瞬之间从浓烟里冒出七八丈长的黄龙数条，紧接着又冒出神龟驮山，幻人吐火，令人目不暇接。启民可汗等人感觉就是置身天堂之中。等演出转变成舒缓的歌舞时，惊魂稍定的启民可汗匍匐叩头，请求杨广允许突厥民族穿汉服说汉语，归化为中原臣民。杨广很高兴，赞扬启民可汗归化隋朝的态度，但婉转地说民族融合是长期的过程，没有答应启民可汗部的突厥人加入隋朝的请求。

启民可汗的来朝让双方都探明了态度。有来无往非君子，杨广在次年（607 年）四至九月北巡榆林郡，亲往启民可汗驻地宴请可汗及其部属。

这是杨广的第一次大规模远巡。杨广很重视，把排场搞得很大。他将盛大的排场看成是震慑突厥等北方少数民族的锋利武器。你们看看，我泱泱大国、煌煌大隋，单单仪仗排场就能把你们给吓倒了，更别说背后的千军万马了。结果，杨广创建了一支由 36000 人组成的仪仗队伍，披金戴银，装备“只求最贵不求最好”，“及辂辇车舆，皇后卤簿，百官仪服，务为华盛”。此后，杨广每次出巡，衣饰绚丽的 36000 人的仪仗队伍前呼后拥，惊天动地。

北狩时，杨广的仪仗队后面还有十多万甲胄鲜明的正规军“护驾”。

最后连杨广都担心这样耀武扬威会不会把启民可汗等人给惊着了，于是就把隋文帝时期的擅长处理突厥事务的大臣长孙晟找出来，让他先去启民可汗部落通知迎驾。

启民可汗很会办事，听了长孙晟的解释后，不仅把属下突厥各部的首领都召集过来，还把依附自己的奚、室韦等数十个部落的酋长也都叫过来，一起迎接杨广。

一天，长孙晟在启民可汗的帐篷外看到道旁杂草丛生，就想让启民可汗当着各部酋长的面亲自拔草，整理营垒，恭迎杨广。启民可汗如果能这么做，杨广在北方各部面前该多有面子啊？于是长孙晟趁和启民可汗及各部酋长闲谈时，指着帐前的杂草说："那是大香草。"启民可汗傻傻地去闻了以后说："这草不香。"长孙晟就发话了："天子出巡驾幸某地，诸侯要亲自洒扫街道，翻整御道，表示致敬之心。我看可汗营帐前杂草丛生，还以为是留着香草迎驾呢！"启民可汗听出长孙晟的弦外之音了，忙说："奴才罪过。奴才的骨肉都是天子所赐。为皇上效劳筋力，岂敢推辞？只是我们是野蛮人，不知道中原法度，幸亏长孙将军恩泽教导。"他说完拔出佩刀，亲自除草。属下的首领和各部族长见启民可汗对隋朝自称"奴才"，心想"那我们就是奴才的奴才了"，赶紧拔刀除草、整修道路，惟恐落后。

启民可汗又征发突厥各部的劳力在西起榆林，东达于蓟（涿郡治地）的3000里道路上翻修了御道，宽百步，恭迎杨广驾临。杨广来了后，突厥各部表现得毕恭毕敬。启民可汗和义成公主敬献马三千匹，杨广赐物一万三千段。宾主尽欢而散。长孙晟事后因功升任右骁卫将军。

就是在突厥的地盘上，杨广也要炫耀隋朝的国力。他让宇文恺建造了一个能够容纳数千人的大帐，在里面宴请启民可汗及其部落酋长3500人。席间，大帐中仪仗罗列，歌舞升平，杨广慷慨地向各位客人赐物二十万段。史载"诸胡骇悦，争献牛羊驼马数千万头。"北方各少数民族共推杨广为"圣人可汗"。这一幕标志着隋朝在北方少数民族中的声望达到了巅峰。

宴会后，启民可汗又上表请求再与隋朝通婚，并再次表示突厥民族愿意更换服饰，融入中原民户。杨广觉得突厥民族和汉族的差距还是很大，回书表示“碛北未静，犹须征战，但心存恭顺，何必变服？”意思是说，“革命不分先后，工作没有高低”，北方边境不稳，离不开启民可汗的征战防守，还要启民可汗继续留在北方靖边。

启民可汗转化为汉人的愿望没有实现，终其余生突厥民族都没有和隋朝发生征战。

杨广此次北狩，还有一件大事是修缮长城。大业三年（607年），隋朝征发民工百万筑长城，大业四年（608年）再次征发二十多万民工筑长城。隋朝修缮了原北周王朝北部边境的长城与北齐的长城连接，基本完善了东至东海，西至宁夏之间漫长的防御体系。

二

杨广北狩期间出现了一些“不和谐的声音”。

早在杨广下诏征集散落民间的声乐人才的时候，高颎就很不以为然，上奏说：“此乐久废。现在征召相关人等恐怕无识之徒弃本逐末，竞相学习声乐，败坏了风气。”杨广觉得这话说得很刺耳，念高颎是老臣，把话放到一边不去打理。后来杨广在北方边界炫耀，又要修缮长城，高颎非常担忧如此奢侈豪举会消耗国力，惊扰百姓。私底下，高颎对同僚太常丞李懿说：“北周的宇文赟就是好乐而亡，殷鉴不远啊。”高颎又觉得杨广对启民可汗等人礼遇过厚，发牢骚说：“那些野蛮人知道中原的诱人财富和山川险易，恐为后患。”高颎最严重的一句牢骚是认为“近来朝廷殊无纲纪”。杨广辗转听到这些话后无疑是在兴头上被人泼了凉水，认定高颎是倚老卖老，诽谤朝政，下诏诛杀高颎（607年8月）。高颎时年67岁。他的几个儿子也都被流放边关服劳役。

高颎是隋朝建立和开皇盛世的关键人物之一。《隋书》评论他“当朝执政将二十年，朝野推服，物无异议。治致升平，颎之力也”。隋朝的许多制度和政策背后都有高颎的影子。高颎被诛后，天下莫不伤惜。后人也普遍为高颎感到冤屈。

高颎一案株连甚广。隋杨广北巡并与高颎私下议论朝政的贺若弼、宇文弼等人同日被诛杀。其中开皇名将贺若弼死时64岁，儿子充军边疆，妻女沦为官婢。开皇年代的另一个重臣苏威，在大业初期曾复官为尚书右仆射，现在也受到牵连被免官。

高颎一案可以看作是杨广在兴高采烈的时候，掸去衣服上的灰尘，挥走耳边的噪音的举动。开皇年代的许多重要人物以这种形式告别历史，真让人感慨世事难料。

三

那一边，杨广巡视了北方各族，修缮了长城之后，开始从榆林返回洛阳。一路上，杨广让甲士五十余万、马十万匹护驾，沿途旌旗辎重千里不绝。

杨广觉得坐在马上或者车子上不够气派，命令宇文恺建造了一座“观风行殿”。顾名思义就是一座行走着的宫殿。宇文恺用不同的车驾、零件组合成了这座巨大的宫殿，下面安放着轮轴，后面由民工推着前进。整个宫殿周长二千步，“以板为干，衣之以布，饰以丹青，楼橹悉备”，可以容纳侍卫数百人。这么一个庞然大物推移起来，声响震天，撼动大地，又一次震慑住了北方各族军民。他们还以为天上神宫下凡，在十里之外望见行殿，就屈膝稽颡，下马步行。临别时，启民可汗奉觞上寿，跪送杨广；突厥王侯以下袒割于帐前，不敢仰视。

第二年，大业四年（608 年），杨广再一次北巡。这一次是为了出塞查看长城。杨广由此成为了中国历史上唯一一位亲自察看长城工程修建的帝王。这一次出巡，黄门侍郎裴矩看到杨广喜欢巡视天下，炫耀四邻的特点，揣摩杨广可能对西域会有兴趣。于是他在杨广此次北巡期间献上自己编撰的《西域图记》三卷。书中记述了西域 44 国的风土人情、仪形服饰等内容。杨广满怀好奇地阅读了该书，把裴矩叫到跟前交流读后感。裴矩得以当面向杨广介绍西域的情况，夸口西域诸国奇珍异宝无数，而一直和隋朝过不去的吐谷浑也很容易吞并。杨广第一次被大臣描绘的美妙情景所蛊惑，决心像汉武帝那样凿通西域，于是任命裴矩总管西域事宜。隋朝下一个奋斗的方向转向了西北。

凿通西域

一

裴矩是隋朝的“西域通”。他在西北工作期间，很注意搜集西域各国山川险易、君长姓族、风土物产等资料，绘画各国王公庶人服饰仪形，还结交了大量胡商。这一切为裴矩规划隋朝的西域政策提供了扎实的基础。

大业四年（608 年），得到杨广支持的裴矩游说铁勒部落进攻吐谷浑。吐谷浑战败，伏允可汗率部退入西平郡（今青海东部），向隋王朝请降。杨广派遣爱将宇文述率兵出屯西平，准备受降。结果伏允可汗看到隋军强盛，在最后关头害怕了，不降，还率众西逃。宇文述在后面紧追，深入青海高原，连续两次大败吐谷浑军队，杀敌数以千计，俘虏王公贵族数以百计。前来归降的吐谷浑人口超过 10 万。至此，吐谷浑东西 4000 里，南北 2000 里的疆域成为了隋朝的领土。隋朝在此设立了鄯善、且末、西海、河源四郡。杨广的偶像汉武帝当年在西汉极盛之时，也只在青海东部的湟水流域设置过郡县。杨广凭借强盛的国力将中原王朝的势力渗入青海高原，将隋朝的疆域达到了极盛。此时的隋王朝东南到达大海，西到且末，北到五原，东西 9300 里，南北 14815 里。

裴矩除了挑拨铁勒和吐谷浑相攻外，在张掖的招商工作也取得了成功。

裴矩招商成功的秘诀是不计成本，完全不考虑商品交易的收益情况，只要西域的客商愿意来河西或者内地贸易就可以了。事先，杨广拨给裴矩一笔巨款，专门用来“补贴”西域的客商。有利可图又没有风险，谁都愿意开展对华贸易。结果裴矩很顺利地就吸引了西域十几个国家的商队来华贸易。

杨广从榆林巡视回来后，看到吐谷浑被解决了，西域各国和隋朝的商贸热情很高，决定在大业五年（609 年）巡视河西地区。裴矩连忙赶往敦煌打前站。

隋朝的皇帝来了，西域怎么也得出几个国王来“朝拜”一下。裴矩故技重施，派使者许下重利，说服高昌王曲伯雅和伊吾吐屯设等人，引他们晋见杨广。杨广西巡到燕友山时、高昌王、伊吾吐屯设和西域27个国家的首领在路旁觐见杨广。觐见的异族首领们都佩带金玉饰物，穿着华丽的锦缎服装，焚香奏乐，载歌载舞，热闹非凡。隋朝官府命令武威、张掖两地的男女老少都盛装出来捧场。如果有人的衣服或者车马不够鲜亮，郡县官府就要出面教育，教育不成就抓到大牢里去。结果御营附近数十里地都被汹涌而来的人群和车马给挤满了，人声鼎沸。杨广把“观风行殿”也给带来了，在上面盛陈文物，奏九部乐，设鱼龙曼延，宴请高昌王、吐屯设等30多个国家的首领。西北各族也看到了隋朝的实力与风范，惊叹不已。杨广感觉良好，在西北逗留到十一月才耐不住风沙返回东都洛阳。

此次西巡，杨广写了一首堪称是边塞诗精华的《饮马长城窟行》：

肃肃秋风起，悠悠行万里。
万里何所行，横漠筑长城。
岂合小子智，先圣之所营。
树兹万世策，安此亿兆生。
讵敢惮焦思，高枕于上京。
北河见武节，千里卷戎旌。
山川互出没，原野穷超忽。
撞金止行阵，鸣鼓兴士卒。
千乘万旗动，饮马长城窟。
秋昏塞外云，雾暗关山月。
缘严驿马上，乘空烽火发。
借问长城侯，单于入朝谒。
浊气静天山，晨光照高阙。
释兵仍振旅，要荒事万举。
饮至告言旋，功归清庙前。

伊吾吐屯设在朝见杨广的时候，将原来和吐谷浑有争议的几千里土地全都献给了隋朝。隋朝接管这片土地，并派遣将军薛世雄在伊吾筑城屯兵。从东汉末年开始断绝的中原经过西域与西方的交通至此重新打通。裴矩受命前去负责东西交通和通商事务。裴矩向西域诸国解释说隋朝在伊吾筑城的目的是方便和西方各国通商。实际上，杨广给他提供了充裕的资金在西域展开挑拨离间、政治暗示或者拉拢隋朝支持者的活动。隋朝进入西域的时间很短，但营造了卓有成效的以隋朝为中心的朝贡体系。西域各国相继对隋朝纳贡。裴矩安抚怀远有功，凭此跻身隋朝的核心权力圈。

二

杨广前脚刚回到东都洛阳，西域各国后脚就来“朝贡”和贸易了。

西域来的人很多——有稳赚不赔的生意，谁都会趋之若鹜的。裴矩知道杨广喜欢这样的热闹场面，建议杨广在洛阳举办大规模歌舞杂技表演，营造一个热火朝天的冬天来迎接客商。

杨广于是下令征召各地的奇人异士、歌手舞女来参加洛阳的演出。官府还要求洛阳及周边的百姓穿上锦绮衣服、插戴金银珠宝来城中充当游戏的观众。这些观众有十几万人。朝野百官的待遇稍微好一点，虽然也被要求衣着华丽充当观众，但可以按照品级次序坐在戏棚里观看。洛阳是一座新城，杨广仍觉得需要精装饰，下令街道两旁的店铺设置帐幕，将最丰盛的商品和酒食都摆出来。洛阳城中不能有任何犄角旮旯的肮脏地方，再小的细节也不能吝啬金钱去装饰，最后连街头卖菜的小贩都必须用昂贵的龙须席做摆菜的席子。外国人来了后，主管番邦事务的官员带着沿街与市民做买卖。事先百姓们都得到了通知，怎么向外国人招手，怎么应付外国人的问话。而饭馆酒楼得到的命令是只要看到外国客商来就拉他们进来吃饭，直到客商们酒足饭饱为止。为了显示隋朝的富足和百姓的热情好客，官府还严令外国客商吃饭喝酒后百姓不能要钱。如果有外国客商饭后坚持付钱，那么百姓就需要以更加坚决地态度说：“中原丰饶，吃饭喝酒一律不收钱。”

简单一句话：西域客商就是外宾，接待好外宾是当前最大的政治任务。

许多西域客商看到洛阳店铺鳞次栉比，装饰盛丽，珍宝充裕，隋朝的百姓遍身罗绮，既惊讶又羡慕，赞不绝口。但西域小地方来的商人中也有头脑清醒的人。有客人看到大街上的树木都用高级绸缎包裹树身，就问陪同的隋朝官员："我们沿途看到好多衣不蔽体的穷人，为什么不用这些装饰的丝绸布帛给他们做衣服。装饰城池有什么用呢？"陪同官员愧不能答。

洛阳城整整热闹了一个月才停止。杨广花费巨资让自己的国家在这个月中成为了"神仙之国"。有人质疑这么做的价值，杨广对亲信宇文述说："裴矩很了解我的心意。他常常想我所想，在我说出来之前就提出来了。如果不是一心为国，裴矩怎能做到这样呢！"

三

杨广即位以来大手笔频出，开皇年代十数年来积累的财富很快就见底了。但杨广的所作所为到现在为止取得了巨大的回报，隋朝牢固慑服了突厥和西域各个民族，赢得了崇高的国际地位。而且，隋朝在最初的几年继续高奏凯歌，扬帆前进。

杨广曾派朱宽进军浩瀚的西太平洋，希望征服海洋上可能的国家和民族。朱宽第二次入海招抚流求国，遭到了流求的拒绝。杨广派军远涉重洋进攻流求，斩杀流求王渴刺兜，俘虏了上万人口返回。

在南方，杨广派大将刘方进击林邑（今越南南部地区）。林邑国王梵志派兵抵抗。林邑的军队很有特色，他们乘坐巨象，呼啸围攻。隋军完全不适应象军，中原士兵和战马都没有这些长着两只长牙的巨兽。巨大的恐惧让隋军一接战就人仰马翻，节节后退。刘方后来想出了一个方法，在地上挖坑，坑上盖草，然后派兵挑战，把林邑的军队引到地坑群中。林邑的军队横冲直撞，纷纷陷入大坑，乱成一团。隋军再用巨弩射击大象。大象皮厚，没被巨弩射死，但也疼得嗷嗷乱叫，掉头向后跑，结果冲入林邑的军阵，踩死许多林邑士兵。林邑军队伤亡惨重。刘方这才率领隋朝大郡乘胜追击，连战连捷，很快就攻入林邑国都。这场战争的结果是隋军胜利了，水土不服，官兵死伤大半，只好在林邑刻石记功而还。大将刘方在半路上病死了。隋军虽然撤走了，林邑国王后怕不已，主动上表称臣，归附隋朝。

日本来朝

隋朝的四邻，剩下来就只有东北诸国没有说了。东北诸国主要是朝鲜半岛各国和日本。

朝鲜半岛在隋朝时处于三国鼎立阶段：高丽最强，其次是百济和新罗。隋朝和高丽的关系是一部漫长曲折的历史，留待下一章慢慢细说。百济和新罗与隋朝的关系都还不错。开皇元年（581 年）隋朝刚刚建立，百济就遣使朝贡。此后，百济朝贡不绝。新罗和隋朝之间有百济阻隔，对隋朝的朝贡不像百济那么勤快，直到开皇十四年（594 年）新罗才遣使入隋朝贡。隋朝将百济、新罗都视作是制约高丽的外邦力量——尽管百济和新罗恨高丽，但明哲保身并没有出兵相助。

日本（当时叫倭国）和隋朝之间隔着朝鲜半岛。直到开皇二十年（600 年），日本才第一次遣使入隋。隋文帝杨坚喜出望外，因为之前只在南朝有“倭国”遣使来华的记载，日本已经有百年没有来大陆朝贡了。打击杨坚情绪的是，日本是一个独立意识相对较强的国家。杨坚派官员向倭王阿辈鸡弥的使节询问倭国民俗。使者说倭王以天为兄，以太阳为弟，天黑时处理朝政，天亮即停止，把白天交给弟弟太阳管理。杨坚一听，火冒三丈。中国皇帝以“上天之子”自居，而倭国国王自称是上天的弟弟，那岂不成了中国皇帝（也就是杨坚）的叔叔了。杨坚斥之为荒谬之论，训令倭国国王改换称呼。

使者回日本后向摄政的圣德王太子汇报出使情况。圣德王太子对杨坚要求改名的训令不以为意，倒是对隋朝佛教兴盛的情况很感兴趣。他以求佛经佛法为名，第二次遣使入隋，目的还是加强中日两国的交往。

大业三年（607年），倭国派小野妹子为使节，鞍作福利为翻译，携带国书出使隋朝。国书是这么说明出使目的的："闻海西菩萨天子重兴佛法，故遣朝拜，兼沙门数十人，来学佛法。"因此使团中有数十名留学僧。他们是日本首次向中国派出的留学生。杨广对于海岛小国的倭国能够不畏艰险，翻山越洋前来"朝贡"非常高兴，认为这是自己威望远播的结果。但看到倭王国书，杨广和父亲杨坚一样，不高兴了。原来日本国书写道："日出处天子致书日没处天子，无恙。"杨广不能接受蕞尔小国的国王与自己平起平坐。他当即命令鸿胪卿（类似于外交部长）："以后如果蛮夷的国书狂妄无礼，就不要拿给我看了。"尽管内心不快，杨广还是热情接待了日本使团，并派遣文林郎、鸿胪卿掌客裴世清为正使，率领13人的代表团回访日本。

608年，裴世清在小野妹子的陪同下到达日本九州岛。倭王还下令在难波城（今大阪）高丽馆舍的基础上修建新馆，准备招待裴世清一行。裴世清使团先到达难波，并在皇室的隆重欢迎下进京（今奈良）。倭王多次派遣大臣带领数百人的仪仗，鸣鼓角来迎。裴世清觐见倭王，圣德太子和诸王、诸大臣，都头戴金髻华，身着锦紫绣织及五色绫罗参加会见仪式。倭王说："我听闻大隋在我国之西，乃礼仪之邦；我则区区岛国，偏居海隅，不识礼仪，孤陋寡闻，以至久不往来。今贵客远来，特意清扫道路，装饰馆会，以待尊使，希望听到来自泱泱大国的文明教化。"裴世清随即献上礼物和杨广的国书。国书的第一句就是"皇帝问倭王"，一下子将倭王降低到了隋朝藩王的地位，且是上级对下级的口吻。圣德王太子当即指出隋朝的国书贬低了倭王，裴世清对他说："隋朝皇帝德并二仪，泽流四海，以王慕化，所以派遣我来此宣谕。"裴世清又对倭王说："此乃我朝赐诸侯书式。"圣德王太子怏怏而退，考虑到日本需要向隋朝学习的地方很多，最后没有计较称谓和礼节问题。当裴世清回国时，倭国热情地宴请相送，再一次以小野妹子为正使、吉士雄成为副使组成使团护送裴世清归国。

该年年底，裴世清、小野妹子等人到达隋都长安。小野妹子向隋朝呈上倭王国书。这份国书是圣德王太子亲自撰写的，称隋朝皇帝为西皇帝，日本倭王为东天皇。鸿胪寺官员看到日本依然坚持平等格式，怕再惹杨广不高兴，就将这份国书扣了下来，没有交给杨广。

之后，隋朝和倭国关系发展顺利。倭国一共向隋朝派出了四批使团，全面考察了隋朝的政治、经济状况和佛教。日本与中国的交往与其他国家不同，带有很强的学以致用的色彩。其他国家与中国朝贡，更多看重商贸利润，而倭国看重的是中国先进的文化和制度。它在隋朝留下了许多留学生和留学僧。这些留学生和僧人，在隋学习时间很长，有的等唐朝建立了还没有学成归国。倭国和隋朝的友好交往，揭开了日本在唐朝时全面照搬中国制度、文化的序幕。

大运河与江南

一

大运河工程是杨广关注最多，隋朝出力最大的国家工程。

杨广总管江南十年，江南水乡在他的身上镌刻下了深深的痕迹。杨广娶了南方的妻子萧氏，又学会了吴语方言。杨广还留下了许多描写江南的诗歌，比如《早渡淮诗》：

潮鱼时跃浪，沙禽鸣欲飞。
会待高秋晚，愁因逝水归。

江南的水景在他的笔下惟妙惟肖。又如《江陵女歌》用平实流畅的语言记叙了一场发生在江南小桥流水上的爱情故事：

雨从天上落，水从桥下流。
拾得娘裙带，同心结两头。

但是如果把隋朝倾全国之力修建大运河的目的归结为杨广热爱江南水乡希望乘船重温江南美景，或者更细化为方便去扬州看昙花，那就犯了简单化的错误。杨广不是醉情山水，不顾一切的纯书生。没有皇帝生来就是玩主。杨广修建大运河有更深的考虑：

大运河在地理上贯通了南北，为南北交通增加了水运这么一个崭新的形式。如果将隋朝的天下比作人体，那么大运河就为人体搭建了一条新的血脉。它的畅通方便了全国的政令物资和人员交流。洛阳城修建的一大目的是加强对东方的控制，同样大运河的修建是为了加强对江南的控制——从东吴到南朝，江南产生了许多与中原政治中心对峙的割据政权。当年杨广就是以平定江南起家的，长期镇守江南，清楚江南的人文、风俗和经济。隋朝之时，江南早已不再是司马迁时刀耕火种的原始景象了，人口繁盛、市井繁华，在国家贡献赋税中的比例越来越大。大运河将南方的赋税、民工和人才源源不断地输往中原，几乎就是一条财富之河。后人有诗为证："东南四十三州地，取尽膏脂是此河。"

唐代诗人皮日休作诗咏叹大运河(《汴河怀古二首》)，将杨广修河同大禹治水相提并论：

万艘龙舸绿丛间，载到扬州尽不还。
应是天教开汴水，一千余里地无山。
尽道隋亡为此河，至今千里赖通波。
若无水殿龙舟事，共禹论功不较多。

的确，如此大规模地改造山河，之前只有传说中的大禹进行过；而杨广留下的大运河不是传说，实实在在地发挥了上千年的作用。遗憾的是，皮日休在诗歌中的赞誉是一个"假设句"，他在作品中对杨广修建大运河一事还是持批评态度的。这也是后人普遍的态度。为什么要批评这样一个出发点并不坏、让后世受益的国家工程呢？因为和之前诸项国家工程一样，大运河也是在无数民工的尸体上修建起来的，给当时的百姓带来了巨大的灾难。

有些工程是"功在千秋，利在当代"，而大运河是"功在千秋，祸在当代"。

当东都洛阳还是一个硕大无比的工地的时候，杨广又征发河南、淮北各地百姓一百多万人赶赴规划中的运河沿线。大运河工程分成数段，从洛阳西苑到淮水南岸的山阳（今江苏淮安）一段运河叫“通济渠”；从山阳到江都（今江苏扬州）一段有春秋时期吴王夫差开凿的“邗沟”，杨广对此进行了疏通。这两段运河组成了大运河的第一期工程，沟通了洛阳到江南扬州的水路交通。以后，杨广又两次大征民工，开通了从洛阳的黄河北岸到涿郡（今北京市）的“永济渠”和从江都长江对岸的京口（今江苏镇江）到余杭（今浙江杭州）的“江南河”。这四段运河连接起来就是贯通南北，全长 4000 里的大运河。现在我们看到的大运河是元朝政府在隋朝运河基础上裁弯取直、疏通加工的结果，称为“京杭大运河”。

修治运河的无数民工是看不到运河的辉煌远景的。当时官府督工很急，男人不够，官府把妇女也征发到工地来干活。国家共同上马的工程实在太多了，民间此时已经提供不了足够的劳动力了。隋朝政府规定百姓每年服徭役的时间不超过一个月，而且每年只能征发一次。现在各地官府不得不打破规定，连续征发民工，每次服役的时间远远超过一个月。许多人刚刚参加完前一个工程，侥幸生还，马上又被官府逼着去参加下一个工程施工。民工因为长时间、超负荷的劳动，恶劣的待遇和非打即骂的监工，更谈不上有任何医疗或者补偿措施，大批大批地死去。被征发的民工有超过一半死在了运河工地上。结果上千里长、四十步宽的河道在 171 天内就修成了。隋朝又创造了一个建筑史上的奇迹。

杨广对大运河期望值很高，验收要求异常严格。验收官员们在上游放下测量运河深浅的木鹅，顺水漂下。木鹅安装有一丈二尺长的铁脚，如果在某处停住，就表明该处挖得不够深。木鹅停在某处运河，就表示该段运河不合格。木鹅在某段运河先后停了百来次，杨广大怒，下令将负责这段运河的官员和民工五万人全部就地活埋。因此，运河沿线的官吏和民工都将缓缓漂流的运河看作是阎王的催命符，眼巴巴地盼着它快点离开自己的河段。

二

运河第一期完工后，杨广在 606 年和 610 年两次乘船到江都巡游江南。

《帝国的正午》这样描写杨广巡幸江都的情景："每次都乘龙舟而行。他的龙舟有四层，高四十五尺，长二百丈。最上一层有正殿、内殿、东西朝堂；中二层有一百二十房，都以金玉装饰，骇人眼目，下层为内侍们使用。皇后乘坐的叫做翔螭舟，略比龙舟小一点，其中的装饰一模一样。此外，又制号为'浮景'的大船七艘，三层高，殿中可击水为乐（类似现在豪华邮轮的游泳池）。随从船只，名为漾彩、朱鸟、苍螭、白虎、玄武、五楼、道场、玄坛等，数以千艘，供后宫、诸王、公主、百官、僧、尼、道士以及外藩使臣等人乘坐，并载有百司供奉之物。每次出游，都要用挽船民工八万多人，挽漾彩等高级舟船的有九千多人，称为'殿脚'，这些人都穿锦绣豪华的衣服，不仅干活，还要要求好看。除此以外，还有号为平乘、青龙、艨艟等小船数千艘，供十二卫禁卫军乘坐。船舟连绵二百余里，旌旗风帆，照耀川陆，一眼望去五彩锦绣。两岸又有长溜骑兵夹岸护送，同样绵延二百多里地，旌旗散野，蹄声隆隆。"

大运河沿途500里地以内的州县都要求向御舟献食。那些州县官员献上来的都不是一般的食品，而是山珍海味，一个比一个好。最后献食变成了攀比竞赛，各地方官逼着百姓给御舟置办酒席美食。每次吃饭的时候，杨广面前千奇百怪的南北佳肴都上百桌之多，根本就吃不完。随行的太监宫女、王公大臣有幸跟着吃。启程时，大量剩余的美食被就地掩埋，浪费无算。

也许前往江都的巡游本身比到达江都的活动更具有娱乐性，更吸引人的眼球。杨广在江都的活动反而没有记载（或许他根本就没在那干正经事）。反而是江都特产的一种花，因为杨广惹得天怒人怨的大巡游而殃及池鱼，落了一个坏名声。这种花就是昙花。昙花花期极短，只在深夜时节开放，不等天亮就凋谢了。看过昙花开放的人都盛赞它的冰清玉洁和淡香盈室。据说杨广对昙花的好奇心特别强烈，多次赶赴江都就是为了看看昙花。结果好端端的一个昙花被后人骂为"亡国之花"，真是冤枉。

大业三年（607年），杨广第一次巡游结束，从江都返回洛阳。饱览江南美景的杨广的场面依然很大，遍摆帝王法架，用他那庞大的仪仗队护卫，队伍绵亘二十余里，雄赳赳气昂昂地进入洛阳城。杨广回朝接见群臣，命令五品以上文官、武将按制度佩玉戴帻，漂漂亮亮，喜气洋洋地来见自己。第一次巡游期间，杨广的太子杨昭病死了。杨广也只悲伤了几天而已，心情很快就被巡游的欢愉给调试过来了。

这就是皮日休在作品中说的“水殿龙舟事”。五代的胡曾则直接将这旷古绝今的巡游看作是亡国征兆：

千里长河一旦开，亡隋波浪九天来。
锦帆未落干戈起，惆怅龙舟更不回。

三

杨广的智商很高，肯定也意识到了大规模的建设活动和不必要的炫耀挥霍了国力，与即位初期宽政爱民的思路背道而驰。但是他依然自负地认为自己的政策方针对国家的发展有利，符合百姓的长远利益。为了美好的未来，也为了尽快解决现有的问题，老百姓预支沉重的代价是合理的，也是合理的。没有付出哪有收获？杨广紧握权杖，坚信只要挺过最初的困难时期，隋王朝美好的日子就会来临。

统治阶层自然也意识了最近五六年来政策的消极结果。

他们有什么反应呢？

高颎已死，开皇前期君臣坦荡、齐心协力的局面也已经不复存在了。杨素在大业二年（606 年）就死了。杨广身边的执政团队主要有纳言苏威、左卫大将军宇文述、御史大夫裴蕴、黄门侍郎裴矩、内史侍郎虞世基。五人一起参政，人称“五贵”。五贵之中苏威并不受杨广的信任，在位象征意义大于实际意义。而其他四个人都是工于心计邀宠取信的小人。

宇文述是杨广的亲家、老臣，与苏威平起平坐，也是杨广的心腹。镇守江南的时候，宇文述就跟着杨广了，之后又为杨广夺嗣登基立下了汗马功劳，现在终于得到了丰厚的回报。杨广经常将各国贡品或美食赏赐给宇文述分享，以致往返皇宫和宇文述府邸的使者常常在路上相遇。

而宇文述表现得更加谨慎，“俯仰折旋，容止便辟，宿卫者咸取则焉”。针对杨广好奇心强的特点，宇文述常常进献奇装异物，讨杨广的欢心。杨广果然更加宠信宇文述。宇文述一时权倾朝野。左卫将军张瑾在公开谈论宇文述时说了几句宇文述不太爱听的话。宇文述当即瞪眼呵斥张瑾，使得后者害怕得赶紧开溜。朝廷的将军尚且如此，一般臣民更是见到宇文述像绵羊见到猛虎一样。宇文述为人也确有猛虎一般贪婪残暴的性格，知道别人有珍异的宝贝就一定要夺到手。一些富商大贾和河西的少数民族子弟（宇文述本身就是鲜卑人）就投其所好，争相贿赂他金银宝物，还拜宇文述为“干爹”，纷纷封官晋爵。最后宇文述家里金银财宝堆积如山，有宠妾美女数百人，家僮多达上千人。宇文述的荣华富贵当时无人能比。

说完宇文述说裴蕴。不客气地说，裴蕴就是一个奸臣加酷吏。他靠整治乐队得到杨广赏识。为了增加户口（户口多了就可以多征税，多拉壮丁出力），大业五年（609 年）裴蕴提出在全国再度貌阅，搜刮民户。裴蕴因而更得杨广器重，被擢升为御史大夫。当上最高监察长官后，裴蕴一意附会迎和杨广的意思，在审判大小案件之前总是先揣测杨广的心意，因此深得圣宠。大文豪、司隶大夫薛道衡是开皇老臣，写了篇《高祖父皇帝颂》，触发了杨广敏感的神经。裴蕴察觉到后马上弹劾薛道衡“负才持旧，有无君之心”，得到杨广的授权查办薛道衡。裴蕴实在找不到任何证据，最后竟然以“腹诽私议”（在肚子里说坏话）的罪名诛杀了薛道衡。南宋创造“莫须有”罪名的秦桧和裴蕴比起来，只能算是晚辈了。杨广统治晚期，天下反抗越来越多，就更离不开裴蕴了。裴蕴广撒罗网，镇压反抗，动不动就将相关人员满门抄斩，株连九族。裴蕴掌握御史、刑部、大理寺的实权，扩充监察人员，监视全国，权势膨胀。断狱轻重全由他一人决定，想收拾谁就收拾谁，想怎么收拾就怎么收拾。这样的人，不是奸臣、酷吏，又是什么？

“五贵”中的最后两个，地位逊于前三位。排在第四的是在西域和洛阳怂恿杨广大肆挥霍炫耀的裴矩。裴矩在处理外交事务上有一套，也有功劳，但进入朝廷核心后，明哲保身，只知道迎合杨广。

排在第五位的是不怎么抛头露面的虞世基。虞世基是负责朝廷机要工作的，负责上传下达。杨广的许多诏书就是他草拟的。隋朝宫廷每天的奏折数以百计，杨广口授的诏书每天也要写满近百张纸，虞世基竟然能够做到没有差错，可见这个人的公文处理能力相当强。但虞世基也是一个明哲保身的懦夫，知道杨广不是轻易能够劝动的人，又看到张衡[1]、高颖等人的悲惨结果，很害怕。他虽然每天都在杨广身边，但只知道点头称是，取悦杨广。虞世基在家庭生活方面也一团糟糕。他的继室孙氏，性情骄淫。虞世基管不了她，任由其奢侈淫靡。孙氏竟然将自己和前夫的儿子夏侯俨带到裴家来，一起鬻官卖狱，收取贿赂。裴家最后门庭如市，金宝盈积。虞世基的弟弟虞世南，在恶劣无比的环境中真正做到了“出淤泥而不染”，清贫独立，整天看书练习书法，保持了书生本色。

这样的皇帝和这样一帮大臣，隋朝的前途堪忧了。

---

1 张衡全程参予了杨广夺位的过程，为杨广立下了汗马功劳。但是，张衡本人并不是奸佞小人，相反忧心国事、刚正不阿。杨广继位后大兴土木，张衡进谏道，连年征发劳役，百姓疲敝，希望陛下休养生息。结果，杨广以“谤讪朝政”的罪名赐死张衡。

唐高祖李渊起兵掌权后，追赠张衡为大将军、南阳郡公，谥号“忠”。有人就认为，如果张衡果真是弑君凶手，李渊决不会给他“忠”的谥号，因为这牵涉到国家赖以维持的伦理道德问题。所以，张衡并没有杀害隋文帝杨坚，这也反证杨坚是正常死亡的。同时，也有人指出，唐高祖李渊当时正在争夺天下，需要争取人心。张衡生前交游广阔，在隋朝官场中有广泛的人脉关系，追赠张衡可以争取这批人的好感乃至支持。所以，给张衡上谥号“忠”，是一项政治举措，不涉及道德评价。 后人不能用张衡的谥号问题，来反证隋文帝杨坚的死亡问题。

第七章

攘外还是安内

故事讲到这里，杨广的日子已经非常危险了。他接手隋朝的时候，国家积蓄丰裕，制度富有活力，杨广本人又能力不凡，满怀壮志。这样的局面似乎是一个伟大时代开始的标志。但是四五年后，隋朝的国库就空了，百姓就在各个大工地上疲于奔命了，政治气氛就混浊了。杨广的急不可耐的情绪和草率频繁的政策是恶化形势的主要原因。

局势危险了，可还没有到达崩溃的程度。如果杨广及时总结经验教训，改弦更张，局势完全有可能好转。杨广也许也想与民生息，安定国内，但莽撞和好大喜功一旦占据思维主线，个人的改变就变得异常困难了。

东征高丽

一

隋朝在外交政策上的一次重大失败，将王朝推到了崩溃的边缘。

那个消耗了隋王朝最后精力的国家是高丽。高丽原本是朝鲜半岛中部的国家，在中国乱世时期不断向外扩张，先是灭亡了西晋的乐浪郡和带方郡控制了朝鲜半岛北部，接着迁都平壤，大败百济，占领了朝鲜半岛中部的汉江领域。国势鼎盛的高丽开始侵入中国东北地区，占领了辽东，开始与中原政权发生摩擦和战争。

隋文帝杨坚即位后，给高丽国王高阳下了一封措辞严厉的诏书，历数了高丽的种种不守属国礼节的恶行，并且用隋朝灭亡陈朝的故事来威胁高丽。高阳接到诏书后曾上表谢罪。高阳死后，儿子高元即位，开始时还向隋朝朝贡。可在开皇十八年（598 年），高元率领上万骑兵侵入隋朝的辽西地区。杨坚大怒，让汉王杨谅和高颎等人率领水陆大军 30 万讨伐高丽。这次进军非常不顺，杨谅率领的陆军刚出山海关就遭遇雨季，道路泥泞，军队供给出现严重困难。军队又爆发了瘟疫，很多士兵染病身亡，勉强走到辽河岸边，已经是强弩之末了。而从海上直接进攻平壤的水军被大风大浪吹死、溺死了十之八九的官兵。隋军没有能力作战了，只好草草撤退。尽管如此，高丽王高元还是被隋朝的军力震慑住了，主动谢罪，自称"辽东粪土臣元"。杨坚见人家主动认错了，隋朝一时又无力深入高丽作战，只好将讨伐一事搁置待议。

二

大业三年（607 年），杨广在突厥的启民可汗大营中做客。

发生在突厥营帐中的一件小事重新点燃了战火，将隋朝和高丽都引向了灾难的深渊。

原来杨广做客的时候，高丽王高元正好派遣了一个使团来找启民可汗。他们来干什么呢？当然不是普通的打招呼，握握手，送送礼那么简单了。启民可汗当时正在寻求隋朝的支持，不敢隐瞒高丽使团的到来，就把他们带去见杨广了。

高丽这个北方敌人竟然私下联络归附隋朝的突厥势力。这个消息极大震动了杨广。

高丽人想干什么？联络突厥一起对付隋朝，侵吞隋朝土地吗？

黄门侍郎裴矩在这个节骨眼上进言，给杨广的情绪火上浇油："高丽的领土是中国古代的孤竹国。周代将它封给了箕子，汉朝划为三个郡直接管辖，晋朝将这个地区归属辽东。现在高丽成了外国，还一再挑衅我朝。先帝早就想征伐教训他们了。只是因为杨谅无能，师出无功。

陛下怎么能让这个冠带之地继续沦落为蛮貊之乡呢？现在高丽的使者出使突厥，亲见启民，合国从化，必惧皇灵之远畅，虑后伏之先亡。陛下应该迫令高丽王高元入朝觐见。”杨广听得有疑问。裴矩继续说：“请陛下将高丽使者放还本国，让他们带话给高元，令他速速来朝。如果不来，皇上当奖率突厥，即日诛之。”

杨广深以为然，告诉高丽使者：“启民诚心归顺，朕才驾临他的营帐。明年朕将巡视涿郡，转告高丽王高元，速来朝见。否则我将和启民率领大军讨伐高丽。”

高元闻报后，怕了。他万万不敢去隋朝，见火气旺盛的杨广，怕三句话不合就被拉出去砍了脑袋。内心深处，高元不安心于做一个对隋朝恭顺的藩属，更不愿意放弃侵占的领土。所以，杨广的命令如石沉大海。高元一点动身的迹象都没有。

这还是第一次有人这么不给杨广面子。杨广龙颜大怒，高呼着要组织大军，踏平高丽。

这一回，隋朝的大臣们对杨广的命令提出了质疑。大臣们都同意讨伐高丽，但多数人认为现在并不是讨伐高丽的时候。天下多年来苦于兵役和劳役，百姓已经精疲力竭，出现了骚乱的迹象。有人开始逃离家乡，躲入穷乡僻壤开荒种地，逃避无休止的徭役。有人甚至自断手脚，逃避徭役，称之为“福手”、“福脚”。发动大规模的对外战争再行征役，势必对恶劣的局势雪上加霜。

像往常一样，杨广断然拒绝了大臣们的劝谏。大业七年（611 年），杨广下诏讨伐高丽，自己巡幸涿郡，命令天下官兵不论远近，都在明年春天到涿郡集中。第二年（612 年）正月，应征士兵全部集中于涿郡，共 113.38 万人，号称两百万；负责后勤运输的民工几倍于此。这是中国历史上前所未有的用兵规模。隋朝还通知了北边和西北的许多藩王到涿郡来观阅隋军的雄壮景象。准备就绪后，杨广正式下讨高丽檄文：“高丽小丑，迷昏不恭，崇聚勃碣之间，荐食辽东之境……朝觐之礼，莫肯躬亲……拒绝王人，无事君之心”，因此水陆分兵讨伐高丽。隋朝的陆军分为 24 队，分兵出发，一直走 40 天才走完。整支军队规模惊人，仅杨广的御营就绵延 80 里地。隋军进入高丽国内作战时，许多押送军需的民工还行进在河北、山东各地。

当时刚刚修完大运河第一期工程侥幸活下来的民工本来是可以回家的。现在为了开通水路运送军粮，杨广下令将大运河从洛阳继续挖到涿郡。那些可怜的民工不得不继续转战大运河第二期工程。

隋朝的水军集中在山东沿海。隋朝在东莱海口督造战舰三百艘，日夜赶工。民工们昼夜立于水中造船，长期浸泡在海水中劳累，腰部以下都长满了蛆，三分之一的人死亡了。

决策的时候，大臣们对天下百姓承受能力的担心成真了。东征高丽的兵役、徭役量超过了大业前几年国家工程征役量的总和。中原地区的人力、物力已经无法支撑庞大的战争，官府开始普遍征发妇女服役，同时命令江南的百姓出力、出军粮，北上涿郡服役。后来牛车都被征调完了，官府不得不征调人力小车30多万辆运输物资。这些小车由二个人推着前进，只能载米三石。道路遥远，米没送到军营就被车夫吃完了。车夫们没法交差，只好四处逃亡，成为社会不稳定因素。而所有的这一切都对正常的农业生产造成毁灭性的破坏。极少有人能够安稳从事农耕，粮食产量激烈下降，物价飞涨。再加某些地方出几个贪官污吏，百姓们的生活就完全过不下去了。

杨广还沉浸在踏平高丽的梦想之中。他任命爱将宇文述为扶馀道军将，负责陆军。宇文述当时的年纪已经挺大的了，杨广特许他带着家眷出征，便于照顾生活起居。杨广向宇文述解释说："古礼说，七十岁以上的人出征可以带着妇人，宇文公可以带家眷随军。"接着，杨广做了一个很不恰当的比较，说"项籍虞姬"就是先例。杨广挑选的水军统帅是在江南就认识的来护儿。来护儿在地方上政绩出众，杨广继位后被调入中央，升迁为右翊卫大将军，进封荣国公。现在，杨广任命来护儿为平壤道行军总管，率水军由东莱海口横渡黄海，计划从浿水（今朝鲜大同江）进入高丽。

大军刚出发，洛阳的官员就受命开始在金光门前搭建高台，以备举行献俘仪式。

三

杨广预料这将是一次胜利的行军，在出征前下令：“凡军事进止，皆须奏闻待报，毋得专擅。”他不希望战果和功劳都被前线将领占去了，牢固掌握着决策权，体验一下亲自指挥灭亡高丽的滋味。杨广甚至考虑到如果高丽主动投降的情况，下令前线将领要就地安抚接纳，不能纵兵掳掠。

三月，隋军强渡辽水，在东岸大败高丽军，乘胜围困住了辽东城（今辽宁辽阳市）。高丽军队突围不成，只能固守。隋军猛攻城池，几次就要攻陷了。情况危急的时候，狡猾的高丽人就声言献城投降。因为杨广之前的训令，所以前先指挥官只好停止进攻，赶紧跑过去报告杨广，询问如何处理。等杨广的命令传回军中，高丽守军早将城池加固，休整完毕了，根本就不提投降的事情。隋军不得不重新开始攻城。这样的情况出现了好多次。高丽人屡试不爽，每到危险时刻就说“我投降”，隋军眼睁睁看着高丽守军死里逃生，没有办法。后方的杨广被骗了好多次，还不醒悟，坚持要把所有指挥权集中在手里。

结果，辽东城久攻不破。隋军大军困于城下，人疲马乏，士气和战斗力大减。

挨到六月中旬，杨广急了，亲自跑到辽东城下，把前线将领痛骂了一顿，骂诸将无能，不会打仗。最后，他亲自指挥攻城，同时命令宇文述、于仲文、辛世雄、张瑾、卫文升等将领率 9 路大军 30 万人绕过辽东城，计划强渡鸭绿江，挺进高丽腹地，与来护儿的水军会师平壤城下。杨广此举无异于利刃掏心。宇文述等人很快杀向高丽后方而去。但他们是在敌人后方作战，没有后勤补给。所以出发前，宇文述等人命令全军士卒携带百日粮草。这些粮草加上盔甲、衣物、武器等，压得将士们无法承受。领军的将领们怕物资带少了，更怕士兵们沿途舍弃粮食，下令“遗弃米粟者斩”。上有政策下有对策，士兵们就在晚上睡觉的时候在营帐中挖坑把过重的粮食掩埋掉。三十万大军走到半路的时候，粮草就所剩无几了。宇文述对前途失去了信心，提议撤军，遭到了其他将领的反对，踌躇起来。

高丽大将乙支文德这时候跑来“投降”，其实是找个理由进入隋军营帐刺探军情。出征前，宇文述与于仲文接到密旨，说只要看到乙支文德这个人就抓起来。两人正准备将其扣压，尚书右丞刘士龙当时在军中，天真得认为乙支文德是来投降的，而且不相信杨广有什么密旨，所以怂恿于仲文放走了乙支文德——大概是想让乙支文德回去搞“统战工作”。乙支文德一走，于仲文就反悔了，既怕杨广怪罪又怕乙支文德把隋军的真实情况给透露出去，所以要带领大军去追捕。宇文述不同意。于仲文发怒了：“宇文将军率领十万之众，不能破一小贼，有什么颜面去见皇上！看来我们这一次要无功而返了。”宇文述也生气了：“你怎么知道我们无功？”于仲文说：“大军作战，能否功成名遂要看领军之人。现在将领之间各怀异心，何以赴敌！”宇文述被这话一激，驱赶隋军大部队渡过了鸭绿江。

那边，乙支文德被任命为高丽统帅，对隋军采取游击战。高丽军队与隋军交战时候佯装节节败退。隋军被连续取得的“胜利”所迷惑，渡过萨水（今朝鲜清川江），前进到距离平壤只有30里的山地。乙支文德又派人来诈降，说：“我们打不过你们。我要投降，如果隋军能够班师撤军，我马上将高元绑到天子行在谢罪。”宇文述不相信乙支文德的话，但考虑到孤军深入，连续作战，又没有粮草了，而前方的平壤城墙高大坚固，无力攻破。他假戏真做，以乙支文德答应投降，准备献出高丽王作为借口，下令全军撤退。

宇文述留了个心眼，为了防止乙支文德追击，命令隋军编成方阵，轮替后退，各阵之间互相警惕。沿途，乙支文德果然不断袭击隋军，隋军且战且退，在七月下旬到达萨水附近。渡河的时候，隋军没法再保持方阵了。乙支文德指挥大军趁隋军只渡了一半，发动总攻。隋军四散溃逃，大将辛世雄战死。宇文述等率领残部仓皇北逃，逃到辽东城时清点人数仅剩2700人，损失超过30万人。

大势已去，杨广在七月底从辽东撤围回国。

来护儿率领的水军，很快就到达了高丽沿海，还取得了几次接触战的胜利。但水军等了好几个月时间，陆军都没有挺进到平壤城下。水军部队开始粮食短缺，军心浮动起来。来护儿不得不挑选精锐武士4万人，直趋平壤城下，冒险决战。高丽军队出城交战，佯装大败，弃城而逃。来护儿纵兵入城抢掠（估计是抢粮食吃），队伍乱成一团。高丽大军趁机杀了回来，隋军惨败。来护儿只带着数千残兵逃回海上。杨广率领陆军撤退后，来护儿也跟着撤军了。隋朝第一次讨伐高丽的战役，以惨败告终。

四

东征高丽的失败是杨广政治生涯的第一次失败，对他产生了深远的影响。

杨广之前的政治实践是节节胜利，凯歌高奏。一生在顺境中的长大的他没有培养出政治家必需的抗挫折的能力。在失败的打击前面，他乱了方寸。

第一次讨伐高丽，杨广准备充分，拥有绝对力量优势，志在必得，结果惨败而归。更可恶的是，有多位藩属首领随杨广观战。杨广本来是想炫耀军功，让他们更加畏服自己，结果是落荒而逃，颜面扫地。杨广每一寸肌肤都要被怒火给烧焦了。撤军后，杨广将宇文述等败军之将统统关入大牢。宇文述毕竟是杨广的亲信，而且女儿南阳公主（宇文述的儿媳妇，宇文士及的妻子）哭哭啼啼地跑来求情，杨广不忍诛杀宇文述。最后，杨广将宇文述与于仲文两人除爵为民。倒霉的尚书右丞刘士龙被拉出来当替罪羊，斩首以谢天下，来对战争失败做一个交待。

前线领军诸将之间也相互指责。最后大家都把责任推到了于仲文身上。杨广也责骂于仲文。于仲文估计有高血压或者心脏病等慢性疾病，受到强烈刺激，扑通一声倒地不省人事了。同僚们赶紧把他送回家中。于仲文一回家就死了。

那一头，不甘心失败的杨广高呼“不灭高丽，誓不罢休！”他很快就宣布准备再次讨伐高丽，而且军队数量和物资准备都要超过第一次。第二年，（大业九年，613年）正月，隋朝下诏天下官兵再次集于涿郡。经过第一次大败，隋朝的天下已经到了涸泽而渔的窘境，实在难以再征发百万大军了。杨广就命令征召义务服役的军队之外，募民为骁果（志愿兵），给与各种政治优惠。等百万大军勉强拼凑好了，杨广第二次赶往辽东，御驾亲征。

行前，杨广做了三项人事安排：命令刑部尚书卫文升等人辅佐皇孙、故太子杨昭之子、代王杨侑留守西京长安；宇文述官复原职，再次出任征讨主将，来护儿继续统帅水军出征；留礼部尚书杨玄感在黎阳（今河南浚县东北，黎阳仓所在地）督运粮草。

第二次征讨高丽的杨广进展顺利。四月底，杨广渡过了辽水，亲率主力围困辽东城，派左光禄大夫王仁恭分兵进攻新城（今辽宁抚顺北），命宇文述等人再次率军直捣平壤。一干人等正打得满头大汗的时候，后方传来了晴天霹雳：礼部尚书杨玄感造反了！

为什么是杨玄感

一

杨玄感是老丞相、功臣杨素之子。出身显贵之家、官至尚书、被杨广委以重任的人怎么会造反呢？一切都得从头说起。

杨素既是隋朝的开国功臣，又是杨广夺取太子之位、登基、平叛的关键功臣。杨广当皇后，杨素权倾朝野，无形中对杨广形成了巨大威胁。杨广内心非常忌讳，对杨素“内情甚薄”，表面上对杨素礼遇有加，却找借口让杨素多休息，不让他参政议事。太史官说隋地所属的分野将有重大的丧事发生，杨广马上把杨素从越国公改封为楚国公，因为楚地和隋地属同一分野，杨广借杨素来拦挡丧气。大业二年（606 年）杨素病重不起，杨广频繁派遣名医前去诊治，还赏赐许多药品。暗地里，杨广逼问医生：“杨素什么时候死？”病榻上的杨素不肯吃药，弟弟杨约就劝哥哥要吃药养病。杨素悲哀地说：“我难道还要活下去吗？”杨素死后，杨广感叹说：“杨素不死，终当灭族。”现在杨素死了，杨广可以放心地给他立碑颂功，赞扬杨素“垂名迹于不休，树风声于没世”，是“竭尽诚节”的“茂绩元勋”。

杨素没了，杨广依然提防着杨家。

杨玄感是杨素的长子，长得体貌雄伟，有一副漂亮的须髯。但这个孩子有点“大器晚成”，小的时候呆头呆脑的。有人就怀疑杨玄感的智商是否正常。杨素坚定地对众人说：“我这儿子一点都不痴。”长大后，杨玄感文武全才，因为父亲军功，很快升为第二品官，在朝堂上和父亲并列而立。杨坚看到后，给杨玄感降了一等官衔，杨玄感拜谢说：“想不到陛下如此宠爱微臣，在公廷之上让我有机会敬奉父亲。”转任地方官后，杨玄感体现了很强的组织能力，对地方上的大小事务知道得一清二楚，属下官吏不敢有丝毫隐瞒。杨素死的时候，杨玄感正在担任宋州刺史，因为父忧去职。翌年，杨玄感被起用为鸿胪卿，继承了杨素楚国公的爵位，不久又升迁为礼部尚书。

杨玄感和杨素一样，感觉到了杨广的猜忌之心，很害怕。杨玄感和父亲消极的害怕不同，采取了积极反抗的态度。显贵的家世、顺畅的仕途让杨玄感产生了不切实际的念头。他看到朝中遍布父亲的门生故吏，而朝政越来越紊乱，就和几个弟弟阴谋推翻杨广的统治，先拥立秦王杨浩，取而代之。大业五年（609 年），杨玄感跟从杨广出巡吐谷浑。行进到大斗拔谷这个地方的时候，车驾狼狈混乱，杨玄感就想袭击杨广的行宫，发动政变。叔叔杨慎拉住杨玄感说：“现在的隋朝，民心统一，国内没有大乱，尚不可图也。”杨玄感觉有理，这才没有动手。杨玄感觉得要起兵首先得有军队，所以四处活动，想谋个军职领一支部队出来。他找到兵部尚书段文振说：“玄感我世荷国恩，宠逾涯分，自非立效边裔，何以塞责！现在地方上不稳，我愿意执鞭军中，追逐军工。段公负责兵部，能否通融一下。”段文振告诉了杨广，杨广对杨玄感的态度很赞赏，对群臣说：“将门必有将，相门必有相，此言不虚。”于是杨广重赏了杨玄感，开始让他干预一些朝政，有时也交付部分军队。

隋朝处于鼎盛时期，杨玄感不敢贸然动手，那么当隋朝衰落的时候，杨玄感动手的机会就到了。

二

大业九年(613)春，杨广二征高丽，杨玄感在黎阳督粮。

杨玄感看到百姓怨声载道，人心思变，就和武贲郎将王仲伯、汲郡赞治赵怀义等人密谋造反。他计划先让杨广率领的前线大军没有饭吃，饿得他们打败仗，到时候好浑水摸鱼。因此杨玄感截流后方的粮草，不及时发送前方。杨广派使者逼促，杨玄感就借口“水路多盗贼，不可前后而发”。杨玄感的弟弟武贲郎将杨玄纵、鹰扬郎将杨万硕都在辽东军中打仗。杨玄感秘密派人招二人回来。来护儿的水军还聚集在东莱(今山东掖县)海面，没有按期出发。杨玄感决定抓住这件事情作为起兵的借口。他让家奴伪装是朝廷使者，从东北方面匆匆赶来，谎称:“来护儿造反了！”杨玄感就以勤王防贼的名义，关闭黎阳城，正式起兵。

杨玄感在黎阳城内大拉壮丁从军，取帆布为甲，扩充军队；按照开皇时代的旧制设置属下官吏；同时移书周边郡县，以“讨伐来护儿”为名要求各地派军，集结到黎阳听候调遣。

隋朝的天下已经堆满了干柴和硫磺，只要有一点火星，就会燃起熊熊大火。

杨玄感就点燃了第一把火。他起兵后，喊出了“为天下解倒悬之急”的口号，极具吸引人，一时间各地从者如流。远在余杭的百姓刘元进都举兵响应。杨玄感起兵还在隋朝统治集团内部导致了大分裂。大批年纪相仿的贵族官僚子弟赶到黎阳，“共谋大事”，有观王杨雄的儿子杨恭道、韩擒虎的儿子杨世谔、虞世基的儿子虞柔、裴蕴的儿子裴爽、周罗喉的儿子周仲等四十余人。光禄大夫赵元淑、兵部侍郎斛斯政等人都响应杨玄感起兵。在众多响应的贵族中，有一个人是杨玄感的刎颈之交:李密。李密的爷爷李耀是北周的邢国公，父亲李宽是隋朝的蒲山郡公，他自己才兼文武，尤其喜欢研究兵书，平日以救世济物为己任。他继承蒲山郡公的爵位后，散尽家财养客礼贤，结交各界朋友。大业初年，杨广曾授予李密亲卫大都督的职位。李密不喜欢，称病辞官回家休养去了。听说杨玄感黎阳起兵后，李密马上冲出家门，赶来相助。黎阳城收兵纳贤，力量迅速壮大。

起兵引起这么大的反响，出乎杨玄感的意料。一开始的时候，他还用“讨伐来护儿”为号召，现在撕去伪装，将起兵矛头直接对准杨广。杨玄感把死去的老皇帝杨坚给搬了出来，说：“先公杨素曾奉高祖文皇帝遗诏，曰：‘好子孙为我辅弼之，恶子孙为我屏黜之。’”因此，杨玄感有为朝廷驱逐暴君的权利和义务。而杨广即位后的所作所为，显示他就是一个暴君、昏君。所以杨玄感“上禀先旨，下顺民心，废此淫昏，更立明哲”。

这样的政治宣言引起了天下一片赞誉声。

杨玄感的宣言传到前线，辽东战役正在关键时刻。杨广充分发挥隋朝人多力量大的优势，命令将士每人装土填一个布袋，然后将土袋堆到辽东城前。百万大军，每人堆一袋，很快就铺成了一条宽 30 步和城墙一样高的“鱼梁大道”。隋军真正做到了将辽东城围得是水泄不通。天下头号能工巧匠宇文恺已经死了，杨广又挖掘出一个叫做何稠的高手来。他为杨广建造了“六合城”，带到辽东来。这是座周围八里、高十仞的大城。城上布列甲士，刀枪如林，旗帜飘扬。此外，杨广还造了高于辽东城的楼车参予攻城。隋朝大军日夜俯射辽东城内，打得高丽人毫无还手之力，哀号震天。

杨玄感造反后，这一切都成为了无用功。中原腹心大乱了，征服一座辽东城又有什么用呢？杨广勒令全军前队变为后队，后队转为前锋，返身杀回中原，务必要将杨玄感大卸八块。

隋朝第二次讨伐高丽的战争就这样草草收场了。高丽守军一夜之间，发现隋朝大军消失得无影无踪了，开始还以为是杨广使诈，连出城查看消息都不敢，只在城内鼓噪，高喊“追击追击”。高喊了两天，高丽人见城外还是没有动静，这才派几千士兵追击，追上了若干老弱病残和掉队的散兵游勇。隋朝囤积如山的军需物资和攻城器械，全部成了高丽人的战利品。

东莱的来护儿忽然听到各处在传闻“来护儿造反了”，觉得特别诧异，没几天又听说“杨玄感谋反了”，这才知道怎么回事。来护儿不顾部将们的反对，毅然决定停止进攻高丽，挥师西进，同时派儿子来弘、来整去见杨广，解释自己没有造反并且已经撤军反攻杨玄感去了。杨广对来护儿擅自撤军的行为非但没有责怪，还对来弘二人说：“你们父亲擅赴国难，真是个诚臣。”

此时坐拥大军的杨玄感正挥军围攻洛阳。

辽东前线的左卫大将军宇文述、右卫将军屈突通和来护儿的部队及时回军，迅速对杨玄感形成了反包围。

三

杨玄感的谋主是李密。李密给老朋友提出了上中下三条进取之策。上策是趁辽东大军仓皇南撤，士气和战斗力低落，主动北上占领幽州，断绝杨广后路。如果正面消灭了杨广，天下就定了大半；中策是趁关中空虚西入长安，控制潼关（今陕西潼关东北），到时局势再坏也能够割据地势相对封闭的关中地区称霸一方；下策是就近进攻东都洛阳，但胜负难测。

杨玄感选择了下策。因为他决定自己为天下人起兵，如果连近在眼前的洛阳城都不攻克，如何示威，同时隋朝百官的家眷都在东都，占领洛阳可以产生巨大政治威慑力。于是，杨玄感渡过黄河，全军围攻东都洛阳。

杨广留守洛阳的是皇孙、越王杨侗，民部尚书樊子盖等人辅助。

洛阳守军看到杨玄感气势汹汹，不敢接战，全力固守，坐等援军。

洛阳城是百万民工修建的新城，城郭坚固，城内物资齐全。杨玄感的军队一直难以攻克，困在了坚城之下，结果被四处赶来的隋军给反包围了。

杨玄感不仅缺乏战略眼光，而且在用人问题上也犯了错误。他在征战中俘虏了隋朝著名的文臣、内史舍人韦福嗣，就轻易收为心腹，将军旅机密都和他商量，冷落了李密。韦福嗣不想造反，只是做了俘虏无奈加入了杨玄感一伙。每次商议政事的时候，他都首鼠两端，说话模棱两可。杨玄感要他发挥特长，写讨隋檄文，韦福嗣坚决不肯。李密劝杨玄感说：“韦福嗣并非我们一路人，心怀观望。明公初起大事，而奸人在侧，听其是非，必为所误。”李密建议杨玄感将韦福嗣斩首谢众。杨玄感没同意。李密知道自己不会被杨玄感信用，退出来对亲近的人说：“楚公造反了，却不想取胜，怎么办？我们迟早要成为俘虏！”后来韦福嗣果然找了一个机会，逃入东都洛阳，重回隋朝阵营——结果被杨广斩首示众。

杨玄感也有优点。他是一员猛将，作战时手拿长矛，身先士卒，挡路者死。军中将他与项羽相提并论。而且杨玄感善于治兵，士兵们都愿意为他效死力。因此杨玄感的军队虽然是短期拼凑而成，但战斗力很强，战无不胜。洛阳的攻防双方僵持之时，镇守长安的刑部尚书卫文升组织起两万军队，东出潼关救援洛阳。卫文升救援心切，主动挑战，杨玄感佯败，把卫文升引入埋伏圈，杀了一个大败。几天后，卫文升再次挑战。激战时，杨玄感让人大呼：“官军抓住杨玄感了。”关中部队不明真相，一下子懈怠下来，结果被杨玄感的骑兵冲杀得稀里糊涂。卫文升只带着八千人退回关中。

尽管取得了一些外围战斗的胜利，但杨玄感与隋朝大军纠缠，没有巩固的后方，粮草和军务供应很快就告罄了。杨玄感下了一步险棋，驱赶全部军队与隋朝大军决战。双方在北邙混战，一天内交战十几场。混战中，杨玄感的弟弟杨玄挺被流矢射死，杨玄感这才感到情况有些不妙。此时，杨广完全缓过劲来了，从容派遣武贲郎将陈棱进攻黎阳，屈突通守住河阳防止杨玄感北逃，宇文述和来护儿两人率领大军找杨玄感厮杀。

杨玄感意识到继续纠缠下去，自己就要变成瓮中之鳖了。他想起了李密之前的中策，决心跳出隋军的包围圈，进军关中。进军前，杨玄感派人去观众大造舆论，说：“杨玄感已经攻破东都，现在来取关中了。”李密对杨玄感说，进军关中是最后一搏，兵贵神速，切勿与隋军纠缠。杨玄感点头同意，率军冲过潼关，进入关中。宇文述等人率领隋军在后头追赶。

杨玄感开始进军很快，到达弘农的时候，有父老拦住杨玄感说：“弘农城空虚，城中囤积了许多粮食，很容易攻下。占领弘农，进可以绝敌人之食，退可以割地自保。”杨玄感一下子被弘农这块蛋糕给吸引住了，挥军攻城。结果弘农城一点都不好攻，猛攻三天都没有攻破。三天后，宇文述的追兵到了，缠住厮杀不放。杨玄感只能且战且行，连战连败，血本越拼越小，最后大败，向上洛（今陕西商县）方向逃窜。

八月初，杨玄感逃到了一个叫葭芦戍的地方。他日夜奔波，已经精疲力竭，卖不动脚步了。杨玄感自知末日来到，对弟弟杨积善说："我们失败了。我不能受人戮辱，你杀了我吧。"杨积善抽刀杀死了哥哥，然后自杀。杨积善自杀的时候力道不够，结果没死成，被搜索的隋朝官兵俘虏了。追兵割下杨玄感的脑袋，和杨积善一起送给杨广。杨玄感之变就此结束。

杨广下令将杨玄感在东都闹市曝尸三天，然后再千刀万剐，最后将骨肉烧成灰，扬灰解恨。杨玄感被灭族。弟弟杨玄奖是义阳太守，叛乱时想跑去和杨玄感一起干，结果被郡丞周玉杀死；弟弟杨万硕从辽东前线开溜，不知道是头脑发昏还是吃不了苦，竟然一路慢腾腾地走，还住在隋朝的传舍中，结果被旅馆负责人许华招呼官兵绑得严严实实的，押送涿郡斩首；弟弟杨民行，在长安担任朝请大夫，没说的，叛乱发生后就地斩首。几兄弟全都被千刀万剐。杨广还不解恨，下诏改杨玄感一家姓氏为"枭"，公布天下。

之后是漫长的追查杨玄感同党的工作。裴蕴是这方面的专家，一共杀了涉案人员三万人，全都诛灭全家，另有六千人被流放。杨玄感起兵初期，为了争取民心，将黎阳的囤粮发放给了周边百姓。事后，凡是领过囤粮的百姓全部坑杀。结果，杨玄感之变的军事行动很快结束了，但更大的恐怖气氛一直笼罩在相关地区，久久不散。

杨玄感失败后，李密和杨玄感的族叔杨询两个人秘密进入关中地区，躲匿在冯翊杨询老婆的娘家，结果还是被邻居告发了。李密被捕后，先是关押在长安，后来又和同党一起被送往杨广的行在高阳。途中，李密对同党们说："我们性命危在旦夕，如果到了高阳，下场既悲惨又恐怖。幸亏还在途中，我们不想想怎么逃跑，还等什么？"同党们都表示同意。有个同党私下里藏了许多金子。李密就让他把金子送给押送的官员，说："我们就要死了，这些金子拜托你来保管，一部分改善我们几个人的待遇，其余的都送给你。"官员得到了金子，乐得合不拢嘴，不自觉地放松了对一行人的看管。等出了潼关，看管已经非常松了。李密等人得到押送官员的允许，去集市上吃饭喝酒，每次都大口喝酒，大声喧哗，通宵达旦。押送官员觉得这是几个犯人在做“最后的疯狂”，不以为意。结果到邯郸时，一行人夜宿村中，李密等七人夜里挖墙逃走了！

迟到的捷报

一

杨玄感的叛乱给杨广提供了一个反省的绝好机会。杨玄感叛乱是一个分水岭，之前的隋朝虽然不乏汹涌的暗流和小规模的骚乱，但维持了表面上的安定；之后的隋朝天下遍地狼烟，暗流涌上明处，小骚乱汇聚成了大动乱。攻陷城邑的恶性事件不断发生。镇压叛乱应该成为隋朝的中心工作。但杨广还对东征高丽的失败念念不忘。他不能允许两次去办同一件事情都没有成功，何况第二次是自己主动撤军，功亏一篑。

大业十年(614年)二月，杨广召集百官商讨第三次讨伐高丽。

连续几天，满朝官员都任凭杨广滔滔演讲、威胁许诺，沉默不言。群臣知道议事厅外“群盗所在皆满”，局势已经病入膏肓了。隋朝急需集中精力安抚动乱。但杨广对高丽志在必取。第二次回军剿灭杨玄感时，杨广就进驻跸高阳(今河北定县)，根本就没回洛阳。他将剿灭杨玄感看做是第二次征伐高丽的一个插曲。现在杨广执意要完成未竟的事业，群臣又敢说什么，又能说什么呢？于是，隋朝决定再次征调全国军队和民工，讨伐高丽。

这是杨广在三年间第三次讨伐高丽。

杨广不是石头造的，目睹连年大兴土木、穷兵黩武造成的累累白骨，他也不能不动容。当然他也需要安抚百姓情绪，赢得出兵的支持。本次征讨高丽前，杨广派人收葬弃于荒野的征辽将士遗骸，设立道场祭坛超度死者亡灵。这么做的效果并不好，老百姓根本就不买账。隋朝官府很难征调足够的军队和民工。被强拉到幽州的士兵和民工们，纷纷逃亡。二月底，杨广来到北平郡卢龙县（今河北抚宁县内），在旷野中设坛祭祀黄帝。杨广主祭，将抓到的逃亡士兵斩首，以人血涂鼓，以示警诫。可百姓们软硬都不吃，逃避兵役、徭役和逃亡的人随处可见。幽州的许多道路上，一边走着被拉往前线的士兵和民工，另一边就是逃亡的百姓。一来一往，蔚为大观。

尽管第三次征讨高丽的准备工作最差，军队数量和军需物资最少，但取得的成果最大。

大将来护儿在辽东大败高丽军，乘胜进军平壤。高丽此前连年作战，已经三年没有正常耕作和生产了。粒米不留，举国饥馑，杂草丛中满是来不及收殓的尸骨。高丽根本就没法组织防御，只好遣使请降。参予杨玄感叛乱的原兵部侍郎斛斯政之前逃入高丽寻求政治避难，现在刚好被作为礼物送回隋朝，给高丽的乞降增加砝码。隋朝的战争机器也破败不堪了，比高丽好不到哪儿去。杨广见高丽举国投降了，在高丽国内也实在找不到什么有价值的进攻目标，见好就收，宣布“凯旋回朝”。

隋朝最终还是打赢了高丽。不过这样的胜利是隋朝用无法计算的物质付出将一个小国高丽给活生生拖垮，拖投降的，两败俱伤，没有任何可以炫耀的内容。

我们客观的做一下战后盘点，杨广征服高丽的价值不在于打败了一个敌人，而在于维护了自古以来在东亚地区以中国的中原王朝为核心的国际体系。裴矩进入唐朝后写了一部《通典》，认为“辽东之地，周为太师之国，汉家之玄菟郡耳。魏晋以前，近在提封之内，不可许以不臣。若以高丽抗礼，四夷必当轻汉。且中国之于夷狄，犹太阳之于列星，理无降尊，俯同藩服。”如果任凭高丽侵吞领土，蔑视隋朝的权威，那么势必对中国在古代东亚国际体系中的地位产生动摇，助长其他国家“有样学样”，向中国挑衅的气焰。从长远说，这对中国保持一个和平的周边环境不利。杨广阻止了高丽的扩张，吸引百济和新罗，打败（或者说孤立了）高丽，稳定了隋朝的东北局势，最后也为唐朝彻底臣服高丽创造了良好的条件。正是在唐朝极盛时期，以中国为核心的东亚朝贡体系也步入了辉煌。可以说，隋朝又一次为唐朝的辉煌预支了沉重的账单。

杨广之所以胜利得如此艰难，是因为他低估了高丽拼死抵抗的顽强意志，狂妄自大，导致了一系列的军事失误。隋朝为杨广的失误付出了惨痛的代价。三征高丽是一个过于艰巨的任务，不应该由隋朝的这一代人来完成，原本也可以不用完成成这样。为了对付高丽，隋朝征发河北百万民工开凿 3000 里长的永济渠，贯通黄河与涿郡，岸旁修筑 100 步宽的御道，种上杨柳树。沿河还建有许多粮仓，作为转运或贮粮所。可就是第一次高丽战争的 611 年，黄河发大水，淹没了两岸 40 个州。杨广熟视无睹，一心要积累物资对付高丽，不调拨一兵一卒和一粒粮食救灾。无情僵硬的政策、前所未有的压力严重破坏了隋朝已有的社会结构、税制、府兵制和经济制度，更让王朝失去了民心。

王朝也是有元气的，元气散了，王朝的命运就堪忧了。

二

杨广凯旋路上，车驾经过邯郸时竟遭到农民起义军杨公卿部的抢劫，被劫去御马 42 匹。

这年冬天，杨广在东都洛阳稍作逗留就迁往首都大兴城。

胜利了，但杨广还是觉得浑身不舒服。他命令高丽使者押斛斯政到太庙，说明前后来由。宇文述看着杨广铁青着的脸，揣摩他需要发泄失意愤怒的情绪，上奏称："斛斯政罪大恶极，天地不容，人神同忿。如果对他施用寻常的刑罚，哪能惩肃贼臣逆子，请变常法严惩斛斯政。"杨广想出了一个发泄的办法，下令将斛斯政缚于柱上，不砍头不上吊，而让贵族百官将他当作活靶子射箭。把斛斯政射成刺猬后，杨广命令百官操刀割下他的肉，放在锅里煮了吃。吃人肉，而且是吃昔日同僚的人肉，这是多么恶心的事情啊？可在杨广的怒视下，即使是读书人出身的斯文的大臣也不得不咽下人肉。一些佞臣为了拍杨广的马屁，大口吃肉，竟然吃到饱。斛斯政被吃成骨架后，杨广再焚烧骨头扬灰解恨。

做完这一切后，杨广还是心乱如麻。他在大兴没有呆上一个月又率领百官迁往东都洛阳。

转眼，大业十一年（615 年）的新年就到了。按例要举办元旦大朝会。

杨广在洛阳宫殿盛宴招待百官和藩属使节。事先，杨广征召高丽王高元入朝。让高元在元旦的时候朝贺自己，杨广内心可能会好受一点。但高元根本就不来，只派了使者来参加元旦朝会。杨广三年多来奋斗的结果就是要高丽臣服，高元的缺席让他觉得一切努力都没有得到回报。杨广拘禁了高丽使者，并下令整顿军备，扬言要第四次讨伐高丽。但是杨广也好，一般大臣也好，都非常清楚隋朝已经没有能力再发动大规模对外战争了。吐谷浑的伏允可汗也看出了隋朝的虚弱，趁机收复青海失地，骚扰西陲，重新成为隋朝的边患。杨广苦笑着，像平常一样大会宾客，像平常一样的观赏百兽鱼龙的戏法和盛大的歌舞，像平常一样的颁赏赐物。

喧哗过后，杨广独自在深宫饮酒，半醉半醒之间赋诗曰：

徒有归飞心，无复因风力。

杨广在心中默念，念着念着，眼泪就下来了，沾湿了整个前襟。

三

当年的八月，杨广决定再次北巡突厥。

有大臣劝谏杨广不应该在国家多事之秋大兴巡游之事。他们不知道，杨广巡视北方边界是假，真实目的是希望重演大业三年（607 年）在启民可汗营帐中受到四夷首领朝拜被推为“圣人可汗”的辉煌感觉。

杨广已经需要一些美好的回忆来支撑着，继续沿着脚下的道路前行了。

六年前（大业五年，609 年），隋朝的铁杆忠臣启民可汗就病逝了。同年，负责对突厥外交的长孙晟也去世了，时年 58 岁。少子长孙无忌继承爵位。

启民可汗病故后，儿子始毕可汗继位。东突厥经过启民可汗的苦心经营，势力相当壮观了。负责王朝外交的裴矩机械地执行“扶弱离强”的策略，认为始毕可汗部众强盛，需要扶持一个弱小的对立面与他竞争，保证隋朝的安全。裴矩就向杨广献策，离间东突厥内部，将隋朝公主嫁给始毕可汗的帝弟叱吉设，同时拜叱吉设为南面可汗。结果叱吉设不敢接受隋朝的好意，裴矩的离间策略没有成功，反而把始毕可汗给得罪了。始毕可汗渐渐对隋朝起了怨意。裴矩却为自己的失败找借口说："突厥人本来头脑简单，很容易被离间。但现在东突厥内部有许多狡猾的胡人，教导他们不要中计。我听说史蜀胡最奸诈，最受始毕可汗的信任。请皇上允许我诱杀史蜀胡。"杨广同意了，裴矩就遣人对臣服于东突厥的各个少数民族说："隋朝天子在马邑展开优惠贸易，有许多珍宝，想和东突厥下面的少数民族交易。只要来了，就能得厚利。"群胡信以为真，不告诉始毕可汗，就率领部落，赶着牛养，争先恐后地前来贸易。谁料，等待他们的是裴矩埋伏在马邑的大军。群胡被杀得干干净净。隋朝这才通知始毕可汗说："史蜀胡的部落来到我朝边界，说要背弃可汗，请我容纳。突厥既是大隋的臣子，这些胡人背叛突厥，我朝就有义务帮忙剿杀。今已斩之，故令往报。"始毕可汗不是傻子，早知道真实情况了，对隋朝的感情由怨恨转为了敌视，从此不再朝会杨广。

裴矩对突厥外交的失败就在于他不明白并不是所有的人都是可以利用的。过于现实，往往会将长期的朋友推向对立面。

杨广不知道突厥态度已变，依然出塞北巡，结果在雁门为始毕可汗的数十万骑兵团团围住。当时雁门守军只有 1 万 7 千人，形势危急。杨广慨叹道："如果长孙晟还在，肯定不会让突厥猖狂到这样的地步。"

随行的宇文述建议杨广在数千精锐轻骑的掩护下突围。此举遭到了众人反对。苏威说："我军擅长守城，骑兵作战是突厥人的特长。陛下是万乘之主，岂宜轻动！"内史侍郎萧瑀认为："义成公主嫁入突厥，可以派人告之公主，请她相助。同时将士们害怕陛下击退突厥之后，又要四征高丽。如果皇上能够公开发诏，告谕天下不征高丽、专讨突厥，则众心皆安，人人奋勇作战了。"虞世基、来护儿、樊子盖等人也纷纷表示赞同。杨广抖擞精神，下诏停止第四次征讨高丽的准备工作，亲自慰劳守军，给奋勇杀敌者开出重赏。雁门守军士气大振。同时，杨广下诏各地勤王。

四

杨广勤王令下。许多日后的枭雄参加了勤王的队伍。

屯卫将军云定兴组织勤王军队北上，许多贵族官僚将子弟送入军中效力。唐国公李渊没有成年的二儿子也在其中。李渊采“济世安民”之意将自己的这个二儿子取名为“李世民”。云定兴战前召开会议，商议进军策略。主导的意见是大军要轻装快进，迅速与突厥军队作战，争取救出皇帝。年轻的李世民很不以为然，对云定兴说：“我军勤王，必须大张旗鼓才有大胜利的希望。”云定兴很奇怪，问李世民为什么要高调进军。李世民胸有成竹地说：“突厥可汗率骑兵深入内地，围困皇上，采取的是突击战术。突厥人料定我们仓促之间无法救援。现在如果我们大张旗鼓，数十里之间幡旗相续，昼夜鼓声相应，就大大出乎突厥意料之外。突厥肯定会以为我朝四方勤王军队云集而来，突击战术已经失去意义。那时突厥骑兵必然撤围而去。如果我军现在轻装快进，与突厥大军硬碰硬决战，胜负很难预料啊。”云定兴略加思索，肯定了李世民的计划。云定兴率军大张旗鼓，稳步推进。事后，始毕可汗还真如李世民预料的那样，认为隋军勤王部队越聚越多，感到心虚。这一下，隋朝很多人都知道唐国公李渊有个很有军事头脑的儿子。

江都郡丞领江都宫监王世充也招募了上万人的队伍，千里迢迢赶到晋北勤王。王世充本人出身西域胡人，没有显赫的家世，只能靠自身努力步步提升。在招待杨广在江都游玩方面，王世充最活跃。当时隋朝各地有许多小股骚乱，江南也不能幸免。王世充就率领小股部队，剿灭江南各处的骚乱，从没打过败仗。但是王世充这个人伪善狡诈，表现得勤政清廉，沽名钓誉。在勤王的军中，王世充终日蓬头垢面，拼命催促部队赶赴雁门。一路上，王世充悲伤地哭泣，昼夜不解甲，困了就趴在草堆里眯一会儿。事后，杨广听到了王世充的“事迹”，非常感动，开始将王世充划入亲信大臣的圈子里来。第二年，王世充就被升为江都通守。

隋朝各地勤王军队陆续赶到，始毕可汗感觉越来越没有胜利的把握。这时候，与隋朝暗中联络的义成公主从后方派人来报警说北边依附的少数民族叛乱了，请可汗速回。始毕可汗匆匆撤围而去。

雁门解围了。重围时，杨广曾许诺要重赏奋勇杀敌者。现在他把这个承诺抛到了九霄云外，苦守雁门的1万7千将士只有1500人得到虚勋封赏，各地勤王人马什么赏赐都没有。

五

解围后的杨广，情绪坏到了极点。突厥降服，北方恭顺曾经是杨广最显耀、最成功的政绩。在东北和西北接连出现问题的如今，顺服的突厥是少数杨广可以寻找安慰的地方之一。现在连突厥人也反了，而且反得这么彻底，将杨广团团包围在乱军之中。这让杨广产生了巨大的心理落差，让他觉得多年的努力非但没有结果，而且使得朝政朝着相反的方向恶性发展。杨广的自信心受到了极大的打击。城外的每一阵喊杀声都似乎在嘲笑杨广的无能和失败，嘲笑杨广不配当一个合格的帝王。雁门保卫战最艰险的时候，流矢射入城内，射中龙椅。杨广竟然吓得抱住儿子赵王杨杲大哭。号啕的大哭声远达户外，杨广哭得双目红肿。随行的大臣们第一次看到杨广哭泣，一时不知所措。

在哭声当中，杨广的意志彻底消沉了。

如果说之前的杨广胡作非为，内心充满欲望和志向，那么之后的杨广不再胡作非为了，可内心也没有任何追求了。

九月，杨广车驾南行到达太原，大臣们纷纷劝杨广返回大兴。苏威就说："如今盗贼不止，士马疲敝。愿陛下还于京师，深根固本，为社稷之计。"杨广不愿意再听到什么社稷大事。宇文述察颜观色，认定杨广恰恰是想逃避政事，说道："随从众官的家眷多在东都，请陛下前往洛阳。"杨广答应了，于当年十月抵达洛阳。

杨广现实了许多，开始时常询问近臣各处盗贼的事情。宇文述说："盗贼还很少，不足为虑。"苏威怕杨广问到自己，就隐身到宫殿大柱子后面，可偏偏被杨广指名回答。苏威只好旁敲侧击："臣并非不负责剿灭盗贼一事，不知道数目多少，只担心盗贼离两京和圣驾越来越近。"杨广问："怎么说？"苏威说："他日盗贼占据长白山，现在荥阳、汜水

（在河南腹心地区）等处都出现了盗贼。”杨广面露不悦之色。近臣们不敢再说话。一些特定的节日里，百官要向杨广敬献礼物，一般是珍玩器物。这一年，苏威偏偏进献了一部《尚书》，提醒杨广应该静心读书仁德为政，再次惹杨广不高兴。后来，杨广又问苏威对征讨高丽问题的看法。苏威回答说，希望杨广赦免天下的盗贼义军，派他们去讨伐高丽。杨广见苏威又提起盗贼的事情，生气了。裴蕴是讨好杨广、惩治他人的高手。他看杨广生苏威的气，就找了个人出面检举苏威负责人事选拔，滥授他人官爵，同时畏怯突厥，请还京师。杨广交待裴蕴查办，很快案子就成立审判完成了。苏威被判定有罪。杨广下诏说苏威勾结朋党，谤讪官员，除名为民。一个多月后，急需有人检举苏威与突厥私下勾结，图谋不轨。这回是大案，苏威被拉到大理寺审讯。苏威知道勾结外敌图谋不轨的事情是够得上灭族的，在狱中上书，自陈服务二朝皇帝30多年，请求赦免死罪。杨广本来就不怎么相信苏威会勾结突厥造反，现在看了求情书，网开一面，将苏威释放为民。

六

杨广消极堕落之后，开始追求物质享受和声色之娱。

江都的王世充知道杨广好色，秘密进言说江淮多美女，自告奋勇要为杨广选美充实后宫。杨广高兴地同意，但提出一个要求：秘密进行。他让王世充秘密考察美女，挑选那些“姿质端丽合法相”的女子。为了做到神不知鬼不觉，王世充取官府钱财和入京贡物作为入选美女的聘礼和挑选组织的费用。选美的规模很大，费用不可胜计，但王世充在账目上做得天衣无缝，不知情者根本看不出来。积累了一批美女后，王世充就通过大运河送入洛阳。当时，大运河两旁骚乱不止，游荡的武装队伍很多，再加上船工苦于劳役，运送美女的船只常常不能正常到达洛阳，沉没在淮河和泗水中。沉船事故前后发生了十几起。如果事情败露，王世充就千方百计地摆平。而杨广收到美女后，看中合心意的，就重赏王世充；如果看不中，就让带回江都赏赐给王世充了。王世充和杨广的关系越来越密切了。

杨广对江都的感觉越来越好。当时江都的局势还相对稳定，杨广产生了去江都游玩的念头。宇文述最先看出杨广的意思，主动提议巡游江都。杨广很高兴地批准了。大业十二年（616 年）七月，杨广命令王世充在江都建造龙舟，送至东都，为第三次巡游江都做准备。杨广前两次不是建造过漂亮的龙舟水殿吗？非常不幸，杨玄感造反的时候焚毁了所有的御舟。现在只能麻烦王世充再造了。

来护儿反对再惊扰天下搞大巡游，出面劝阻杨广说："本朝寿命将近四十年了，薄赋轻徭，户口滋殖。陛下之前因为高丽抗命，稍兴军旅。老百姓们无知，受人蛊惑，集聚为群盗，四处纠结。车驾此时游幸，深恐非宜。愿陛下驻驾洛阳，与民休息，再调兵遣将，扫清群盗。陛下如今要去的江都是臣的故乡，臣荷恩深重，不敢专为身谋。"杨广接到老将忠言，感叹良久，又将上奏放下，数日之后才召来护儿相见，说："公意乃尔，朕复何望！"来护儿从此不再进言。

杨广巡游之意已决，留大将屈突通镇守长安。屈突通为人正直，秉公办事，此前虽然没有大捷，但也从来没有吃过败仗；留越王杨侗镇守洛阳，自己携带后宫、文武百官准备出发。

圣驾待发之时，有个小官员、建节尉任宗上书极力劝谏。当天，杨广召见任宗，将他在朝堂之上当众杖杀。奉信郎崔民象又上表说方今天下盗贼横行，不宜出游。杨广命人将崔民象削去两腮和嘴后斩首。圣驾到达梁郡（今河南开封）时，有人拦路上书说："陛下若去江都，天下将不复为隋朝之天下！"如此狂徒，惊扰圣驾，自然没有好下场。

出发前，杨广写了首诗赠给留在东都洛阳宫殿中的宫人：

我梦江都好，征辽亦偶然。
但存颜色在，离别只今年。

杨广承诺告别洛阳的时间不会太长，一年之后自己就会返回中原。谁能料想，他这一去竟是永别。

第八章

十八路反王

杨玄感造反时候，杨广和苏威呆立帐中。杨广很担心，对苏威说：“杨玄感这小儿聪明，是个心腹大患啊！”苏威则说：“能识是非，审成败的人才能称得上聪明。杨玄感内心粗疏，并不聪明，没有什么可以担心的。臣只怕杨玄感乱起，引起各地骚乱，盗贼纷起。那才是朝廷的心腹大患。”苏威是执政阶层中极少数实事求是，忧虑时局的人。他见天下劳役不息，人心思乱，多次提醒杨广注意。杨广的心思却一直没有放在评定内乱上。

结果，群雄奋起，割据一方，演出了一场名为“隋唐英雄传”的大戏。

程咬金和他的弟兄们

一

说隋末的盗贼，先得从无名氏所写的一首《挽舟者歌》谈起：

我兄征辽东，饿死青山下。
今我挽龙舟，又困隋堤道。
方今天下饥，路粮无些小。

前去三千程，此身安可保！
寒骨枕荒沙，幽魂泣烟草。
悲损门内妻，望断吾家老。
安得义男儿，焚此无主尸。
引其孤魂回，负其白骨归！

这一首诗将隋末为什么会天下暴乱的原因解释得非常清楚了。

杨广大兴土木，修建东都洛阳征伐民工 200 万，开通大运河征用民夫超过 100 万人，如果按照 50% 的死亡率保守估计，累死的民夫有 150 万人。此外，杨广三次征讨高丽，每次用兵超过 100 万，保障运输、后勤的民工是军队的两倍以上，也就是超过 200 万。按照每次阵亡 30 万将士，死亡一半民工计算，三次共让 390 万人付出了生命的代价。此外，北巡突厥、西讨吐谷浑、建造水军和龙舟、修建驰道等其他工程累死的民工，当不少于 100 万人。这样，共有 640 万人成为隋朝暴政的冤魂。这还是非常保守的估计，还没有包括那些逃避服役被杀、逃难的人口，没有那些因为犯罪或者受株连被杀的人口，十多年间隋朝丧失了超过 700 万的人口，其中多数是青壮年劳力，占隋朝极盛人口的六分之一。

没有死，继续受罪，妻离子散的人口就更多了。

杨广第三次征讨高丽的时候，黄河以北地区已经渺无人烟，一片死寂。暴露在旷野中的尸骨没人收殓，发出恶臭，瘟疫横行。其中山东地区是重灾区。修建洛阳、大运河、驰道，征兵出征、出力，山东都有份。而在东莱造船、向河北运粮等苦役则只有山东有份。此外，大业七年（611 年），黄河发大水淹没山东、河南等地 30 多郡，大灾之后山东又爆发大旱灾和瘟疫，灾情极其严重。隋朝官府都没有救济山东。原本富庶的山东大地顿时满目疮痍，惨不忍睹。

大业七年（611 年），山东邹平人王薄在长白山（今山东章丘境内）登高大呼："造反了！"

被人祸天灾折磨得死去回来的山东百姓闻讯，揭竿而起。隋末农民起义就此爆发。

王薄很有"革命先驱"的样儿，能力出众。他自称"知世郎"，写了《无向辽东浪死歌》号召百姓响应起义。“……忽闻官军至，提刀向前荡。譬如辽东死，砍头何所伤。”歌曲朗朗上口，传唱很广，起到了很好的宣传作用。一年之内，王薄起义军滚雪球一样扩大至数万人，活动在山东中部的齐郡（今济南）、济北郡（今茌平境内）一带。

王薄势力发展很猛，小股隋军望风披靡，一般州县看到王薄的旗号就闭门自守。

真可谓疾风知劲草、板荡见忠臣，隋朝在危急时刻还有那么几个忠心耿耿的干臣。

齐郡郡丞张须陀就是这样的忠臣。他是当年随史万岁征战云南时培养出来的将领。张须陀观察发现王薄的势力发展很快，骄纵情绪较浓，就挑选精锐，出其不意对起义军发动进攻，竟然一举大败农民军，斩首数千。王薄收拢散部，聚拢上万人准备渡过黄河去河北发展，又在临邑（今济南市北）遭到张须陀的追击，结果大败而走。第二年（大业九年，613 年），王薄联合孙宣雅、石秖阇、郝孝德等各部义军，组织了十万人进攻章邱（今山东章丘境内）。张须陀先派人截击农民军的水运，截断后勤，然后率领两万人主动杀向农民军主力。这一次，张须陀再次大败农民军，俘虏大批家眷，缴获大量辎重。张须陀下令将这些俘虏和战利品暴露在地上，警示山东各地。

杨广后期，屡战屡败，手头也没有拿得出手的将领。张须陀勇猛善战，又善于治军，深得军队拥护，成为了隋朝后期的名将。杨广接到山东的接报后，下令褒奖，命人给张须陀画像奏报朝廷。

张须陀得到嘉奖后，更卖力地镇压各地农民起义。他常常身陷重围，受伤多处，仍督军死战，成为了隋朝镇压起义最有力的武器。

二

花开两头，各表一枝。却说杨广第一次征讨高丽时，曾经征发了一个民工，叫做窦建德。窦建德此人尚豪侠，为乡里敬重，因此被选为二百人长。窦建德有个同乡，叫做孙安祖。孙安祖被征调当兵，因为家里刚遭了水灾，就跑去向县令请求免征租税。县令见一个小兵跑来求情，断然拒绝，还把孙安祖凌辱了一番。孙安祖一怒，杀死县令，跑去投靠窦建德处。窦建德拍拍孙安祖的肩膀说：“老弟，你干脆去造反得了。”孙安祖心一横，拉起一帮贫穷兄弟数百人逃入高鸡泊（今山东武城县北）宣布造反了。

当地官府开始追查孙安祖造反一事，怀疑窦建德与造反者有来往，于是抱着“宁可错杀不可放过”的原则将窦建德留在老家的家眷全部杀死。窦建德在前线得到消息，无比愤怒，率领部下 200 人也造反了。窦建德的力量太小了，就率部投靠在清河境内活动、自称东海公的高士达。

山东地区在王薄首义后，涌现了许多武装组织，除了上面提到的几位外还有张金称、刘霸道、郝孝德、格谦、孙宝雅等等。此外还有发源于山东，转战到外地的武装。比如大业九年（613 年）杜伏威拉起队伍造反后转战到了淮南地区，后来成为了江淮地区最大的一支农民武装。这些义军武装名目繁多，不可确数，少则一两百人，多至超过 10 万人。他们几乎全是刚放下锄头拿起刀枪的庄稼汉，造反的目的是为了保命为了吃饭，谈不上什么崇高的革命理想，更没有长远的政治规划。而且各个武装力量内部为了粮草和地盘，还相互残杀。但就是这些缺点明显的农民动摇了天下的根本。山东造反后，江宁（今江苏南京）、平原（今山东陵县）、灵武（今宁夏灵武）等地的农民也跟着造反了。

不久，孙安祖在农民内讧中被张金称杀死。孙部的数千人跑过来投靠窦建德。窦建德势力强大起来，手头有了上万条刀枪。

大业十二年（616 年），隋朝的涿郡通守郭绚率领一万正规军来讨伐高士达。高士达打不过，把兵权转交给了窦建德。窦建德合兵一处，从中挑选了 2000 精兵迎击郭绚。窦建德先诈称投降，给郭绚写信表示愿意讨伐高士达，将功赎罪。郭绚不知是计，带着军队大摇大摆地来找窦建德合作。窦建德趁其不备，发动突袭，大败隋军。郭绚只带着几个人逃脱。窦建德率兵追赶，在平原（今山东平原）境内将郭绚杀死。另一边，隋朝的太仆卿杨义臣杀死了张金称后移军来进攻高士达、窦建德一伙。高士达见窦建德轻易消灭了郭绚，看得心痒痒，以为杨义臣也很好消灭，就向隋军发动主动进攻，结果反过来被隋军给消灭了。高士达被砍掉了脑袋。杨义臣乘胜猛攻窦建德的部队。窦建德猝不及防，部队溃败。窦建德本人一路逃到饶阳（今河北饶阳），身边只剩下几百人而已。杨义臣没有把握时机，痛打落水狗，急着去消灭其他的农民武装去了。杨义臣刚走，窦建德就率兵返回平原，召集溃散的部队，军队迅速增加，不仅死灰复燃，还膨胀到了十万多人。窦建德兵强马壮，自封为将军，俨然成为了一方豪强。

大业十三年（617年），窦大将军转战河北，攻城略地。经过河间（今河北河间）一战，窦建德歼灭隋朝在河北的主力、涿郡留守薛世雄的部队，占领了河北大部分郡县。之后他干脆在乐寿（今河北献县）称长乐王，设置各级官府组织，建立起与隋朝相对峙的政权来了。这个政权很有草根特点，无名无号，只有一个土得掉渣的年号“丁丑”。

三

说完山东说河南。河南有个人叫翟让，是东郡的法曹，算是隋朝的中级干部。不知道为什么，翟让“执法犯法”犯下了死罪被关进大狱。一个好心的狱吏放了他。翟让不能再当公务员了，只好在大业七年（611年）逃到今河南滑县南边的瓦岗山，建立山寨，从事招揽农民造反的新职业。同郡的单雄信勇猛好斗，地上和马上功夫都很了得。他听说翟让挑头竖起了反旗，也叫上一群少年前往瓦岗寨入伙。这一时期，最早抛入瓦岗寨干革命的元勋有曾经当过县政府小吏的邴元真、游走江湖的算卦师傅贾雄、勇猛少年徐世绩和翟让的哥哥翟弘等人。翟让以贾雄为军师，邴元真为书记，徐世绩、单雄信为冲锋陷阵的杀手，组成了一支有相当规模的武装。最初上了瓦岗山的士兵大多是济河两岸的渔夫和猎人。

此处值得一提的是来自济阴郡离狐的小伙子徐世绩。徐世绩这个小伙子年轻，干劲足，打仗勇敢。但在后世的评书和演义小说中，徐世绩硬是被人“修理”成一个羽扇纶巾、迂腐矫情的牛鼻子老道。真实的徐世绩更类似于三国赵云那样的人物，不仅善战，而且有谋。他的政治经验远高于同龄人，往往能一下子抓住问题的要害，眼光毒辣。他觉得翟让等人呆在瓦岗寨打打劫、反反政府，没有什么大的前途，建议瓦岗军前往荥阳、梁郡交界抢劫汴河运输（今河南东部郑州、商丘一带），抢劫往来的公私船舶壮大自己。翟让照此前进，果然抢劫到大量物资充当军需。瓦岗军很快发展成南北闻名的拥有上万人的大武装。

部分隋朝的地方官将看到造反的收益比老老实实当官大多了，开始自觉不自觉地站到了杨广的对立面去。身逢乱世，安安稳稳地当个太守通守，每个月拿几斗米的俸禄生活，整天忙着镇压反叛，提心吊胆的，还不如浑水摸鱼，凭手中的权力和军队参予到中原逐鹿的行列中去，干好了还能称王称霸。这些人从旧体制中走出来，对旧体制的冲击更大，更致命。虎贲郎将罗艺就是这种旧体制中的造反者。说书人将罗艺讲成是罗成的父亲，幽州总管。历史上的罗艺仅仅是右武卫大将军李景的部将，驻守涿郡。罗艺是职业军人，为人严肃，但脾气暴躁，和上司李景的关系很不好（史载是为景所辱）。罗艺忌恨李景，看到涿郡囤积大批征讨高丽时的军需器仗、仓谷钱粮，心理就活动开了。当时许多造反者都将涿郡当作侵掠的目标。留守的其他将领打不过不断涌来的造反者，只有罗艺先后多次破贼，斩杀不计其数。罗艺威势日重，被同僚们嫉妒。罗艺非常自然地选择了造反。他指着涿州堆积如山的物资，再让将士百姓们看看自己的衣服和生活，很快就激起了军民的愤慨和拥护，轻松地夺取了政权。大业十二年（616 年），罗艺赏赐战士，开仓赈穷，杀害周边不拥护造反的地方官多人，吞并河北北部，自称幽州总管。

自此，有头有脸的造反者都出场了。有关隋末唐初的说书和演义对此有一个专门名词，称“十八路反王”。这十八路反王到底是哪十八人，不同的图书有不同的说法，就是不同的说书人也有不同的说话。比较通行的版本是：瓦岗寨大魔国混世魔王程咬金、大梁王李执、小梁王萧铣、济宁王王溥、江南王沈法兴、海州王高士魁、冀州王高士达、陈州王吴可玄、易州王铁木耳、南阳王朱灿、河北凤鸣王李子通、济南王唐璧、湖广襄阳王雷大鹏、口北王福克宗坦、沙漠王罗子都、金提王张称金、川蜀王薛凤池、曹州顺义王孟海公、相州白御王高谈圣。人们还经常说起的几路反王有洛阳王王世充、定阳王刘武周、夏明王窦建德、北平王罗艺等等。这些口口相传的人物身上有许多虚构的色彩，但基本上能找到历史原型。他们都在隋末的乱局中留下了各自的色彩。

这十八路反王中知名度最高的莫过于混世魔王程咬金了。即使对隋朝历史茫然无知的人也会知道“半路杀出个程咬金”。有关程咬金的传说太多了，以至于这个人物已经深深融入了中国的民间文化之中，许多事情真假难辨了。

程咬金的“民间履历”是这样的：程咬金原本家住济南，幼年丧父，随母逃荒至历城。长大后，程咬金贩卖私盐，被抓了，不服，还打死了捕快，被判死缓入狱。坐牢坐到第三年，杨广大赦天下，程咬金释放出狱。出狱后的程咬金一度决心找份正当职业，就去卖扫把，却被尤俊达骗入强盗集团。在强盗集团中混，程咬金需要学点本事。可是他太笨了，尤俊达怎么教他，他都学不会。一次程咬金正作着美梦，一位老人跳出来教会了他全套精妙斧法。程咬金醒来复习，中途被尤俊达一声喝断，只记住了三招半的耍斧招式。好在拿斧头杀敌，关键看力量，不看招式。程咬金用那可怜的三斧半功夫，竟然在之后的打斗中所向披靡，成为一员猛将（多半是程咬金蛮力太大，很少有人能连续接他四斧打击，一般不到第三斧就崩溃了）。有趣的是，程咬金的三斧头在隋唐英雄榜中成为了一个排名标准。接不了程咬金三斧头的人都进不了排行榜。

程咬金当强盗出门“办”的第一桩买卖就是拦路抢劫。很不巧，他抢了靠山王杨林献给杨广的金银珠宝。之前，一般人打着靠山王的旗号，都平安无事，无人敢抢。可偏偏程咬金是文盲，不认识字，再加上又是新手，没人告诉他道上的规矩，程咬金半路挥舞着斧头把护送官兵打得落荒而逃。这就是“半路杀出个程咬金”的典故所在。

程咬金劫了横财，惹出无数事端。杨林严令追查，结果促成了各地三十六个英雄豪杰结义，在山东造反。当时主持结义典礼的就是牛鼻子老道徐世绩。也就是这个徐世绩，想出了夺取瓦岗寨，占山为王的计划。程咬金一马当先，三板斧定瓦岗，被大家拥立为当家人，号称混世魔王。之后，程咬金的经历就相对平淡无奇了，带着瓦岗军参予中原逐鹿。他人生最辉煌的时刻是十八路反王为了在半路上拦截巡游江都的杨广，齐聚四明山[1]时推举力量部队实力最强的混世魔王程咬金做天下义

1 真的四明山在浙江省的宁波和绍兴之间，根本就不在洛阳到江都（扬州）之间。千百年来，说书人一直坚持说十八路反王是在四明山拦截杨广，还引出许多其他故事来。

军的盟主。一个卖扫把的落魄囚犯，最后成为了武林盟主一般的人物，这辈子过得也算是值了。

真实的程咬金远远没有演义中这么风光。程咬金从小勇敢斗狠，是要长矛（不是斧头）的高手。山东大乱的时候，打着义军旗号的队伍有上百支之多。这些队伍基本没有政治规划，流动作战，四处抢掠。程咬金最初为了保家护身，在乡里联络豪杰组织起了一支部队，防备义军。由此许多历史学家认为程咬金是地主出身，即便不是也起码是个地方豪强，肯定不是什么卖扫把的死囚。程咬金起义的时间很晚，而且队伍规模不大，组织也不强，只能算是山东众多造反者中很不起眼的一个。

到大业十三年（617 年）时，隋朝全国范围内形成了三支主要的义军武装，即翟让领导的瓦岗军，窦建德为首的河北义军和杜伏威的江淮义军。造反最初的混战阶段已经结束，虾米们消失了，剩下的都是大鱼了。再想加入造反者俱乐部，门槛已经很高了。

程咬金这种地方自保势力无法维持下去，只得投奔了瓦岗军。

李密来到瓦岗寨

一

大业十二年（616 年），李密经过瓦岗军将领王伯当的介绍，来到瓦岗寨入伙。

李密在邯郸逃脱后，先跑去投靠在平原造反的郝孝德。郝孝德不清楚李密身份和能力的潜在价值，对李密一点也不重视。当时各部混战，大家都没饭吃。郝孝德的军队也窘迫到削树皮为食的地步。李密判断郝孝德没什么前途，脱离队伍再逃到淮阳，找了一个村子改名为刘智远，当起了教书先生。可李密压根就不是能静心隐居的人，内在勃勃的野心难以抑制。只教了几个月的书，李密就郁郁不得志，写了一首五言诗：

金凤荡初节，玉露凋晚林。

此夕穷途士，空轸郁陶心。
眺听良多感，慷慨独沾襟。
沾襟何所为？怅然怀古意。
秦俗犹未平，汉道将何冀！
樊哙市井徒，萧何刀笔吏。
一朝时运合，万古传名器。
寄言世上雄，虚生真可愧。

李密怀才不遇，将满腹的委屈都写了出来，盼望能够像樊哙、萧何一样日后成为开国元勋。李密边写边哭，被很多人看到了。有人就觉得刘智远这个人太不正常了，密告了淮阳太守赵他。赵他猜测所谓的刘智远可能是某个重要的钦犯，组织人力要捉拿李密。李密再次逃亡，去投靠妹夫、雍丘县令丘君明。丘君明收留了李密，但侄子丘怀义直接向朝廷告密。杨广亲自安排秘密逮捕李密。李密又一次逃脱，丘君明则被捕遇害。李密放眼天下，决定需要“借壳上市”，借助某个已经上规模的武装力量实践满腹经纶，刚好认识瓦岗军的王伯当。最终，李密和瓦岗军“双向选择”成功。

李密这样有胆有智的世家贵族子弟加入了农民扎堆的瓦岗军，给瓦岗军的发展带来了质的飞跃。有历史学家认为瓦岗军从此由农民革命武装堕落成了地主阶级武装，我觉得更恰当的说法是李密向瓦岗军灌输了一套有效的政治制度和思想，将这支部队转化为了问鼎天下的强大武装。

在李密的策划下，瓦岗军有了清晰的政治规划（夺取大城市，夺取政权），并且迅速膨胀为巨无霸。

大业十二年当年，李密就辅佐翟让攻下了金堤关（今河南荥阳东北），打通了进军洛阳甚至是关中的道路。杨广急了，派遣手头的王牌、隋朝最后的名将张须陀镇守军事重镇荥阳，调集军队镇压瓦岗军。翟让久闻张须陀大名，之前多次被他打败过，听说张须陀率兵来剿自己，大惧，想撤军躲避。李密拦住他说：“张须陀勇而无谋，军队骤胜，既骄且狠。这样的人一战可擒。李公只要列阵以待，我保证大破张须陀。”

翟让心中稍安，决心一战。瓦岗军与张须陁的部队正面接战，佯败败走。张须陀果然谋略不足，尾随追击，追到荥阳以北的大海寺附近。大海寺附近森林茂密，李密预先埋伏了数万精兵，一并杀出。张须陀草率追击，一旦被强敌团团包围，防不胜防，只能力战，以求突围。他不愧为是隋朝的猛将，左右厮杀，硬是从李密的重围之中杀出一条血路来，逃出了包围圈。但张须陀回头看到包围圈内还有许多部下，策马重新杀入包围圈救援。如此反复四次，最后张须陀深陷重围，精疲力竭，身边部下所剩无几。他见突围无望，仰天长叹道："兵败如此，何面见天子乎？"叹完，张须陀下马肉搏，惨烈而死，终年 52 岁。

大海寺战斗的胜利，不仅让瓦岗军巩固了对荥阳及周边地区的占领，直接威胁东都洛阳的安全与大运河的畅通，而且在心理上给隋朝政府沉重的打击。张须陀率领的部队是隋朝最后的精锐主力部队，久经沙场。张须陀的死和部队的覆亡让隋军"昼夜号哭，数日不止"。张须陀死后，隋朝再无良将矣。

大业十三年（617 年），李密进一步建议翟让乘杨广停留江都，洛阳守备空虚的良机，夺取洛阳周边的洛口仓（又名兴洛仓，在今河南巩县东北）。兴洛仓又叫洛口仓，是隋王朝最大的官办粮仓，仓城周围二十多里，共有 3000 个大粮窖，每窖贮粮八千石。李密率领数千精兵成功占领洛口仓，开仓济贫。贫苦百姓欢呼雀跃，更加拥护瓦岗军，还踊跃参军。瓦岗军兵更精，粮更足了。

洛口仓就像是棋局上一枚关键的棋子。隋朝失掉了这枚棋子，撼动了全局。东都洛阳不仅失去了战略价值巨大的周边屏障，而且失去了主要的粮食供应，陷入一片恐慌之中。

留守洛阳的越王杨侗数次发兵，企图夺回洛口仓，都被李密给打败了。

李密连续几个大手笔，大捷不断，对瓦岗军贡献巨大，声望水涨船高。翟让不得不承认自己的能力和作用都比不上李密，将头号交椅让给了李密。瓦岗群雄公推李密为新主。李密自称"魏公"，建元"永平"，草创了一个政权。中原各路义军听到消息，纷纷赶来归附。瓦岗军迅速扩张到数十万人，成为隋末农民大起义中势力最强大的一支义军。

李密建立政权后，分别夺取河南、山东等地州县，扩张势力；一面发兵进攻东都洛阳。东都洛阳是隋朝后期事实上的首都，就像皇冠上的明珠，有志于天下的李密对它志在必得。隋朝不敢怠慢，调集中原地区能够调集的残余力量，组织洛阳保卫战。于是，在以洛阳为中心的中原广大地区中，最大的造反者武装和隋王朝的主力部队展开了鏖战。

二

远在江南的杨广爱江都，也爱洛阳。他担心中原隋军力量不够，生怕洛阳失陷，决心抽点东南的隋朝精锐部队，增援洛阳。杨广环顾身边重臣，已经无将可派了，突然想起一个人来。

这个人就是杨广相当欣赏、关系飞速升温的江都通守王世充。

我们再详细介绍一下王世充这个人。王世充的父亲是西域人，早死。王世充从小跟着母亲。母亲改嫁了霸城人王粲，王世充就姓了王。但他满头卷发，利口善辩，喜好兵法，对隋朝的法律特别感兴趣，可见根子上还是和中原人有区别的。开皇年间，王世充担任侍卫，开始进入仕途，逐渐升迁到兵部员外郎。大业年间，他历任江都丞兼领江都宫监、江都通守，是东南的地头蛇，搜刮民脂民膏和美女得宠于杨广。当然，杨广不是糊涂蛋。他在王世充邀宠献媚的表象下，看到了一颗勃勃欲试、渴望建功立业的内心，况且王世充政治经验丰富、能力出众。所以，杨广把隋朝最后的精锐部队和防守洛阳的重任都托付给了他。

王世充果然不负厚望，率领江淮劲卒五万人，日夜兼程赶赴洛阳。李密率军迎头而上，与王世充战成一团。王世充竟然遏制住了李密旺盛的势头，生生地连挫瓦岗军。两军进入了对峙状态。

但战场的主动权还牢固掌握在瓦岗军的手中。瓦岗军拥兵数十万，占领中原多数地区。

李密遭到王世充的阻击后，为了振奋士气，打击隋军，公布了洋洋洒洒的《讨杨广檄文》，给杨广列了十大罪状，号召天下推翻隋朝统治。李密给杨广列的十大罪分别是：弑父、乱伦、嗜酒、劳民、滥赋、兴役、征辽、滥诛、卖官、无信。他慷慨高呼："有一于此，未或不亡。

况四维不张，三灵总瘁，无小无大，愚夫愚妇，共识殷亡，咸知夏灭。”最后说杨广是“罄南山之竹，书罪未穷；决东海之波，流恶难尽”。全文果然振奋人心，还产生了一个新成语“罄竹难书”，专门形容杨广犯下的重罪。

正当形势一片大好，鼎盛的瓦岗军发生了内讧。领导集团之间矛盾激化了。

李密在瓦岗军内部的地位上升太快了。大批隋军投降于他，许多隋朝官吏和将领也赶来依附李密。李密出身隋朝的世袭贵族家族，这样的身份很容易得到有意投靠农民军另谋出路的隋朝势力的认同。这就在李密的身边形成了一个带有浓厚隋朝色彩的势力集团，他们与翟让领导的瓦岗军早期将领之间的矛盾越来越尖锐。双方在处理隋朝降官和俘虏、分配军需和战利品等问题上的分歧越来越大。翟让的司马王儒信先劝翟让总领众务，夺回最高领导权。翟让的哥哥翟宽也劝道：“天子只能自己做，怎么能让给他人呢？如果你不想做，我来干。”翟让犹豫不决，下不了决心。李密听到翟让集团的传言后，产生了除掉翟让的念头。

李密拉拢前来投靠的小股造反者势力，比如程咬金、秦叔宝等新附之人。他从忠于自己的部队中挑选了8000名勇士，组成了“内军”作为直属部队，防备突发事件。“内军”分为左右两队，分别由程咬金和秦叔宝率领，任务就是保护李密，只听从李密的命令。李密对这支装备精良、勇猛顽强的内军非常满意，常说：“此八千人可当百万。”

这一时期，程咬金改名为程知节。

一天，翟让带着数百号兄弟去李密那欢宴做乐。李密摆出好酒好菜，招待得很周到，将翟让带来的兄弟们分别安置到各个房间里吃饭喝酒。然后，李密调来亲信，严密把守住各门。翟让在大厅饮宴，对危险毫无察觉。李密安排好后，来招呼翟让。酒过三巡，李密告诉翟让最近得到一张好弓，想让翟让见识一下。弓拿过来后，翟让一看，果然是张好弓，忍不住就拉弓张弦，把玩起来。这时，李密向站在大厅里伺候的亲信蔡建使了一个眼色。说时迟，那时快，蔡建忽的抽出佩刀，从头面一刀劈了翟让。鲜血四溅，翟让当即扑倒在地上，死了。

大厅中的刺杀行动转瞬而成，在其他房间的翟让亲信们都不知道。

李密从容不迫地指挥将士，杀入各房，将翟宽、王儒信等一同来赴宴的人送入黄泉。徐世绩是最早跟随翟让的武将之一。他在混乱中被乱刀砍成重伤，奄奄一息。李密赶忙制止部下伤害徐世绩，保全了他的性命。随行而来的单雄信等人叩头求饶，得到了李密的宽恕。

解决完家里的翟让党羽，李密全副戎装，率领数百内军杀入翟让的军营。王伯当、邴元真、单雄信等在营中向将士们解释了一把手和二把手相互残杀的情况，告知翟让已经死了，劝诸军投降。翟让的部属不敢轻举妄动，都纷纷投降。李密有政治手腕，治军也很有一套。每次打仗，他都身先士卒，战后得到的金银珠宝都分给手下将士，在军队中的名声很好。而翟让为人粗暴，头脑简单。他和哥哥翟宽两个人常常侮辱、虐待那些亲近李密的将士。因此，在生死关头，瓦岗军的将士们最终选择了李密，接受李密诛杀翟让的现实，不能说与两人的性格秉性没有关系。

李密吞并了翟让的部队后，仍然命令翟让的老部将徐世绩、单雄信、王伯当率领旧部。他整合瓦岗军，继续猛攻洛阳地区。

当年杨玄感造反的时候，最初的发展情形与李密类似。李密作为杨玄感的谋主，提出了上中下三策，其中下策就是围攻洛阳。现在，李密转化到了杨玄感的位置，令人费解地也选择了围攻洛阳。有谋士建议李密充分发挥瓦岗军兵强马壮、隋朝分崩离析的有利条件，分兵占领江淮、河北等地，或者西入关中，占领隋朝的首都大兴。李密都没有采纳，就要耗在洛阳。

洛阳城不好攻——这一点杨玄感用血的代价证明了，李密偏偏要重蹈覆辙，结果和王世充的部队前后交战上百次。尽管瓦岗军一点一点地压缩隋军的地盘，但离胜利相当遥远。李密占领洛阳郊区后，修缮了魏晋时期的金墉古城作为大本营，屯兵三十多万，做长久之计。

王世充不敢懈怠，收集中原隋朝军力，飘着一头卷发，到处阻击瓦岗军。

洛阳城就像绞肉机一样，把双方的时间和有生力量都绞了进来。

李渊太原起兵

一

中原各地纷纷扰扰之时，隋朝最终的取代者还偏居在山西一隅，孕育在隋朝政治体制之内。将隋朝取而代之的人是隋朝的世袭贵族李家，也就是唐国公李渊他们家。

隋朝李家显贵于西魏时期，也是一个胡汉混血民族融合家庭。唐朝建立后，李家自称是十六国时凉武昭王李氏的后代，现在研究普遍认为李唐皇室很可能是汉人与胡人的混血后裔。因为李家有多半汉族血统，所以被视作是汉人。和杨忠一样，杨忠的同僚李虎因为功劳卓著，曾被北周王朝赐姓“大野”。所以李渊早年也被叫做“大野渊”。因为同为北周的军事贵族，“大野渊”和“普六茹坚”关系密切，不仅是世交，还是亲戚。杨李两家结亲，要归功于大将军独孤信。李渊的母亲独孤氏与北周明帝独孤皇后、隋文帝独孤皇后是姐妹关系，都是独孤信的女儿。

李渊七岁时父亲李昞就逝世了，依靠父辈的祖荫，承袭父爵做了唐国公。因为贵族身份，李渊很早就入仕了。在隋朝建立之初，李渊补为千牛备身。隋文帝杨坚在位时，将李渊看作是与自家有世交的“侄子”，又看作是本家的“外甥”，照顾有加。加上李渊和皇子杨勇、杨广等人年纪相仿，李渊和皇室关系密切，在隋朝早期的日子相当好过。如果此时有人说李渊对朝廷怀有二心，想必没有几个人会相信。杨广即位后，李渊的官运就不太亨通了。据说是因为他过分喜爱自己养的骏马和猎鹰，不肯献给杨广，所以杨广就给自己这个表亲小鞋穿。后来李渊在妻子窦氏的提醒下，开始积极向杨广进献骏马、猎鹰和玩物，官运立即亨通起来，先后任荥阳（今河南郑州）、楼烦（今山西静乐）两郡太守、殿内少监、卫尉少卿。大业十一年（615 年），李渊出任山西河东慰抚大使，两年后出任太原留守。虽然算不上是隋朝政坛呼风唤雨的人物，但没人否定李渊是朝廷的显贵，是现有政治体制的既得利益者。

天下烽烟四起时，李渊是以镇压造反者的“正面形象”登上竞技场的。他一开始对各地的农民起义军咬牙切齿，寄希望于谋划得当扑灭起义。因为各地汹涌的农民造反者们逐渐动摇了隋朝的统治，直接威胁着李渊这个既得利益者的权益。大业十三年（617 年），马邑郡人、鹰扬府校尉刘武周因为和太守王仁恭的侍女私通，先下手为强，以贪污之名杀死了王仁恭，造反起兵。刘武周自称天子。李渊以讨伐刘武周为名，招兵买马。李渊和二儿子李世民、亲信刘文静、长孙顺德、刘弘基等人积极募兵，十余天就聚集了超过一万人的军队。但是李渊并不出兵攻击刘武周，还秘密派人召回在河东的长子李建成和三子李元吉。这让人很怀疑李渊大张旗鼓扩充势力的真实意图。

此时的李渊内心已经起了不臣之心。

二

李渊相貌慈眉善目，身材胖硕，似乎看起来是那种既平庸又中庸的官场老油条。实际上，他并不是那种保守顽固、对隋朝愚忠的人。李渊长期在与起义军作战的第一线，非常清楚造反者已经遍布全国，朝廷已经无力镇压。隋朝的灭亡是迟早的事情了，李渊不得不为自己的前途考虑。李渊开始觉得自己没有必要始终坐在隋朝这条船里跟着杨广一起覆灭了。最开始，李渊效忠隋王朝是因为可以从中获得权益；现在，李渊要留意自己的出路了。出镇太原的时候，李渊曾对李世民说：“唐固吾国，太原即其地焉。”隐约透露出割地自守，称霸一方的意思。

而接连遭受挫折失败的杨广也变得多疑起来，开始猜忌李渊。杨广一次出巡途中，征召李渊来行宫觐见。李渊称病没有前来，杨广大为不满。当时李渊的外甥女王氏在后宫做妃子。杨广不经意地问她：“你舅舅为什么不来啊？”王氏说舅舅生病，来不了。杨广再问：“李渊的病，能让他死吗？”李渊辗转听到这话后，更加恐惧，再也不敢轻易去朝见杨广了。他以纵酒沉湎、纳贿贪污的表象来掩护保存自己。

形势恶化和个人境遇艰难，两方面一逼，让李渊造反的念头得到了深入发展。

二儿子李世民在李渊造反思想的发展和造反实践过程中，起到了推波助澜的作用。李世民从小经历军阵，聪明的名声远播在外。随父亲守太原时，李世民已经是很有政治眼光和宏大志向的年轻将领。天下群雄并起，隋朝官府已经处于风雨飘摇之中，李世民敏锐地预料到隋朝国运将尽，正是英雄建功立业的大好时机。他充分利用父亲主政太原的有利时机，积极为反隋争霸进行活动。李世民一边广交英雄豪杰，联络太原县令刘文静、晋阳宫副监裴寂奔走谋划；一边积极招兵买马，准备起事反隋。

刘文静曾经因受李密株连，被捕入狱。李世民以探视为名，与他在狱中拟定了招募兵士、西入关中、创立帝业的起兵计划，并通过隋裴寂将这个计划转告给了李渊。

唐初的历史是被人为修改删定的。唐朝的史料记载，李世民最终劝李渊下定了起兵太原的决心。李世民第一次劝父亲李渊说："今上无道，百姓困穷，太原城外皆战场。父亲如果只满足于现在的身份地位，那么天下到处是寇盗，朝廷又有严刑峻法，我们随时处于危亡之中。不如顺应民心，在太原起兵，转祸为福。这就是所谓的'天授之时'啊。"李渊一听，大惊失色："你怎么说出这样的话来，我现在就把你抓到官府去。"话说到这个份上，李世民也只好不再劝了。李渊也没有把他扭送官府。

没几天，李世民第二次去劝李渊造反："现在盗贼日繁，遍于天下，父亲大人受诏讨贼，现在情况又怎么样了呢？如果您能够讨荡群贼，朝廷也会功高不赏，依然会身陷危局。父亲如果听从我上次劝您的话，就可以避祸。我说的是万全之策，请父亲大人不要怀疑。"这一回，李渊不像第一次那样坚决拒绝，而是以无可奈何的口吻说："今日破家亡躯由着你去，化家为国也由着你吧。"

之后，李渊"讨贼不力"，杨广要兴师问罪。李世民乘机第三次规劝李渊："现在的朝廷是君昏臣乱。父亲尽忠是没有意义的。现在太原士马精强，宫监蓄积巨万，如果以太原的资源举事，何患无成！"李渊这次在李世民的劝说下，终于下了起义的决心。当然这些都是唐朝初期李世民修订的历史的说法，如果没有李渊早有不臣反叛之心，如果没有李渊利用身份暗中进行了准备，太原起兵最终不会付诸实施。

还有一段流传很广的故事，似乎可以说明李渊是自动走上造反道路的。传说晋阳宫监裴寂和李渊交好，往来甚密。裴寂为了前途计，早想投靠新主子了。可他是个太监，唯一可行的办法就是扶立新天子。他看中了李渊的潜力，决定促进李渊造反。一次，裴寂请李渊饮酒，将他灌醉。之后，裴寂安排杨广留在晋阳宫的妃子和宫女为醉酒的李渊侍寝。一夜风流清醒后，李渊意识到了事情的严重性：杨广要是知道自己与妃子睡觉的事情，肯定饶不了自己。裴寂于是劝说李渊造反。《新唐书》正式将这个传说记入正史。它还增加了一些情节，说整件事情其实是李世民和裴寂两人的阴谋。事后，裴寂劝说李渊举事，李渊在大惊之余还是犹豫不决。裴寂恐吓说："事发，你我大罪当诛，现在只有叛隋一条路可以走了。"李世民在关键时刻，出现在谈话中，敦促父亲造反。李渊觉得自己被算计了，开始还拒绝作乱臣贼子，扬言要将李世民送官法办。但是片刻思考后，李渊点头同意了。

三

太原副留守王威和高君雅都是杨广的亲信，安插在太原监视李渊。他俩意识到情况反常，判断李渊极有可能加入造反者的行列，决定先下手除掉李渊。他们假称将在晋祠举办祈雨仪式，请李渊主持，准备暗中埋伏士兵杀掉李渊。可惜王高两人的阴谋被知情人向李渊告发了。

知道王高两人的刺杀阴谋后，李渊是不想造反也不行了。

大业十三年（617年）五月某日，李渊找王威、高君雅两人来议事。刘文静领太原属下开阳府的司马刘会政赶来，说有密状呈给李渊。所谓的密状就是刘会政告发两位副留守勾结突厥，图谋不轨。李渊当场认为证据确凿，命令将王高二人拿下正法。王威、高君雅不甘心束手就擒，召唤亲兵随从拔出兵器拒逮。怎无奈，大殿外涌入李世民早已经埋伏好的铁甲精兵。没几个回合，王高等人就被俘了。当天，王威和高君雅被斩首。当时突厥趁中原大乱，时常入侵中原。太原城外时常出现游荡的突厥骑兵。李渊为除去王高二人找的理由非常自然，他人找不出确切的反对证据来。

除去两个碍手碍脚的同僚后，李渊开始明目张胆地准备起兵。七月，李渊率军三万在太原誓师，正式起兵。

作为从隋朝阵营中脱离出来的高级贵族，李渊一开始就显露出比一般造反者高明的地方。他不称王不称霸，而是发布了兴兵檄文，宣称自己是替天行道，而不是争权夺利。他斥责杨广听信谗言，杀害忠良，穷兵黩武，致使“豺狼充于道路”，民不聊生。因此，李渊起兵的目的是要废掉昏君，改立明主，拯救万民于水火之中。这样声明为李渊减轻了许多政治阻力。同时，李渊制定了明确的目标。那就是直取隋朝的心脏——大兴。李渊不像农民军一样，攻城略地，扩充地盘，也不像杨玄感、李密一样，脑袋发热，聚焦在少数大都市上。起兵后，李渊采取了灵活正确的战略，一面派遣刘文静出使突厥，请求突厥可汗派兵马相助，主要目的是减轻突厥南下的军事压力；一面招募军队，率师直向长安冲去。

隋西京留守、代王杨侑听说远房亲戚李渊造反了，派遣虎牙郎将宋老生率精兵 2 万驻守霍邑（今山西霍县），扼守李渊进军关中的道路。大将屈突通率领骁果数万驻守河东郡（今山西永济西南蒲州镇），与宋老生遥相呼应，以拒李渊。

在所有造反者中，李渊开始时只能算是一个中等规模的角色。从太原到长安，沿途有数倍于己的隋朝军队。在进军霍邑的途中，李渊遇到了大麻烦。天气骤变，大雨倾盆，军队又缺粮少衣。更严重的是，后方传来了突厥与同为造反者的刘武周联合，将乘虚偷袭太原的情报。李渊前进艰难，老窝也可能不保。李渊的困境被李密知道了。李密给李渊写了一封信，表示要与李渊“合作”，一起攻打天下。实际上，合作是假，吞并是真。李密的意思是，既然你前无去路，后退无所，直接把队伍拉过来并入瓦岗军算了。面对李密的试探与威胁，李渊装傻，给李密回了一封肉麻的吹捧信：“天下百姓渴望明君圣主已经很久了。那么传说中的救世主，非您莫属。我非常荣幸，与您同姓。我已经老了，您还年轻，希望以后能得到您的关照。”李密在金墉城里没见到李渊带队伍来，却见到了拍马屁的信，也很高兴，还拿着信向部下到处显摆，说：“看来李渊只是一个无能之辈，成不了什么大气候。”

话说回来了，逗留霍邑附近的李渊的麻烦的确很大。他仓促招集将佐开会，决定撤退，先保住老窝太原再说，会后一部分军队开始启程回太原。大儿子李建成和二儿子李世民就劝父亲说，造反的前途是光明的，困难是暂时的，如果全军撤退回太原，李家最多就只能做一个割据头目。而李家起兵的目的不是割据，是造反夺天下。李渊醒悟后马上召回军队，倾注全力猛攻霍邑。不久，后方军粮运到，突厥偷袭太原的消息也被证实是个假情报。

霍邑城池坚固，不是李渊的三万新兵能轻易攻克的。李建成、李世民兄弟俩制定了引宋老生出战，分兵去偷袭城池的作战方案。宋老生中了激将发，率军出来和李渊决战。混战开始没多久，李渊让军士鼓噪高呼“宋老生已经被杀死了”，隋军闻知大将被杀，全都乱了手脚，群龙无首，四处溃散。等溃退回霍邑城下，城头早已换上了“李”旗号。此战，霍邑在唐军的猛攻面前失陷，宋老生被杀。

李渊就是和那些农民出身的造反者不一样。占领霍邑后，李渊厚葬了宋老生，对于想回家的关中士兵“授予”五品闲散官衔放回。这些举措不同凡响，赢得了许多隋朝阵营的人的好感。那些拿着路费回家的隋军添油加醋地把李渊的战功和宽容大度传播到了关中各地，变成了李渊部队的“编外宣传队”。

霍邑失手后，长安变得无险可守，成为了李渊的囊中之物。李渊有今天的乐观局面，首先是抓住了千载难逢的良机。此时李密领导的瓦岗军正在洛阳与隋朝的主力王世充军激战，关中地区空虚。而河东方向的屈突通部队为了抵御河北各地的农民起义军，不敢西进进攻李渊军队，反而帮助李渊挡住了其他觊觎关中的造反者过来抢食。李渊轻松向前推进，一路上瓦解农民起义军和收编地主武装，到长安郊区时已经拥有20万军队了。

客观地说，李渊的确得感谢各地农民兄弟送给他的良机。

四

防守长安的代王杨侑是个小孩，是杨广的孙子，算起来也是李渊表孙子辈的。

杨侑根本就不懂事，任由城内留守的几个大臣决定守城。

留守长安的刑部尚书卫文升和右卫将军阴世师坚持要在长安进行防御战，等待关东和其他地区隋朝救兵的到来。两人挟持着杨侑巡视城防，积极备战。怎奈隋朝国势衰弱已久，即使是首善的京师也支撑不了一支雄壮精干的守军。李渊希望不战而屈人之兵，两次发通牒要求杨侑献城投降。杨侑不置可否，但卫文升、阴世师和京兆郡丞滑仪坚持要固守一战。

长安孤城很快就被唐军攻破，李渊胜利占领了首都。这时，李渊早年的政治经历和官场实践为他充分利用长安的价值提供了帮助。一进城，李渊就号令三军："犯隋七庙及宗室者，罪三族。"唐军严格做到了这一点。城内的隋朝高官、贵族和百姓的心理迅速安定了下来。李渊入城后，仿效汉高祖刘邦当年与关中居民的约法三章，也约法十二条，规定杀人、劫盗、背军、叛者死，废除隋朝的严刑峻法和苛捐杂税，严格执行。长安城很快就从安定中走出来，转而支持李渊了。李渊带来了新的秩序，更好的制度，为什么不支持他呢？

众将皆推李渊为尊。李渊起兵仅仅几个月，就成为了关中占据名义上首都的豪强。

第九章

杨广的穷途末路

大业十二年（616 年），杨广第三次与江都亲密接触。

刚到江都不久，老伙计宇文述就一病不起，病情日益严重。杨广不断派人探望，还想亲自去看望。后经大臣苦劝，杨广才没去，但派人去问宇文述："你如有不测，需要事先留什么遗言吗？"宇文述从北周时期就开始征战，在杨广时期把持朝政胡作非为，临死前放心不下的是几个儿子。小儿子宇文士及娶了杨广的女儿南阳公主，封尚辇奉御，为人老实，宇文述没有什么好担心的。另外两个儿子宇文化及、宇文智及，是标准的富贵公子哥儿加"街头霸王"，从小生活在特权中，脑子里没有规则法理的概念，没有畏惧的东西的。宇文化及、宇文智及之前当官时因为犯罪被削职为民，呆在家里无所事事。宇文述就向杨广传话说："臣的长子宇文化及，是臣的继承人，希望陛下多多哀怜他。"杨广闻后潸然泪下。挺到十月，宇文述去世。杨广为之罢朝，追赠司徒、尚书令、十郡太守，谥号"恭"。杨广令黄门侍郎裴矩为宇文述祭祀，鸿胪监护丧事，任命宇文化及为右屯卫将军，宇文智及为将作少监。

对于杨广来说，宇文述的死意味着一个从年轻时期开始就一直见证自己成长和辉煌的老人的去世。从此，再也没有人对杨广的辉煌过去有亲身体验，能够详细描述了。

又见江都

一

三游江都，美丽的昙花仿佛也失去了往日的魅力。杨广在此地的日子很快就陷入了困境。史载“普天之下，莫非仇雠；左右之人，皆为敌国”，杨广众叛亲离，隋朝风雨飘摇了。

杨广早已经没有开创盛世，建功立业的雄心，如今只想保住性命，偏安一隅，继续做他的皇帝。

上天不遂人愿。杨广刚到江都，中原就遍地民变，继而全国大乱。时间进入大业十三年（617年），局势急速恶化，让人不忍卒睹。正月，窦建德在河北当起了长乐王；二月，割据朔方郡梁师都见有人称王了，就勾结东突厥汗国攻陷陕北诸郡，做起了皇帝，自称“梁帝”。而攻陷洛口仓的李密比较“谦虚”，不称王也不称帝，在中原各路反王的公推之下，做起了“魏公”。四月，陇西的薛举觉得“王”也好“帝”也好，都太俗了，自封“西秦霸王”攻城略地。有读书人提醒薛举说“霸王”二字太粗野，薛举觉得有道理，也做起了皇帝，称“秦帝”。再往西，李轨占领了河西走廊，自称“凉王”，重新割断了中原与西域的交通。时间进入七月，远房亲戚李渊在太原起兵南下，大大出乎杨广的意料之外。等到十月，李渊占领首都大兴城，又一次大出杨广的意料之外。而隋朝的武阳郡丞元宝藏向李密献城投降，进而攻陷了黎阳仓。隋王朝的政府囤粮全部成了造反者的军粮。

江南一带也不安宁。从山东南下的杜伏威侵扰江淮各州县，势力日趋强大。湖北方面，西梁后裔、罗县县令萧铣割据本县，攻陷湖北各地，重建“梁国”，以梁朝正朔自居。

噩耗连连，杨广内心被打击得鲜血淋漓，再也不愿意看到新的噩耗，也就不再处理政务了。他被迫承认隋朝大势已去。无可奈何之际，杨广经常自我安慰，用荒淫无耻的举动麻痹自己。他在江都行宫中新建了上百间房舍，间间铺陈华丽，选一个美人居住其中。杨广和她们玩

“过家家游戏”，带着萧皇后装作客人，每天去不同的美人屋中作客。他昼夜与众姬妾东游西宴，酒杯不离口。有时，杨广戴幅巾、着短衣、持竹杖，装扮成文人模样，步游各宫各院，直到深夜秉烛而归。深夜上床后，杨广也难以安睡，犯上了严重的失眠；即使勉强入睡，梦中又常惊呼有贼，需要宫女像哄孩子那样摇抚、哄着才能入睡。

杨广长得很漂亮，美男子一个。有一次，他拿起镜子，端详了半天，回头对萧皇后说：“如此好头颅，谁来砍之？”萧皇后闻言大惊，问皇上何出此言。杨广苦笑着说：“贵贱苦乐，更迭为之，人间常态，无须悲伤！”表面上，杨广闲云野鹤，把生死祸福都看淡了；私下里，他对萧皇后说：“隋朝国祚已绝，但即使亡国了，我也还能做个长城公（陈叔宝降隋后被封为长城公），你也还能学学沈后（陈叔宝的皇后沈氏在隋朝受到优待）。我们一切顺其自然，及时行乐吧！”

二

杨广扬言不再处理政务了，但天下越乱，政务就越多。地方州县和前线将领的告急求援文书雪片一般飞来江都。

所有的坏消息到了掌管奏折和机要的虞世基那里，都被压了下来。杨广有时问起天下剿匪的情况，虞世基只轻描淡写地说：“鼠窃狗盗，不久就会被郡县捕灭，陛下无须担心。”前线将领杨义臣一次奏报说消灭并招降了河北农民军数十万人（估计是在吹牛）。虞世基看了，觉得是个好消息，就把奏折呈给了杨广。不想，杨广看了以后，叹息道：“我一直不知道造反者的人数，想不到仅河北一地就有数十万之多！”虞世基一看坏了，忙说：“其中多数是一些小偷小摸之人，数量虽多，未足为虑。相反杨义臣拥兵在外，专权日久，恐怕生变，皇上要多加注意。”杨广信以为真，竟然下诏解散杨义臣的部队，勒令回家务农。结果那些散兵游勇转眼就参加农民军队伍了，白白助长了造反者的声势。

萧皇后把一切都看在眼里，也劝宫人们不要向杨广进言说实话。她说：“天下事已至于此，无可救药，多说无益。多说话，只能让皇帝担忧而已！”

杨广的江都生活就笼罩在一片虚无之中。一度，他想起用随行同来江都的苏威，恢复官职，主持朝政。裴蕴、虞世基等人赶紧奏称苏威昏耄羸疾，不堪再用。杨广也没有坚持。已经是一介平民的苏威被杨广带来江都，受到虞世基等人的排斥，情绪日渐消沉下去。祸不单行，苏夫人在他随行江都不久死于洛阳，儿子苏夔思念母亲，悲伤过度而死。苏威的内心可以想见。

虞世基所有的消息都可以压，但是有一个消息，不能不报告杨广。

占领首都的李渊在大业十三年（617 年）十一月把俘虏代王杨侑捧了出来，立为皇帝，遥尊杨广为太上皇。也就是说，杨广在法律上已经不再是隋朝的皇帝了！

李渊想当皇帝，但也清楚自己和皇帝宝座还是有距离的。虽然占领了首都，并不意味着占领了天下。占领大兴城后，代王杨侑好好地躲藏在王府中。李渊把他抬了出来，尊为名义上的皇帝。杨侑在曾祖父建造的大兴殿即皇帝位，遥尊远在扬州的爷爷杨广为太上皇，改元义宁。大业十三年也就变成了义宁元年。李渊立杨侑为天子是个狠招，最大限度地利用了手中的优质资源，一下子就取消了杨广的正统性，占据了最高的法统地位。他又以杨侑名义任命自己为大都督、尚书令简大丞相，爵位从唐国公晋封为唐王，综理朝廷万机。李渊长子李建成成为唐王世子，次子李世民封为秦王，三子李元吉封为齐王。

消息传到江都，人心惶惶。原本大家还可以以王朝正统聊以自慰，谁想身份顷刻就转变成了乱贼。

李渊站稳脚跟后，开始扩张地盘，向南攻取四川，向东消灭关中附近的隋朝残余。杨广的亲信大将屈突通受杨广之托率领隋军精锐镇守关中，现在还屯兵关中东部一带。屈突通部队夹在李密、窦建德、李渊三方势力之间，处境窘迫。有部下劝屈突通投降一方，屈突通大骂："我蒙国重恩，历事两主，受朝廷厚禄，怎么能不赴难杀敌？今日之势，唯死而已！"屈突通的家眷都在大兴，成了李渊的俘虏。李渊派屈家的家僮去招降屈突通，屈突通当场杀死家僮。思前想后，屈突通留下部将桑显和镇守潼关，阻挠李渊东出，自己率主力向洛阳靠拢，准备和王世充合兵一处。屈突通刚走，桑显和就献出潼关，投降李渊了。屈突通的大部队随即失去掩护，完全暴露在李渊追兵的攻击之下。屈突通在稠桑（今河南灵宝北黄河南岸）被唐军围攻。唐将窦琮派屈突通的儿子屈突寿去劝降。屈突通骂道："往日，我和你是父子，今日，我和你是仇敌。"边骂边命左右射死儿子。跟随唐军而来的桑显和想出一个办法，冲着屈突通的部队现身说法："京师已经沦陷了，你们大家都是关中人，想要去哪里？"隋军也不想背井离乡，闻听此言纷纷扔掉兵器投降。屈突通知道大势已去，下马向江都跪地磕头，嚎哭道："臣力屈兵败，不负陛下。天地神明，为我作证。"最终，屈突通被抓住押送大兴。关中的隋军主力就此覆亡了。

李渊见到屈突通，劈头就问："为何相见如此之晚？"屈突通哭道："我不能尽人臣之节，力屈而至，是本朝的耻辱，愧对代王。"李渊对他的忠君行为很赞赏，评价屈突通是"隋室忠臣"，当场释放，封为蒋国公，任命为兵部尚书，协助秦王李世民行军打仗。屈突通最终转换了阵营。

三

局势越来越乱，杨广的命令在北方越来越没有效力了。杨广也就无心北还，想在南方常住下来。

杨广是这么想的，即使当不成全天下的皇帝，能保住江南的半壁江山，延续隋朝的国祚，也是可以接受的。这在历史上也有先例。西晋爆发了"八王之乱"，北方动荡不安，司马睿不就放弃了北方领土，在建康建立政权，史称"东晋"嘛？况且现在的江南比司马睿时期要好多了，经济有了长足发展，人口增加了不少，而且比北方安定多了，完全可以支撑一个王朝。南迁已定，那么具体定都哪个城市呢？江都？不行。江都在江北，不可仰仗长江天险防御外敌，而且周边地区已经出现了造反痕迹。杨广想迁往长江南岸偏上游的丹阳（今江苏南京）去。丹阳虎踞龙盘，是东吴、东晋和宋齐梁陈的六朝古都，具有丰富的当首都的经验。

杨广提前派人过江在丹阳修建宫殿，准备一建好就搬迁过去。

这时，有乌鹊在杨广的幄帐外筑巢，宫人怎么驱赶都赶不走。乌鸦老是绕着杨广的房子呱呱叫。有人看到长江中突然冒出巨石，漂向江都。而且最近的天相也很不好：荧惑犯太微，日光四散如流血。所有一切似乎表明天意不同意杨广迁都丹阳，另立朝廷的计划。

可杨广把这一决定当做是人生最后一搏。他已经年近半百，外面局势又那么乱，杨广的选择余地已经很小了。如果不搏一搏，可能连命都没了。

杨广去意已决，江都的近卫士兵们多数是关中人，不愿意再向南逃往丹阳。他们本来就想家。关中打得越乱，消息越坏，这些离家千里的小伙子就越想家，盼望着早日回家看看家人安危。现在看到杨广决心迁都丹阳，近卫官兵们的心一下子就散了。将军窦贤竟然率领所部兵马私自出逃，要回到关中去，被杨广急忙调兵追杀了。但暴力镇压制止不了官兵们开小差，逃跑的官兵越来越多，最后连杨广的近身侍卫也有人开小差跑了。

杨广很担心，问裴矩怎么办。裴矩回答说："圣驾驻留江都已经两年了。近卫官兵多数是在关中招募的骁果勇士，背井离乡。人没有家庭的温暖，心就不能久安。臣建议让士兵们在本地娶妻建立家乡。这样他们就不会想回家了。"杨广大喜："裴矩一向多谋，现在又出了一条奇计。"

隋朝的军制规定官兵不能随军携带家眷，更不能在外服役期间结婚生子。如今是特殊时期，一切都可以改变，杨广命令裴矩负责，大张旗鼓地为近卫官兵们娶妻。裴矩就把江都境内的寡妇和没有出嫁的女子，全都聚拢起来，再叫来江都的将帅、士卒，听凭官兵们随意拉人强逼结婚。之前，凡是有官兵奸污妇女、尼姑、女优的，现在也都让双方结婚。这简直是江都周边地区妇女的末日。而生理得到满足的近卫官兵们很高兴，争相说起裴矩的好来："裴公真是个好人。"

杨广的好头颅

一

生理问题解决了，但并不意味着心理问题也随之消失了。娶了老婆的官兵们还是想家。

虎贲郎将司马德戡是杨广的宠将，在江都混得不错，可还是想逃回关中。他拉虎贲郎将元礼和杨广多年的近身侍卫、直阁裴虔通两人一起密谋西归。三人又辗转拉上了内史舍人元敏、虎牙郎将赵行枢、勋侍杨士览等人同谋，商量怎么才能既避免杨广的追杀，又突破各地造反武装的拦截，安全地逃回家去。司马德戡一开始还偷偷摸摸地聚会，后来人越来越多也没有人过问，就堂而皇之地公开议论叛逃的事情了。

有一个宫女听到司马德戡一伙人的商议后，赶去报告萧皇后："外间有人谋反。"萧皇后说："你直接报告皇上去。"宫女就跑去报告杨广。杨广闻言大怒："你一个宫女，知道什么国事，到处妖言惑众！"结果这个可怜的宫女被活活打死了。自此以后，宫中再也没人敢说外面的消息了——尽管太监宫女们都知道司马德戡等人的活动进展情况。

司马德戡一伙人商量来商量去，决定在大业十四年（618 年）三月十五日结伴西归。赵行枢和宇文智及的交情很深，杨士览是宇文智及的外甥，两个人就找他密谋，把司马德戡的决定全盘托出。

宇文智及想了想，说："杨广虽然无道，威力尚在，你们擅自逃走，恐怕也会落得窦贤那样的下场。"

赵行枢二人忙问："那如何是好？"

宇文智及神秘地说："隋亡已成定局，方今英雄并起。我看同心西归者已达数万人之多，如果因此起事，此乃帝王之业也。"说完，他做了一个拔刀的手势。

赵行枢和杨士览面面相觑，傻了。成帮结队开小差，他们敢，也计划好了，但要说杀了杨广，推翻隋朝，自己拉武装干，他们还真没这个胆。愣了半天，赵行枢才说："欲行大事，必有一主帅。我等几个，人微言轻，难当重任。看来只有宇文公兄弟，才能担此重任。"他把皮球踢给了宇文智及：造反也行，你挑头，当首犯，我们跟着干，当从犯。

宇文智及暗暗高兴，表情却大惊失色，说："这等重任，我还没有想过。我先前只是想和你们图谋救命罢了。"赵行枢就劝他答应，劝了半天。宇文智及说要找兄长宇文化及商量一下。赵元枢赶忙跑出来，把宇文智及的意思告诉司马德戡等人。大家觉得这个方法不错，直接干掉杨广，大摇大摆，大张旗鼓地率领大部队回关中去，安全系数高，而且也威风。司马德戡一伙人约上宇文智及，一起到宇文化及的住处，要推他为首发动政变。宇文化及早有谋反之心，当即答应了。于是，一个以宇文化及、司马德戡、裴虔通、宇文智及、赵行枢为核心，鹰扬郎将孟景，内史舍人元敏，符玺郎李覆、牛方裕，千牛左右李孝本、弟弟李孝质，直长许弘仁、薛世良，城门郎唐奉义，医正张恺等人组成的阴谋团体组成了。看看团体名单，几乎囊括了杨广身边各个部门、不同级别的大臣，可见杨广众叛亲离到了何种程度。

接着，司马德戡等人到处散布谣言，说杨广知道关中和其他北方将士们有心叛逃，准备了毒酒计划借犒军的机会毒死大家，只留南方籍的将士。近卫将士们本来就人心惶惶，很自然地相信了谣言，恐惧起来。恐惧情绪相互传染，使全军都有了谋反自救的念头。

二

大业十四年（义宁二年，618 年）三月初十深夜，司马德勘、宇文智及等人率兵在江都东城放起火来，宣告起事。

杨广在宫中第一时间看到了火光，隐约听到宫外人声喧嚣，就叫贴身侍卫询问情况。裴虔通这天值班，谎称是城内草坊失火，军民正在救火。杨广还是晋王的时候，裴虔通就是侍卫，对他很信任。听了裴虔通的谎话后，杨广不在意火光，睡觉去了。

司马德戡集团逐渐控制了江都城，在五更时分杀入皇宫。皇宫守卫一触即溃，乱军直奔杨广寝宫而去。杨广知道情况有变，换上普通服装逃到西阁躲藏起来。司马德戡没抓到杨广，拉过一个美人逼问。美人告发了杨广的去处。校尉令狐行达持刀直入西阁，杨广知道被发现了，隔着窗子喝问："你敢弑君？"

令狐行达被吓住了，说："臣不敢。将士思归，臣等想奉迎陛下西归京师。"

杨广解释说："朕也一直想回关中，先前因为粮食未到，没能成行。现在，朕就和你们一起还于京都。"杨广以退为进，主动亮相。乱军反而一时不知如何是好。

乱中，有人牵来一匹马，请杨广上马去见百官。这个时候了，杨广看到马鞍弊旧，还要求造反的士兵找来一个新马鞍换上。之后他才上马，由士兵挟刃牵着缰绳，被押到众将面前。

宇文化及远远看到手下牵着骑着高头大马的杨广过来，忙挥挥手喊道："你们把这个人拉出来有什么用，杀掉算了。"宇文化及不愧是宇文述的儿子，政治经验丰富，狠毒，敢干。政变胜利了，要推翻的杨广安然无恙地被拉了出来，如何处置？这是费心费力的麻烦事，还不如直接杀掉算了，简单明快，大家也方便。

一干人等又把杨广押回寝宫。裴虔通等人执刀站在一旁，商量怎么"做"掉杨广。

杨广问："我有什么罪，你们如此对我？"

造反的军官马文举说："杨广，你抛弃社稷，四处巡游，不停地骚扰百姓。登基以来，征战无数，骄奢淫逸，多少百姓死于沟壑之中？如今民不聊生，盗贼蜂起，生灵涂炭，这都是你的罪过。你不知悔改，继续宠信小人，文过饰非，竟然还敢说自己没罪！"

这顿臭骂让杨广半天无话可说，过了一会杨广又说："我的确有罪，愧对天下百姓，但我并没有亏待你们这些人。你们生活安逸富贵，为什么要这样对我？今天之事，何人为首？"

司马德戡应声说："陛下多行不义，天怒人怨，想杀你的，何止一人？臣等平日的确受你宠幸，现在这么做确实有负陛下。当今天下大乱，两京失陷，我等欲归无路，求生无门。只好借陛下的脑袋以谢天下，谋得一条生路。"

杨广再次无话可说，突然看到封德彝也站在造反队伍中，苦笑着问："爱卿是读书人，怎么也掺合这种事？"封德彝羞愧得满脸通红，漠然退出。

杨广平日最宠爱幼子、赵王杨杲。杨杲当时年仅 13 岁，现在也被押到杨广身旁。小孩子没见过真刀真枪和等待审判的景象，吓得嚎啕大哭。裴虔通心里正烦，随手抽刀将杨杲杀死。小儿子的鲜血溅了杨广一身。杨广泣不成声。

一行人商量来商量去，决定用刀杀死杨广。

杨广却不同意："你们这群无知小人，诸侯之血入地，田地要大旱三年；天子之首落地，你们知道会有什么后果？天子有天子的死法，不能死于锋刃。你们速速去取毒酒来！"杨广这是想留个全尸。杨广此前隐隐感觉到自己有人头落地的危险，准备了一个盛有毒药的小瓶。他把小瓶交给身边姬妾，要求一旦宫中失事，自己帝位不保，要求姬妾们服毒先死，自己随后服毒。但江都兵乱事起仓促，左右姬妾已经逃散，乱军一时找不到毒药。

令狐行达急了，上前就要对杨广动粗。杨广摆摆手，无奈自己解下白练巾，递给令狐行达。令狐行达招呼军官于弘达上前，一起将丝巾缠到杨广的脖子上，各自用力一绞。杨广顿时气绝身亡，虚岁 50。

杨广之死，是相当惨烈的。不过，历代都没有人同情杨广，相反一致谴责他是咎由自取。《隋书》评价道："普天之下，莫匪仇雠，左右之人，皆为敌国。亿兆靡感恩之士，九牧无勤王之师。遂以万乘之尊，死于一夫之手。子弟同就诛夷，骸骨弃而莫掩，社稷颠陨，本枝殄绝。"还引用《尚书》的一句："天作孽，犹可违，自作孽，不可逭。"

杨广死后，萧皇后令宫人拆床板做了两副小棺材，将杨广和赵王杨杲的尸体收敛。宇文化及将他草草埋葬在吴公台下。史载杨广"发敛之始，容貌若生，众咸异之"。李渊评定江南之后，将杨广改葬雷塘。有人写了"杨广陵"三个字，权当地标而已。杨广死后坟墓就是个土丘，很快荒草萋萋，鲜有人去凭吊怀古。后人往往称杨广为"暴广"或者干脆就称"逆"，众口一辞地痛骂，哪还会去凭吊他。五代的罗隐是少数去此地怀古的名人，赋诗一首评价杨广：

入郭登桥出郭船，红楼日日柳年年。
君王忍把平陈业，只博雷塘数亩田。

三

宇文化及、司马德戡等人当天就要发动叛乱的时候，江阳县长张惠绍连夜跑去报告了主管司法监察的裴蕴。裴蕴和张惠绍商量，决定伪造诏书征发城中的百姓为军，然后说动硕果仅存的大将、荣国公来护儿指挥镇压宇文化及等乱党，救援杨广。谋议已定，裴蕴派人把计划告诉掌管机要的虞世基。虞世基是处理公文的高手，却不太清楚政治现实，怀疑造反举报不实，不同意裴蕴等人的计划。这一来一往，裴蕴、虞世基等人也没商量出什么结果来，而宇文化及等人早已经率军起事了。裴蕴、虞世基等人被抓。

隋王朝白白丧失了一次自我拯救的机会。裴蕴对自己的优柔寡断很后悔："和糊涂蛋商量大事，怎能不误事呢。"

那一天，来护儿在五更天的时候出门准备上早朝，结果被叛军捉住。来护儿喝问士兵："陛下现在何处？"告知："已经被抓了。"来护儿慨叹道："我备位大臣，荷国重任，不能肃清凶逆，令皇室遭此大难，抱恨泉壤，知复何言！"

江都政变的那个凌晨，裴矩也早早起来准备上朝，途中遇到乱军。裴矩心想，完了，横竖都逃不过死了。谁想，造反的官兵们都念着裴矩给他们找老婆的好处，纷纷喊道："不关裴黄门的事。"裴矩就此躲过一劫，一会遇到了宇文化及率领百余骑兵路过。裴矩恭敬地迎拜，宇文化及也很客气地安抚裴矩，命令裴矩参予政变后的制度重建和顾问工作。留在江都的开皇重臣苏威在民间的声望很好，很清廉，而且长期没有参予朝政了，宇文化及专门下令不许伤害苏威。因为苏威"名位素重"，乱军对苏威相当尊敬。裴矩和苏威就这么侥幸逃过了灾难。

在这场政变中，内史侍郎虞世基、御史大夫裴蕴、秘书监袁充、大将来护儿、将军宇文协、千牛宇文皛、梁公萧钜等大臣被杀。在江都的皇族：废蜀王杨秀与诸子、原汉王杨谅独子杨颢、杨广的儿子齐王杨暕也都遇害。

常年权力争斗吞噬了杨广的正常情感。他长期生活在多疑猜忌之中，对任何人都不信任，都提防戒备。杨广和父亲、兄弟的关系充满了欺诈、表演和杀戮。他继位后，和儿子、近亲的关系也充满提防。凡是他觉得有可能威胁到权力的宗室成员，都随时带在身边。这是造成江都兵变时，近支皇族受戮众多的原因。

杨广登基后，册立长子杨昭为太子。两年后，杨昭英年早逝。此后，杨广再也没有册立太子。二皇子、齐王杨暕认为按顺序应该立自己为太子。杨暕继承了杨广的许多特点，比如聪慧过人，又比如骄奢淫逸。他和妻子的姐姐私通，又用迷信方术陷害大哥杨昭的三个儿子等等。杨广对杨暕时刻警戒，派人监视齐王府的一举一动。他听说杨暕摆宴饮酒，就想齐王做了什么事这么高兴呢；听说杨暕忧虑憔悴，又想齐王忧虑是不是别有企图呢？杨广担心杨暕发动政变，严格限制杨暕身边的人，配备给他的随从都是老弱之人。结果，杨暕整天担惊受怕，害怕父皇要杀自己。

当乱兵冲进宫廷。杨广的第一反应是对萧皇后说："莫非是杨暕作乱！"可见，他们父子疏远猜忌到了何种程度。宇文化及缢杀杨广后，又派人捕杀齐王杨暕。杨暕在睡梦中被乱兵惊醒，第一反应也是父皇派人来逮捕自己。杨暕大叫："使者且慢，我没有做对不起国家的事。"乱兵才不管这些，把杨暕和他的两个儿子拉到街上杀了。杨暕到死都可能以为是父皇杨广要杀自己，死时三十四岁。

隋亡唐兴

从政治角度讲，隋朝的统治至此就算结束了。接下来的故事都是有关隋朝的零碎的历史。

隋朝实质覆灭后，最大的受益者是李渊。李渊势力既重视军事征伐，又着意加强宣传工作，整治内政，收揽人心。这一切背后都隐藏着李渊那颗冲击最高权位的欲望之心。

以丞相的名义辅助国政，总理一切，这都是之前的权臣们夺取大权的一贯准备步骤。从魏晋故事到隋文帝杨坚代周都是如此。李渊的特殊之处是他在起兵五个月之后就做到了前人花费数十年才做到的一切。李渊曾概括自己的幸运说："我虽失意于后主（指杨广），幸未负于先帝（指杨坚）。"在这里，他依然将自己作为隋朝的臣子，得意地炫耀自己才是隋文帝杨坚的继承人。618 年的正月丁未，隋帝杨侑下诏赐唐王李渊剑履上殿，入朝不趋，赞拜不名的待遇[1]，唐王仪仗加前后羽葆、鼓吹。李渊在事实上与皇帝宝座已经很近了。

李渊毕竟是官场老手，面对许多农民造反者梦寐以求的皇帝宝座，他压住了内心的冲动。

杨广死讯传到长安，给李渊势力带来了不大不小的震动。杨侑做皇帝对抗杨广法统的作用降低了；但另一方面，杨侑又名正言顺地成为了天下的君主。只是现在，杨侑的第二方面作用不一定非要由他来承担：他姓之人也可以称帝号令天下。杨广刚死，杨侑进封李渊为相国，总百揆，备九锡之礼。这又是之前篡位者的一贯步骤。唐国设置了丞相以下全套政府机构，配备了官员，立李渊高祖以下四庙于长安通义里第。李渊已经开始了新王朝世系的建设工作。在攻入长安后，绝大多数臣民就已经默认李渊的统治地位。随着事态越来越明朗，李渊代隋的事情已经是板上钉钉的事情了。

江都政变前夕，杨侑就以李渊“功德日隆，天历有归”的理由想禅位给李渊。史料的缺乏让我们无法判断这到底是李渊幕后指使，还是群臣拍马屁的结果，或者是小皇帝本人的意思。当时朝廷大臣都劝李渊顺水推舟接受禅让。但是李渊感到时机还不成熟。尽管裴寂等人率群臣2000人三番五次劝谏，李渊都没有答应。

五月，杨侑下诏李渊佩带有12道旒的王冕，建天子旌旗，出警入跸。简单地说就是李渊可以佩戴皇帝的服饰，享受皇帝日常生活中的安全警卫措施，动用皇家仪仗。在古代，不同人的生活器物和行为标准是严格限制的。如果说之前李渊的待遇和天子有一步之遥的话，现在李渊就是个近乎有名有实的天子了，所缺的只是个称号而已。

十几天以后，杨侑又一次要禅位给李渊。他派使节捧着皇帝玺授于高祖，并下禅让诏书。书中写道：“天祸隋国，太上皇在扬州遇刺。我只是个小孩子，遭遇噩耗，心情糜溃，难以理事。相国唐王，扶危拯溺，

1　李渊可以佩带宝剑上朝见皇帝（一般大臣不能佩戴兵器入朝），在朝堂上不用小碎步轻声前进（一般大臣要蹑手蹑脚地在宫里走路，免得吵着了皇帝），与皇帝对话时候不要口口自称“臣”（一般大臣要说：臣＋官职＋姓名，再说实质内容）。

东征西讨，总九合于一匡，决百胜于千里。天下全靠唐王的维持。现在是人心所向，天命难违。隋朝国运已去，我原本是代王，现在请求遵历代圣贤的例子，回归藩国，禅位唐王。天下臣民，都要改事唐朝。”之后的诏书内容是杨侑个人真情实感的流露：“我现在有一种如释重负的感觉，希望能假手于人平定天下。希望天下臣民都能理解我的心意。”这一回李渊决定接受帝位。不过按照惯例，他们还得演一场戏。李渊要以自己道德浅薄，恐怕担当不起治国重任而辞让。百官臣僚要上表劝谏，人数越多，语言越恳切越好。皇帝也要不厌其烦地表现让位的诚意，这样的推来推去要表演三次。最后，李渊才同意。整个过程要表达的不仅是受禅者李渊的谦虚，更是要表现新朝的建立是天命所归，人心所向的事情。

李渊同意后，在位半年的杨侑立即离开皇宫，宣布逊位，重新住回原来的官邸。

几天后，五月二十日，甲子日。李渊选择登基称帝。他改大兴殿为太极殿，即皇帝位。重新被称为代王的杨侑又一次回到皇宫，亲手将皇帝的宝玺交付李渊。因为李渊封爵是唐王，故改国号为“唐”，仍然定都长安；改隋义宁二年为唐武德元年（618 年），大赦天下，百官百姓，赐爵一级。李渊就是日后的唐高祖。他派人祭告南郊，告诉上天自己做了地上的皇帝。

一切禅让手续，就此完成了。唐王朝建立了！

当月，李渊封杨侑为酅国公。与之前的逊帝一样，杨侑没有被允许前往封地，而是闲居长安。第二年（武德二年，618 年）五月杨侑薨，年仅 15 岁。正史没有记载杨侑的死因，因此野史就认定他是被李渊毒死的。杨侑在位没有任何建树，主要举动就是一再给李渊加官晋爵，还多次下诏要求让位。因此死后给他上谥号就有一定的难度，最后唐朝称杨侑为“恭帝”。杨侑被葬于陕西省乾县阳洪乡乳台村南 500 米处。他的族人继承酅国公封号，一直传到五代晋时期。

对于杨广，唐朝君臣给他上了一个极坏的谥号，就是杨广本人绞尽脑汁给陈朝末代君主陈叔宝找出来的谥号：炀。杨广史称“隋炀帝”。但痛恨杨广的后人连坏谥号也不愿意叫，一般用“逆”字称呼他。

第十章

隋帝国的残余

一般王朝覆灭后，幸存的皇室成员往往会振奋祖宗余烈，割据地方，延续国脉。

但隋朝的情况比较特殊。首先，隋朝没有安置强有力的藩王势力。皇帝遇刺后，没有强有力的藩王能够出头重续皇统；其次，江都政变几乎将隋朝近支皇室一网打尽。隋文帝杨坚的四儿子杨秀在杨坚生前被废为平民，理论上不算是皇室成员了。但杨广即位后，毅然把杨秀带在身边，杜绝隐患。宇文化及弑君叛乱后，不敢马上自立，需要推举一位新皇帝。杨秀是江都之内与杨广血缘最近的人，在血统上最有资格继承帝位。宇文化及也有意立杨秀为帝，但遭到了部下的一致反对。结果，杨秀和所有儿子都被杀了。

总之，杨广之后，杨家没有拿得出手的人来复辟隋王朝。

王朝的弃儿

一

隋炀帝杨广死后，天下出现了三个以隋朝正朔自居，各自标榜正统的政权。第一个是李渊在关中扶持的代王杨侑政权，沿用隋朝旗号。第二个是宇文化及等人在江都翻出秦王杨王浩（隋文帝三子、秦王杨俊的儿子）为新皇帝，继承了隋朝老一套的官僚机构。宇文化及把持朝政，任命司马德戡为礼部尚书，裴虔通为光禄大夫、莒国公，裴矩为侍内。第三个政权是洛阳的越王杨侗（隋炀帝杨广之孙）政权。隋炀帝死讯传到洛阳，王世充与留守大臣元文都、卢楚等人奉越王杨侗为新皇帝，仍称隋朝。杨侗以王世充为吏部尚书，封郑国公，赋予征战讨伐大权。

这三个政权抬出来都是隋炀帝杨广的晚辈，都是三个傀儡（越王杨侗的情况稍好一点）。三个可怜的皇子皇孙，仿佛就是隋王朝的三名弃儿。王朝的主船已经在巨浪中沉没，剩下三条小舢板被不怀好意的大浪推着，勉强前行。

江都的官兵们杀死隋炀帝以后，纷纷整装要回老家。宇文化及决定取道徐州，进入山东，然后再西进返回关中。计议停当，宇文化及裹挟着隋朝残余，带上隋炀帝的萧皇后等人北上。这是当年四月的事情。当时江淮地区有杜伏威率领的强大的造反势力。杜伏威原本可以趁着江都隋军仓皇被撤的有利时机，给予隋军致命的打击，不能说能彻底消灭掉宇文化及这股隋朝残余势力，起码也能占领江都等地壮大自己。但杜伏威等人显然没有做好隋朝骤然灭亡的心理准备，不知道如何应对“后杨广时代”的到来。思前想后，杜伏威竟然在当年的八月向洛阳的越王杨侗小朝廷上表称臣，接受了隋朝的官爵。要说农民军起事，没有清晰的政治规划还真是不行。像杜伏威这样的，不仅白白浪费了天赐良机，还“模糊了斗争视线”，严重挫伤了手下农民兄弟的斗志。

宇文化及等人沿着运河一路平安到达了徐州，舍舟登陆，暂作逗留。

政变核心人物司马德戡这时候率领后军，给宇文化及打掩护。司马德戡心中不满：凭什么你率大军在前面逃命，我就要殿后当炮灰啊？于是，他联络赵行枢、李本、尹正卿、宇文导师等人谋划除掉宇文化及。司马德戡把江都政变的那套经验照搬了过来，把一件原本应该秘密进行的事情搞得人人都知道了。结果计划没开始，知情的许弘仁、张恺就向宇文化及告发了司马德戡。宇文化及就派弟弟宇文士及以游猎为名来到后军。司马德戡还不知道事情已经败露，出营参谒，被逮了个正着。宇文士及接着将司马德戡的党羽也一网打尽，带去见大哥化及。宇文化及质问司马德戡：“我们相约同心协力，共定海内，出于万死。现在事情刚刚有些眉目，原本要想与你同享富贵，你为什么要造反呢？”司马德戡说：“我杀昏君杨广的本意，说不堪忍受他的暴虐毒害。我们辛辛苦苦拥立了你，想不到你比杨广更坏。怎么能不杀你呢？”宇文化及无颜以对，下令缢杀司马德戡。宇文化及这一支势力刚成立不久，便发生了内讧，可谓出师不利。

稍作整顿后，宇文化及引兵继续北上，留下裴虔通镇守徐州。

二

宇文化及的队伍呼啦啦的一片，人数很多，但缺衣少粮，急需补充物资。宇文化及决心攻占一个大粮仓，补充休整。隋朝的两大粮仓洛口仓和黎阳仓都在李密瓦岗军的手里。洛阳，宇文化及是不敢去的。他不愿意去掺合李密和王世充两大势力的混战，于是发兵十余万去进攻黎阳仓。李密不敢怠慢，亲自率领步骑二万，赶去会会宇文化及。

洛阳的越王政权见李密和宇文化及干上了，决定调整策略。李密是造反者，是敌人；宇文化及是叛逆，是杀害先帝的凶手，是更大的敌人。两害相权取其轻，洛阳方面的元文都、卢楚等大臣决定先要消灭宇文化及，给杨广报仇。刚好当时李密放松了对洛阳的包围，去找宇文化及干架了，这就为双方联合起来先对付共同的敌人提供了可能。元文都等人让杨侗派人授予李密太尉、尚书令的官职，真封他为魏国公。如果李密接受，就命令他先消灭宇文化及，然后承诺可以入朝辅政。李密可能是出于缓和与洛阳的关系，避免两面受敌的考虑，接受了洛阳的任命，还派人去致谢。

李密得以专心对付宇文化及。他判断宇文化及是来抢粮的，利在速战，所以决心不与他交锋，就堵在宇文大军前进的道路上，拖住他，耗光他，饿死他。宇文化及督军昼夜猛攻黎阳仓。守仓的瓦岗军大将徐世绩，拼了老命死守，硬是没让十万大军打下来。

李密估计宇文化及着急了，跑到阵前数落他说：“你宇文化及的祖上原本是匈奴人的奴仆破野头氏，父兄子弟深受隋室厚恩，富贵累世，还娶了公主为妻，荣华富贵，无人可比。国家多难，你们本应该更加效忠王朝；主上失德，你们本应该冒死劝谏。现在倒好，你们率众造反，躬行杀虐，枉害无辜，必将诛及子孙，为天地所不容！你们还不如速速投降于我，尚可保全家族。”李密深知宇文家的往事，对宇文化及兄弟三人现在的情况分析得透彻，打中了宇文化及的心痛。宇文化及闻言默然，俯视良久，瞋目大叫：“现在是在和你谈厮杀之事，何必作书生之言？”李密转头对随从说：“宇文化及是个平庸懦弱的人，忽然要图帝王大业，也就是赵高之流，成不了大事。我折根棍杖就能赶跑他。”

宇文化及明白只有得到黎阳的粮草，自己才能转败为胜，加紧督军大修攻城器具，昼夜猛攻黎阳仓城。李密率精锐增援，仓城守军里应外合，出来一起把宇文化及的攻城器具都给烧了。大火烧了一天一夜，可见宇文化及造了多少器具。

器具烧完了，宇文化及的粮草也见底了。李密知道后，假装要和他谈和。宇文化及信以为真，大喜。谈和后就可以向李密买粮食了。于是，宇文化及对越来越少的粮食不加控制，任由士兵们敞开了肚子吃，反而加速了粮草的匮乏。刚好这时李密部下有个人犯了罪，逃亡到宇文化及的阵营，将李密假和谈真备战的阴谋和盘托出。宇文化及那个生气啊，恨不得把李密一口口吃了，而自己的粮食吃完了，方今之际只能寄希望于在决战中战胜李密。宇文化及仓促决定向瓦岗军发动总攻。两军战于童山之下。混战中，李密被流矢射中，坚持作战，最终大败宇文化及的十万大军。宇文化及带着残部向北逃往魏县（今河北大名西南），劫掠沿途州县。江都隋朝残余中的许多官员、兵将纷纷投降了李密。

当初宇文化及进攻黎阳的时候，把辎重、老弱都留于东郡，留代理刑部尚书王轨守卫。宇文化及大败后，王轨献城投降李密。江都隋朝的基本框架和许多遗老遗少都在东郡，现在也就归入李密囊中。留在东郡的苏威也随众投降。苏威见到李密“再三舞蹈”，声称：“想不到今日再次见到圣明！”李密因苏威年老声高，又主动投降，非常礼遇。

按照之前李密和洛阳政府约定的条件，李密打败了宇文化及就可以入朝辅政了。李密也有此意思，引兵西进，前往洛阳。他先派记室参军李俭带着亲手绞死杨广的凶手之一于弘达献给越王杨侗，顺便探探洛阳方面的口风。杨侗任命李俭为司农少卿，派他回去召李密入朝辅政。

李密意气风发，喜气洋洋，要去洛阳上任。赶到温县的时候，洛阳方面突然传来王世充诛杀元文都、卢楚等人已经独霸朝政的坏消息。李密不得不怏怏地回到老巢金墉城。

三

王世充表面上靠窥测隋炀帝杨广颜色，阿谀奉承才获得宠信，看似是一般佞臣，实际上背地里阴结豪强，聚敛人心，野心大大的。

王世充掌握着洛阳的军队，是拥戴杨侗为帝的核心人物。王世充没想到杨侗还真把自己当皇帝了，不跟王世充商量，就听信元文都等人的意见确定了联合李密的策略，而且还承诺让李密入朝辅政。李密来了，王世充往哪里摆？

李密打败宇文化及后，遣使告捷洛阳。洛阳城内一片欢呼声，王世充却对麾下诸将说："元文都之辈，刀笔小吏而已。我看现在如果让李密入朝，我们必为李密所管辖。我们人人与李密混战多年，杀其父兄子弟，前后不计其数。大家一旦成为李密的部下，还有什么好果子吃吗？"部下官兵一下子就被王世充挑拨起来，反对朝廷召李密入洛阳。

元文都知道部队的情绪后，大惊，与卢楚等人商量，认定是王世充使的坏，谋划着把王世充引进宫中，埋伏武士把他干掉。大家定好了谋杀的日期，分头准备去了。不料参予其中的将军段达[1]秘密让女婿张志把整个计划告诉了王世充。

王世充连夜发兵围攻宫城。将军费曜、田世阇等人出宫与王世充交战。费曜等人不是对手，王世充很快就攻门入内，抓住卢楚，喀嚓一刀杀掉。来到杨侗的寝宫门前，王世充令人叩门进言："元文都等人想劫持皇上投降李密，段达知道后告诉了臣。臣入宫是诛杀奸臣，不敢谋反。"元文都当时在杨侗身边，闻言，带着杨侗来到乾阳殿，招呼卫兵保护。经过一场肉搏，元文都也被乱军杀死了。杨侗下令打开大门迎王世充进来。王世充把宫中所有的卫兵都换上自己的人，才敢进来。入内

1 段达是个老将。杨坚还在北周当丞相的时候，就用段达为大都督，领亲信兵，常置左右。

后，王世充顿首流涕，恳切地说：“元文都人品行恶劣，想谋划臣，危及国家。实情紧急，臣才出此下策。”杨侗能说什么呢，只有点头。王世充接着暗示杨侗，任命自己为尚书左仆射、总督内外诸军事；又任命王世充的哥哥王恽为内史令，入居禁中，监管杨侗。

王世充擅权后，重赏将士，加紧打造兵器器械，洛阳城中士气大振。

王世充面临的问题也跟宇文化及一样：没有粮食。李密占着大粮仓，粮草富裕得很。王世充就建议用布匹和李密交换粮食。李密不同意，可部下邴元真等人想从货物贸易中谋取私利，不断来劝李密答应。李密最后点头同意了。之前，东都洛阳缺粮，许多人都失去了信心，不断有人归降李密。每天都有数百人逃出洛阳，投奔瓦岗军。现在，洛阳源源不断获得粮草，人心稳定了下来。李密见每天来归降的人越来越少，后悔死了，随即又下令禁止卖粮食给洛阳。

李密也有李密的困难。他的地盘内没有武器库，士兵们的装备得不到及时补充与更新。同时李密下达的战斗命令越来越多，给予的赏赐越来越少。为了招降纳叛，李密对前来归降的人很重视，待遇很高，相对冷落了老部下。渐渐的，李密在瓦岗军内的声望下降了。许多将士开始抱怨李密。

王世充觉得时机成熟，倾城而出，招李密来决战。

李密仓皇应战，遭到大败，从金墉城只率万余人逃向洛口仓。李密部将裴行俨在冲杀之中中流矢坠马。程知节已经跑远，见状返身前去营救。他连杀数人，逼退了追兵，抱起裴行俨上马撤退。程知节的战马载不动两个人，跑得特别慢，很快就被王世充军追上。程知节不忍将裴行俨丢下，迟疑间被一枪刺中，长枪穿胸而过。程知节忍住剧痛，回身折断长枪，一刀将执枪之人斩于马下。如此壮举，吓得追兵纷纷勒马远看，不敢继续追赶。程知节两人终于安全返回本军。

李密逃入洛口仓，与守军邴元真合兵一处，要和王世充再战。李密与众人商议后，决定等王世充的部队渡洛河之时，半道截击。上天不保佑瓦岗军，李密派出去的侦察骑兵不称职，没有把握住时机通知李密。等瓦岗军整军出战的时候，王世充已经全军安然渡过洛河了。李密知道打不过，主动带军逃跑。邴元真投降，将洛口仓献给了王世充。在李密阵营中的苏威也跟着投降了王世充。苏威回到了洛阳，这里本来就是他的家。苏威位极人臣的时候，就把府邸安在了洛阳，妻子和儿子的墓穴也在洛阳。

这是武德元年（618 年）九月间的事情。

目标是割据

一

李密连连惨败，部众越走越少。他想逃往黎阳据守。镇守黎阳的人是徐世绩。有人就对李密说："当初杀翟让之际，徐世绩差点被砍死。听说内伤在现在还没有治好，内心不安。您率领败军去黎阳，万一徐世绩居心不良，您就很危险了。"李密一听有理，放弃了北奔黎阳的打算。

当时王伯当驻守河阳，李密就渡过黄河来到河阳。

李密此时的情绪很差，对王伯当说："兵败了！这么多年来，辛苦诸君了。我今日自刎，以谢众人。"部下都哭成一团，不敢正视李密。李密提不起自杀的勇气，说："感谢诸君一直跟随我，我这就去关中。虽然我没有尺寸之功，心怀愧疚，但投降李渊，诸君还能保住富贵。"部下府掾柳爕表示赞同，说："昔日刘盆子投降东汉，安享晚年。明公与唐朝皇室宗族有关联，虽然不是唐朝起义人员，但是在东都洛阳缠住了隋朝的主力部队，为唐公李渊不战而据京师建立了大功。"众人也都表示同意。李密于是西入长安，投降唐朝。李密入关之后，周边尚且聚集了两万精兵和文臣武将。李渊对李密主动投降，大喜过望，亲自率领唐朝百官出城相迎，慰劳再三，封李密为邢国公，拜光禄卿。

李密降唐后，黎阳的徐世绩成为关东瓦岗军残余势力的首领。瓦岗军的残部还控制着南起淮河，北到河北，东起黄河，西至洛阳的广大地盘，部队不下十万人。这些领土和军队都听从徐世绩的指挥。徐世绩面临着重大选择，既可以取代李密成为一方枭雄，也可以将地盘和军队作为筹码投靠唐朝换取富贵。他对部下说："这些人口土地都是魏国公（李密）的，我奉命把守而已。魏国公现已降唐了，我们也应该降唐。”有部下就建议徐世绩以自己名义把土地和部队献给李渊，换取更大的荣华富贵。徐世绩拒绝说：“如果我直接给李渊上表纳土归降，就是利用魏国公落败之机为自己邀功。如此行为令君子不齿。我应该先把土地、户籍交给魏国公，由他献上。”于是，徐世绩派人向长安方向投降。李渊听说徐世绩派人来了，以为是向自己投降来了，结果发现徐世绩依然是以臣礼向李密上表，李密再拿着徐世绩控制的军队和土地投降。李渊不禁感叹道：“徐世绩真是千古罕见的忠臣与君子！”李渊感动之余，封徐世绩为莱国公，依然掌管东方瓦岗军的残部；并特别赐姓“李”。徐世绩从此改名为“李绩”（避秦王李世民的名讳，去掉了“世”字）。

李渊对留在长安的李密开始很友好，很厚待，把表妹独孤氏嫁给了他。后来礼数就慢慢淡薄了下去。李密当的光禄卿又是个虚职，没什么实权，平日里遭遇其他实权官员的刁难和“吃拿卡要”。李密比较在山东的风光，内心不平起来。他私下对王伯当说：“我占据洛口的时候，曾经想任命崔君贤为光禄卿，不想现在自己当了光禄卿。”此时山东瓦岗军旧部出现了不稳迹象，李密便与王伯当商量谋划逃出关中，自立为王，从头开始。王伯当不同意，但拧不过李密。于是李密借口要去收抚山东旧部归降李渊，得到李渊同意后，和王伯当等人准备东出潼关，回归关东。武德元年十二月（619 年 1 月）李密与王伯当行至途中的熊耳山遭到唐军埋伏，双双被杀。

李密之死成为了隋末唐初历史的一大疑案。有人认为是李密等人中途造反自立的行迹非常明显，被唐朝地方官府杀死的，有人认为是李渊一直暗中提防李密。听说李密要回山东，将计就计，在途中安排了伏兵，一举杀掉李密及其亲信。

当时李绩还握有重兵据守黎阳。李渊派人带着李密的脑袋去向李绩说明情况。李绩奏请收葬李密，让旧主子头身合一全尸安葬。李渊同意了，李绩操办了李密的丧事，三军缟素，办得很风光。李绩将李密用君礼安葬在黎阳山西南五里，坟高七仞。

李密在关东地区影响很多，有一批铁杆粉丝。在李密的葬礼上，有许多人悲伤哭泣，直至呕血。

二

李密降唐后，王世充收集瓦岗军在洛阳附近的余众，回到洛阳升官当了太尉、尚书令。

却说躲在魏县的宇文化及，日子越来越不好过，手下将士逃跑得越来越多。宇文化及知道自己必败，叹道："人生终究当死，岂能不感受一下当一天皇帝的感觉！"于是毒杀了傀儡皇帝杨浩，在魏县即帝位，国号许，改元"天寿"。宇文化及手下没什么可以拿得出手的人才，只有一个裴矩。宇文化及任命裴矩为尚书右仆射，封蔡国公。宇文化及这么做完全是赌徒心理使然，破罐子破摔，反正要死了，过把皇帝瘾再死岂不更好。

武德二年（619年），李渊派淮安王李神通进攻宇文化及。宇文化及打不过，干脆不打，向东逃到山东聊城。李神通尾随宇文化及赶到聊城，开始围攻。

不知道宇文化及头脑进水了，还是瞎猫想撞见死耗子想疯了，他给割据幽州的罗艺写了一封信，要招降罗艺。罗艺割据幽州多年，比宇文化及强大得多，怎么可能反过来投降穷途末路的宇文化及。罗艺不仅不投降，还奚落了宇文化及一顿："我是隋朝旧臣，深感朝堂大恩。宇文逆贼颠覆朝堂，令我痛心疾首。"罗艺将宇文化及的使者砍了脑袋，然后宣布为隋炀帝杨广发丧，大哭三天。

宇文化及的招降工作在山东地区竟然取得了成功。山东农民起义的老前辈王薄接受了宇文化及的招降，率军赶来和宇文化及的部队共同守城。李神通攻城不克，暂且退军。

河北大亨窦建德在去年（618年）就已经正式建国，定都乐寿，国号"大夏"。宇文化及在河北山东各地跑来跑去，窦建德看得特别不顺眼。现在宇文化及钉死在聊城了，卧榻之侧岂容他人酣睡，窦建德随即以讨逆为名，发大军去攻聊城。不等宇文化及有所反应，聊城的大门洞开。是王薄打开的城门，放窦建德入城。宇文化及和窦建德相比，王薄更喜欢窦建德，毕竟曾经同是革命战友。

窦建德入城后，将宇文智及、杨士览、元武达、许弘仁、孟景等人全部斩首，将宇文化及及其子宇文承基、宇文承趾押至襄国斩首。宇文化及的弟弟、隋朝驸马宇文士及机灵，城破后抛妻弃子，逃亡济北，又向西投降了唐朝。许政权灭亡，隋朝的卤簿仪仗尽入窦建德之手。窦建德毕竟是以为隋炀帝报仇为由，入城后对残存的隋朝皇室、大臣百官们相当客气。他先去见萧皇后，并穿上素服为隋炀帝杨广哭丧尽哀，然后接见被俘的隋朝官员。那些隋朝旧臣颠沛流离，已经成了惊弓之鸟。他们见到传说中河北最大的造反者窦建德后，莫不诚惶诚恐，战战兢兢。只有杨广的女儿、宇文士及的妻子南阳公主神色自若，见到窦建德时侃侃而谈。说到国破家亡，自己一介女流不能报仇雪耻时，南阳公主泪如雨下，泣不成声。窦建德和其他听众莫不为之动容，陪着流泪。南阳公主和宇文士及生了一个儿子，叫做宇文禅师，年仅 10 岁。孩子虽小，也算是宇文家的子孙，要为伯伯宇文化及的弑君行为连坐，要杀头。窦建德敬重南阳公主，就问她："宇文化及弑君，将族灭其宗。公主之子，本应当从坐，如果公主不能割爱，就赦免了孩子。"谁想南阳公主哭诉："此事何须见问？"拒绝了窦建德的好处。宇文禅师最后被作为叛贼给杀掉了。

最后，窦建德让隋朝的文武百官和尚有上万人的前近卫官兵自由选择，听其自去。窦建德选择其中的优秀人才充实自己的队伍，任命裴矩为左仆射，负责人事选举；虞世南为黄门侍郎；欧阳询为太常卿等。其他隋朝残余的去向大致是三条：回关中老家，投靠唐朝；去洛阳投靠王世充处；去东突厥（隋朝的义成公主在那）。窦建德都发给盘缠路费。同年，窦建德攻克黎阳、齐州、兖州等地，建都洺州。裴矩替他的朝廷"创定朝仪，权设法律"。窦建德看到本阵营越来越有王朝的样子，很高兴，忙着攻城略地，参予华北地区的割据混战。

宇文化及死后，王薄也不是真心投靠窦建德，很快就带着队伍、地盘投降了唐朝。李渊任命王薄为齐州总管（驻历城，今山东济南）。从此，王薄这位隋末农民起义军的"革命先驱"忙着在山东地区教训"革命晚辈"们，劝说各个州县的农民军投降唐朝。不听劝的，王薄就和他们兵戎相见。还别说，王薄取得了相当不错的成绩，为唐朝拓展了很大的地盘。

武德五年（622 年），王薄被仇家刺杀而死。

农民起义的早期历史就是一部“江湖的历史”，里面免不了恩怨仇杀，出来混的人迟早要还的。而对于李唐王朝来说，王薄这种“同一个战壕里的陌路人”，死了也就死了，还免得以后自己动手铲除了。

过把瘾就死

一

转过来说洛阳的王世充。他做了皇帝了。

王世充身边有个亲信道士，叫做桓法嗣。这个道士自言能解图谶，拿着一幅《孔子闭房记》的画来找王世充。画中有一个男子持一杆驱羊。桓法嗣说：“杨（羊），隋姓也。一干（杆），王公也。王居杨后，说明您要代隋为帝了！”这个茅山道士又取庄子《人间世》、《德充符》二篇让王世充看。桓法嗣进一步附会说：“上篇言世，下篇言充，暗示着相国您的名字。这也表明相国应符命，当为天子。”王世充心中也有皇帝梦，竟然相信了这么牵强附会的解释，说：“既然天命要我当天子，我也不好推辞了！”他随即以桓法嗣为谏议大夫，同时又抓了许多乌七八糟的小鸟，在鸟脖子上系了许多书帛符命（上面写满“王世充当为天子”之类的话），再放飞出去。有人射中或者抓住这些鸟，献给朝廷，就立即赏赐官爵。因此，洛阳的鸟儿有了大难，大家都来打鸟抓鸟，巴不得抓住有符命的鸟儿，去换取官爵。后来干脆有人伪造符命，同样能换得官爵。于是洛阳掀起了一股歌颂王世充，拥戴王世充为帝的狂热风潮。乍看起来，王世充“众望所归”，被推举为皇帝。

武德二年（619 年）四月，王世充看预热工作做得差不多了，就派侄子王行本带毒酒去毒杀杨侗。杨侗知道最后的时刻来到了，恳请临死之前能和母亲见上一面。王行本不答应。无奈，杨侗焚香祷告，希望“愿来世不生于帝王尊贵之家”。祷告完毕，杨侗喝下毒酒。王世充准备的毒酒毒性不够，杨侗喝了以后好长时间都没有死掉。王行本等不及了，干脆拿了条丝帛把杨侗也给勒死了。

王世充即皇帝位，建元“开明”，国号郑，任命段达为司徒。居住在洛阳的苏威因为政治威望高，王世充每次安排人劝进，都把苏威的名字写在前面，表明自己深得隋朝旧臣的支持。苏威也很配合。王世充真当了皇帝，扶苏威排列在百官之前，待遇隆重。

原本洛阳的王世充与河北的窦建德的关系不错，互相之间有所往来。王世充称帝后，窦建德断绝了与王世充的联系。原因是窦建德自己也想当皇帝，都已经开始建造天子旌旗和仪仗，出警入跸，下书称诏了。窦建德为了壮大声势，联络塞外的东突厥力量，借此自重。突厥可汗的妻子义城公主杨广的姐妹，其实是萧皇后的小姑，说动可汗向窦建德索要萧皇后和南阳公主。窦建德马上派出一千骑兵护送皇后和公主出塞，同时将宇文化及的脑袋也捎带上，结好义城公主。窦建德从此与突厥南北呼应，兵势更盛。

王世充也好，窦建德也罢，看起来越来越强大。其实关东地区连年战乱，早已经是十室九空，无人无粮无枪。而关中的唐朝势力稳扎稳打，占领西部和巴蜀，重视内政，实力不断上升。东西部之间的实力对比变成了西强东弱。唐朝具备了消灭东方各割据势力的能力。

武德三年（620 年），李渊派秦王李世民进攻洛阳，正式拉开了统一战争大决战的序幕。

王世充打不过李世民，洛阳被围得水泄不通，只好厚着脸皮向窦建德求援。窦建德出于唇亡齿寒的考虑，出兵三十万救援洛阳。武德四年（621 年），窦建德与唐朝大军在虎牢关展开决战，结果惨败。窦建德被俘，七月斩首于长安，时年 49 岁。窦建德被俘后，夏国群臣商议要立窦建德的养子为新主子，继续割据争霸。夏国的尚书左仆射齐善行说：“夏王平定河朔，兵马强壮，还是被擒受辱，这难道不是表明天命已经有所归属了吗？我们不如效忠真命天子（指李渊），不要再涂炭生灵了。”一席话说得大家频频点头。于是大家打开府库，将财物分给士兵，解决了军队。然后夏国的尚书左仆射齐善行、尚书右仆射裴矩、行台曹旦及窦建德的妻子率领夏国官府和土地降唐。夏国就此灭亡。

王世充得知窦建德势力灭亡后，初期还想策划洛阳“突围战”，可惜将领们都不想再战了。王世充知道自己的戏也唱完了，打开城门投降唐朝。郑亡。唐朝杀了段达，将王世充及其家眷迁往四川安置。路上，王世充也为仇人所杀。

隋朝的历史这才算是彻彻底底地结束了。

二

窦建德失败后，其部将刘黑闼于武德四年七月袭破漳南，重新树起义旗，起兵反唐。第二年正月，刘自称汉东王，改元“天造”，定都洺州，重建了农民政权，声势大振。随后，刘黑闼又攻陷恒州（今河北正定），与唐李建成、李元吉所率大军对峙交战于魏州。武德六年（623年），刘黑闼被叛将执送李建成，遇害，余部被唐军击破。

武德二年（619年），江淮的杜伏威转而投降了唐朝。杜伏威先担任淮南安抚大使、和州总管，封楚王；后，李渊又委任他主宰东南半壁军事。江南起义军李子通的势力不断壮大，杜伏威受命率兵渡江多次进攻昔日的战友，将战败于余杭城下的李子通等人执送长安，又尽收其地，成为江淮地区最强盛的势力。武德五年（622年）七月，李世民乘打败刘黑闼之机，移师山东，一边围剿山东零星义军，一边监视江淮地区，威胁杜伏威。于是，唐朝令杜伏威入朝，要接管他的地盘。杜伏威选择了入朝，留在长安被任命为太保，当起了寓公。

去长安前，杜伏威将兵权交给了副职王雄诞。杜伏威走后，辅公祏与左游仙等人积极活动，于武德六年（623年）八月夺取兵权，称帝于丹阳，自称宋国，树起了反唐大旗。唐王朝派兵水陆俱进，由南、西、北三面进攻辅公祏。经过近半年鏖战，辅公祏兵败所擒，被杀于丹阳。割据湖北的梁国也被唐军消灭。天下重新归于一统。

千百年来，抛头颅、洒热泪推翻旧王朝的农民兄弟们，最终总是成为少数贵族豪强建立新王朝的垫脚石。这一现象令人感叹深思。

尾声

隋朝谢幕，盛唐开场

唐武德四年（621 年）5 月，秦王李世民以胜利者的姿态进入东都洛阳。82 岁的苏威请见李世民。十年前，李世民主动拜见苏威，苏威可能理都不理。现在不同了，李世民是唐朝的秦王，苏威是前朝的老人、本朝的草民，只好自降身价求见李世民。但苏威还是以年老多病为理由，向接待的人说自己是来“看看”秦王的，不能拜见。李世民令人传话说：“您是隋朝的老宰相，国家危难时刻拿不出补救的办法，致使君主遇害、王朝倾覆。后来又依附反贼，见到李密、王世充等伏地跪拜，手舞足蹈。如今既然年老多病，就不需要相见了。”

唐军凯旋回长安后，苏威也流落到了长安，求见老同僚、昔日的下级李渊不成，再次腆着脸求见李世民。李世民还是不见。几天后，年老多病的苏威缺衣少食，无人理睬，凄凉地死在了李唐王朝的首都长安。

临终之时，苏威感觉仿佛又回到了昔日的长安城。那时的长安叫做大兴，是隋王朝的首都，自己当了隋朝的宰相。这一当，就是 30 年……

一

新的唐王朝建立了，有一些人却永远是属于已经过去的隋王朝的。

裴矩降唐后官至民部尚书。他一直活到 80 岁，历事诸主，均受到礼遇，可谓奇迹。当然裴矩主要是靠自己的专业能力受到唐朝的中用。他熟悉档案和往事，常常被唐朝皇帝和各部门叫去当顾问，解答一些咨询。同时，裴矩对西域情况很了解（唐朝初期西域地区的西突厥是朝廷的大患）。他写了《西域图记》，记述了西域40多个国家的情况和东西交通的路线，此外还写了《开业平陈记》、《邺都故事》、《高丽风俗》等书，简直就是半个档案馆。不过要想恢复在杨广时期的权力和声望，裴矩是做不到了。他毕竟不是属于唐朝的。裴矩在隋朝是个标准的佞臣和奸臣，但到了唐朝却有犯颜劝谏的举动。李世民刚即位的时候，想调查属下官员贪污受贿的情况，抓出蛀虫，于是派人暗中拿着财物一个一个去"贿赂"那些官员。有个官员拿了一匹绢，李世民大怒，就要杀了这个官员。这时候，裴矩进谏了："此人受赂，是应该治罪。但陛下先以物诱之，现在又要将他就地正法，有故意陷害的嫌疑。陛下这么做，恐非导德齐礼之义。"李世民接受了裴矩的劝谏，给予当众表扬。为什么一个坏蛋到了唐朝就变成了好人了呢？关键还是皇帝不同了。什么样的皇帝带出什么样的大臣。李世民善于纳谏，裴矩才敢勇于劝谏。贞观元年（627年），裴矩病逝。

屈突通是较早投降唐朝的隋朝重量级人物。他的起点很早，一投降就在秦王李世民的指挥下作战，成为李世民集团的重要一员。武德九年（626年）六月四日清晨，李世民率屈突通、长孙无忌、尉迟敬德、宇文士及、程知节、秦叔宝等亲信发动玄武门事变，杀死太子李建成和齐王李元吉，向唐朝皇帝迈出了关键一步。玄武门之变后，李世民担心洛阳发生动乱，派屈突通驰赴洛阳镇守东方。李世民即位后，大封功臣。屈突通有大功，被任命为洛州都督，之后长期镇守洛阳，成为唐初重臣名将。贞观二年（628年），屈突通病逝，享年72岁。李世民下诏褒奖，追赠尚书右仆射，定谥号为"忠"。一个隋朝旧将在唐朝得到了"忠"字的谥号，难能可贵。贞观十七年（643年）李世民命画工将24名功臣绘图于凌烟阁，和真人一般大小，史称"凌烟阁二十四功臣"。屈突通名列第十二。

另一个位列"凌烟阁二十四功臣"的隋朝大臣是虞世南。虞世南是隋朝后期大名鼎鼎的奸臣虞世基的弟弟。虞世基一家人贵比王侯的时候，虞世南一人耐得清苦，终日读书写字。江都政变时，哥哥虞世基被叛军所杀。叛军对虞世南的评价是："这是个苦读秀才，与乱世无关。"因此，虞世南侥幸活了下来，先后在宇文化及、窦建德手中做事。李世民俘虏窦建德后，虞世南进入秦王府，做了李世民参军。他从事的工作和哥哥虞世基一样，帮助李世民处理公文档案。虞世南果然是个纯书生，不适合乱世而适合治世。他多年苦练，成为了唐朝初年最著名的书法家。李世民不仅喜欢虞世南的书法，而且经常拉他谈论经史。贞观十二年（638年），虞世南病逝，终年81岁。唐朝追赠他礼部尚书，定谥号为“文懿”。

除了以上三位在唐朝显赫的隋朝旧臣外，多数隋朝大臣在唐朝默默无闻。武德元年底（619年初）罗艺也投降了唐朝。李渊赐姓“李”，封他为燕郡王。此后，罗艺参予了唐朝消灭各地割剧势力的战争。贞观元年（627年），罗艺起兵反唐，被击败后逃往西北乌氏（今甘肃省泾川县境内），为其部下所杀。在隋朝出使日本的文林郎、鸿胪卿掌客裴世清投降唐朝后被任命为驾部郎中，官位止步于江州刺史。江都政变的重要人物裴虔通见宇文化及不行了以后，将徐州献给了唐朝，换来了徐州总管的职位。唐朝稳定后，裴虔通转任辰州刺史，封长蛇男爵，不久就被追究“杀逆之罪”，除名，发配岭南。裴虔通最后死在了南方。

二

再说萧皇后和南阳公主的情况。贞观四年（630年），李世民大破东突厥，迎接萧皇后和南阳公主回长安。

南阳公主后来在洛阳遇到了丈夫宇文士及。宇文士及辗转多处，最后投靠了唐朝。他跟随还是秦王的李世民征讨王世充、窦建德，因功被封为郢国公。李渊将宗室公主嫁给了宇文士及。宇文士及再次成为了驸马，成为了隋朝和唐朝“双料驸马”。南阳公主与宇文士及重逢之时，物是人非。尽管双方历经沧桑，感情还在，但地位已变。宇文士及是唐朝官场上一颗处于上升期的新星，又是有妇之夫。南阳公主是前朝公主，本朝的草民。还是宇文士及最先提出双方复婚，破镜重圆。南阳公主断然拒绝，说：“你兄弟杀我父皇，我与你是仇家。我之所以没有手刃了你，是因为知道一切都是你那两兄弟谋逆，你事先并不知情罢了。”宇文士及再三恳求，南阳公主也不答应。联想到南阳公主将自己的亲生儿子（宇文禅师）都杀了，宇文士及知道事情不可挽回，对南阳公主作揖，告辞而去。从此两人不复相见。传说南阳公主看破红尘，出家为尼。而宇文士及在唐朝历任中书令、殿中监，于贞观十六年（642 年）病逝。唐朝追赠他左卫大将军、凉州都督，陪葬昭陵（唐太宗李世民陵墓）。

贞观二十一年（647 年），隋炀帝萧皇后病逝，享年约八十岁。李世民以皇后之礼将萧皇后埋葬在杨广身边，定谥号为“愍皇后”。后人常说杨广荒淫无耻。其实，杨广和萧皇后的感情非常好，从十几岁结婚开始一直到死，都和萧皇后厮守恩爱。杨广后期的确有其他嫔妃，但并没有冷落萧皇后。杨广有千般不是，但他对家庭的态度是负责的。

2013 年 4 月，扬州市邗江区一处房地产项目施工时发现了两座古墓，其中一座的墓志写着“隋故炀帝墓志”等字样，墓中出土了铜制的衔环铺首，以及金镶玉腰带。但是，这两座墓的占地面积分别只有二三十平方米，完全不符合帝陵的规制。当年年底，国家文物局和中国考古学会组织专家对墓葬的考古发掘进行鉴别。专家最后确认，此处墓葬是隋炀帝杨广墓，是这位好大喜功的传奇帝王的归宿地。而另一座古墓是萧皇后的墓葬。

此前，人们误认为扬州邗江区另一处古迹为隋炀帝陵，这是因为唐代以后隋炀帝陵渐渐荒芜，不为人知。清朝嘉庆年间，大学士阮元考证认为一处大土墩为隋炀帝陵，并且出资修复，又嘱托书法家、扬州知府伊秉绶书写墓碑。结果以讹传讹，此处古迹就成了“隋炀帝陵”，还成为扬州著名的旅游景点。2013 年春天的这次意外发现，还原了历史真相，掀起了人们对隋炀帝的一场小关注。

三

说完隋朝官员和皇室的结局，我们再来看看那些造反者在唐朝的结局。

李绩无疑是这些人中的佼佼者。唐朝建立后，李绩被封为英国公，列位凌烟阁二十四功臣，出将入相，历事唐高祖李渊、唐太宗李世民、唐高宗李治三朝，位高权重，被视为朝廷长城。李绩长期掌管军队，国内没有战事，他负责对外战事。北讨突厥和铁勒，东征高丽，李绩一次在征途中染上暴疾。医生开出药方说治疗此病需要胡须灰做药引。李世民听说后，剪下胡须给李绩和药。李世民是皇帝，他的胡须可是“龙须”。龙须一到，李绩病立马治好。古人说，胡须毛发受之父母，不能轻弃。李世民为李绩剪须，是多大的恩宠啊？还有一次，君臣宴饮，李绩喝得死醉。李世民亲自脱下衣服给李绩盖上，以免着凉。李世民临死之前，向李绩托孤，希望李绩能像往年不负李密一样效忠自己。李绩垂泪发誓效忠。唐高宗李治即位后，任命李绩为尚书左仆射。李绩效忠朝廷，为人谨慎，对于李治的帝家事不闻不问（李治和老婆武则天的家事特复杂）。武则天对李绩继续器重，赏赐有加，如同家人一样对待。因此，许多同期的大臣贬的贬，死的死，李绩在朝中依然岿然不动。正是在李治时期，李绩率军东征高丽，占领平壤城，灭亡了高丽国。唐朝在高丽故地设置州县，设安东都护府统管。李绩将杨广未尽的事业给完成了，可谓是“隋朝的忠臣”。凯旋回朝不久，李绩就病逝了，享年 76 岁。李治亲自为李绩举哀，辍朝七日，追赠太尉，谥曰“贞武”，陪葬昭陵。

李绩的孙子李敬业一点都没有继承家族的忠心和谨慎，在武则天准备篡夺唐朝天下后举兵造反。李敬业的造反除了那片骆宾王起草的《讨武曌檄》外，几乎没有可圈可点之处，很快就被武则天扑灭了。武则天将李敬业家族恢复“徐”氏原姓，满门抄斩。李绩生前肯定不会想到家族会在不久被族诛。

李密被王世充打败后，程知节、秦叔宝等将领投降了王世充。武德二年（619 年），王世充率部进攻唐朝谷州（治新安，今属河南），程知节、秦叔宝为将军随军出征。两军对阵之时，程知节、秦叔宝等突然率几十名亲信骑马出阵上百步，然后勒马回头向王世充行礼，说：“谢谢王公的接待。但公性猜贰，傍多扇惑，非我等托身之所，今谨奉辞。”说完，一行人临阵倒戈，投降了唐军。王世充气得七孔生烟，但慑于程秦二人的威名，不敢追赶。程咬金、秦叔宝降唐，归入秦王李世民麾下，都参加了“玄武门之变”，是李世民的亲信。其中程知节封卢国公，列位凌烟阁二十四功臣。唐高宗李治时，程知节任葱山道行军大总管讨伐西突厥，但杀降贪财，被免职。高宗麟德二年（665 年），程咬金病逝在家。唐朝追赠骠骑大将军，陪葬昭陵。

秦叔宝，本名秦琼，常年战争让他满身伤痕，唐朝建立后疾病缠身。秦叔宝曾对人说："我从小就参军打仗，参加了二百多仗，屡中重疮，前后出血怎么也有几升之多，安得不病乎？"贞观十二年（638 年），徐州都督秦叔宝去世，陪葬昭陵，追封护国公，列位凌烟阁二十四功臣。秦叔宝是隋唐英雄中传奇色彩仅次于程咬金的角色。他在演义、戏剧以及评书中被后人视为"山东好汉"的代表。现在山东一带有不少关于秦叔宝的遗迹，比如秦叔宝卖马槐、秦叔宝府、秦叔宝墓等等。此外，秦叔宝与尉迟敬德还是传统的两大门神。

此外还要介绍的是位列凌烟阁二十四功臣之一的张亮。这是一个相对陌生的名字，因为在隋末大乱中张亮只是李世绩部下的普通军。张亮随同主将降唐，并由李世绩推荐进入李世民幕府，从此飞黄腾达。李世民兄弟相争时，张亮受李世民指派去洛阳招募敢死队，被李元吉告发下狱。在狱中，张亮受到严刑拷打，拒不招供，掩护了李世民。就凭这一点，张亮成了贞观名星。贞观年间，张亮又揭发了侯君集谋反、随征高丽，而且在地方行政上卓有成效。但张亮这个人喜好巫术，名声日坏，结果在贞观二十年（646 年）被人告发谋反，受诛。

对于江都政变中的参予者，部分人在隋末乱世中被杀，不少人进入了唐朝，在唐初担任军政职务。起初，他们照常供职，还会因为工作出色受到朝廷褒奖。唐朝政局稳定后，意识形态问题重新提上议程，需要给江都政变定性。唐太宗李世民下诏："宇文化及弟智及、司马德戡、裴虔通、孟景、元礼、杨览、唐奉义、牛方裕、元敏、薛良、马举、元武达、李孝本、李孝质、张恺、许弘仁、令狐行达、席德方、李覆等，大业季年，咸居列职，或恩结一代，任重一时；乃包藏凶慝，罔思忠义，爰在江都，遂行弑逆，罪百阎、赵，衅深枭獍。虽事是前代，岁月已久，而天下之恶，古今同弃，宜置重典，以励臣节。其子孙并宜禁锢，勿令齿叙。"弑君，任何一代帝王都不能接受。当年的参予者因为缢杀隋炀帝的举动，在几十年后被定性为"弑逆"，在职者罢官，去世者追贬，并且罪及子孙。自身及其子孙都遭到禁锢，不能入仕。

四

唐初统治者都亲身经历了隋末的乱世，对隋朝灭亡有切身体验。

隋朝为什么“其兴也勃焉，其亡也忽焉”呢？为什么在开皇盛世之后的十年间，隋朝就分崩离析了呢？唐初的官场和政治理论界都在感叹：“昔在有隋，统一寰宇，甲兵强锐，三十余年，风行万里，威动殊俗，一旦举而弃之，尽为他人之有。”如何吸取隋朝骤兴骤亡的教训，让唐朝避免重蹈覆辙呢？这是摆在唐朝君臣面前的现实问题。

李渊在武德五年（622年）曾责成隋朝旧臣封德彝、大学问家颜师古负责修写《隋书》。历史需要距离感，当时离隋朝灭亡太近，而封德彝等人也难以完全跳出主观思绪。此次修史没有成果。李世民在贞观三年（629年）重申修写隋史的重要性，任命魏征为《隋书》主编。

魏征出身于造反者，先是在元宝藏的义军中工作，后来在李密手下掌管文书。李密败后，瓦岗军的人才多数被李世民笼络走了，但魏征却效忠于太子李建成。李氏兄弟争位的时候，魏征鼓吹先下手为强，干掉李世民。后来李建成被李世民干掉了，很欣赏魏征，重用为亲信。魏征办事很较真，为隋朝归纳出了一系列“身亡国灭”的沉痛教训，比如好大喜功，一意孤行，穷奢极欲，上下相欺，不施德政，滥用刑罚，加重人民的徭役租赋负担等等。在具体政策上，魏征认为隋朝败在两点：一是常年对外征战；二是杨广行幸无度，放弃关中战略要地，远游扬州。隋朝穷兵黩武，政策措施太多，惊天扰民，天下骚动，就是再稳固的江山也会土崩瓦解。因而国家要想长治久安，关键是抚恤民众，休养民力，让百姓安居乐业。魏征的研究成果针对性相当强。唐朝初期既接过了隋朝的均田制、地方官制、科举选士等一系列遗产，也完全接受了上述执政思想，即使再大的战事也没有动用超过十万军队。

唐朝首都长安城就是大兴城，整座城市沿用了大兴城的旧制，只是不断充实使之更加宏伟壮丽。从李渊开始的历代唐皇，就居住在城市北部中央——尽管他们也经常巡行东都洛阳城，继续实践着当年宇文恺设计这座城市时皇帝“至高无上，南面称王”的思想。当年的大兴善寺逐步发展为带有鲜明天竺风格的大寺庙，佛教大兴，常常组织有数万人参加的法会。距大兴善寺北约二里地、朱雀大街的中段坐落着著名的小雁塔。那原本是隋炀帝杨广的“晋王府”，唐初一度是武则天儿子李显的藩邸，武则天将其改名为小雁塔。

长安城最后发展成为人口不下百万的全国第一大都市。

中唐诗人白居易家在长安，留下了许多有关长安的诗歌。他在《登观音台望城》诗中写道“百千家似围棋局，十二街如种菜畦”，描写的就是长安整齐划一的规整格局。城内大道笔直，街道两旁建有排水沟，并栽种槐榆，绿树成荫，市容十分壮观。而宫城和皇城内，多种梧桐柳树。长安经济极端繁华，即使入夜也人声鼎沸，交易不休……白居易最初是以科举考生的身份搬来长安，长安已经是一个极度繁华、竞争激烈的帝国中心了。白居易年轻人初来乍到，去找文豪顾况“串门”，希望后者推荐、提携一下自己。顾况看了白居易的名帖，淡淡地说了一句：“居易居易，长安物贵，居大不易。”

居住在长安城是不容易，长安城有盛唐的辉煌，更不容易。我们需要记住，这座伟大的城市是与隋朝的同龄人……

隋朝大事年表

年份	历史大事	历史人物
581 年 开皇元年	二月，隋王杨坚篡夺北周帝国的天下，建立隋帝国，是为隋文帝。	杨坚 40 岁，杨广 13 岁。
	杨坚封长子杨勇为太子，皇子杨广为晋王、杨俊为秦王、杨秀为蜀王、杨谅为汉王。	李渊 15 岁，苏威 39 岁。
	九月，杨坚发动伐陈战役，失败。	
582 年	五月，突厥汗国大军，杀入长城。	李密诞生。
	六月，隋帝杨坚命大臣高颎、宇文恺等在旧长安城旁兴建新都，命名为大兴（今西安城区）。	
	颁布均田和租调新令。	
583 年	三月，隋帝国正式迁都大兴城。	
	四月，隋帝国八路大军北伐突厥汗国，在白道川击败突厥沙钵略可汗。突厥分裂为东西两部。	
	四月，杨坚撤销“郡”建制，保留“州”建制。从此地方三级政府变为二级政府。	
584 年	六月，隋帝杨坚兴建广通渠运河。	
	突厥沙钵略可汗与隋帝国和解。	
585 年	隋帝杨坚修筑长城（隋长城，自宁夏灵武至山西朔县）。	
	隋帝杨坚建立“义仓”。	

续表

年份	历史大事	历史人物
587年	四月，隋帝国在广陵修筑山阳运河（邗沟）。	
	八月，隋帝杨坚征召属国西梁帝萧琮至长安朝见。萧琮叔父萧岩率众投奔陈帝国。杨坚下令废除西梁帝国，西梁帝国结束（502—587）。	
588年	十一月，隋帝杨坚动员大军五十一万八千人，以晋王杨广为元帅，准备总攻陈帝国。	
589年	正月，隋帝国对陈帝国展开总攻击，隋大将贺若弼、韩擒虎攻陷建康，俘虏陈后主陈叔宝。陈帝国灭亡。	
	二月，隋帝国大军扫荡江南故陈帝国残余势力。江南、岭南诸州郡归降隋帝国。南北朝时期结束，中国统一。	
590年	江南人民因不习惯隋王朝统治，起兵反抗隋政府。	
	十一月，隋帝杨坚派杨素为元帅，讨平江南民变。隋大将裴矩平定岭南民变。	
592年	杨素、高颎为宰相。	苏威罢相。
593年	隋帝杨坚命杨素兴建仁寿宫。	
597年	二月，隋大将史万岁平定南宁州（云南地区），云南地区并入隋王朝版图。	
598年	高丽王国攻击辽西，杨谅等三十万大军准备讨伐高丽王国。	
	六月，隋军讨伐高丽失利，撤军。高丽与隋王朝和解。	
	南宁州（云南地区）蛮夷首领爨翫反叛隋王朝。	
599年	二月，隋王朝三路大军北伐突厥，杨素、高颎等大败突厥军。	
	十月，隋帝杨坚册封突厥启民可汗，其部众移居河套。	
	十二月，隋王朝再攻击突厥汗国，突厥汗国大乱。	

续表

年份	历史大事	历史人物
600 年	四月，突厥攻击中国边塞，隋晋王杨广、汉王杨谅、大将杨素、史万岁等率军迎击，击败突厥军。	六月，秦王杨俊病逝。
	十月，隋帝杨坚废太子杨勇，立晋王杨广为太子。	大将史万岁被杀。
	日本使者小野妹子抵达隋朝。	
601 年 仁寿元年	突厥步迦可汗率军入侵中国，击败隋军。	
602 年	隋大将杨素北攻突厥，击败突厥军。	八月，独孤皇后逝世。
	十二月，杨广、杨素诬陷蜀王杨秀，隋帝杨坚废杨秀。	
604 年	七月，杨广谋杀杨坚，继位，是为隋炀帝。	前太子杨勇被杀。
	八月，汉王杨谅起兵反抗杨广，杨谅兵败被擒，囚禁而死。	陈叔宝病逝。
	十一月，隋帝杨广兴建东京洛阳新城。	
605 年 大业元年	二月，杨素为宰相。	
	三月，兴建通济渠运河，自大兴至扬州，建行宫四十余座。	
	四月，中国隋王朝大将刘方讨伐林邑王国（占婆，越南南部），攻陷其首都。	
	八月，隋帝杨广出巡，第一次下江都（扬州）。	
606 年	七月，隋政府兴建“洛口仓”。	七月，杨素逝世。
607 年	东突厥启民可汗来中国朝见。	高颎被杀。
	四月，州级政府改称郡级政府，仍为二级地方政府制。	
	四月，杨广第一次北巡，至涿郡（今北京）。	
	隋帝杨广派裴矩经略西域。	
	隋朝羽骑尉朱宽、海师何蛮出使流求。	

续表

年份	历史大事	历史人物
608 年	正月，隋政府兴建永济渠运河。	
	四月，日本国王遣使朝见，国书：“日出处天子致日落处天子。”	
	杨广第二次北巡，至五原郡巡视长城。	
	七月，再度修筑长城。	
	隋大将宇文述攻击吐谷浑汗国，隋军攻击伊吾王国（新疆哈密），并入版图，设立伊吾郡。	
609 年	三月，隋帝杨广西巡，重击吐谷浑汗国。青海地区并入隋王朝版图。六月，设立鄯善、西海、且末、河源四郡。隋王朝疆域到达极盛。	启民可汗逝世。
	隋帝杨广在张掖接受西北属国朝见。	长孙晟逝世。
610 年	隋帝杨广派张镇周、陈棱等率军征讨流求，俘虏一万余人。	
	杨广下诏兴建江南运河（镇江至杭州）。	
611 年	隋帝杨广欲使高丽王高元朝见不成，下诏讨伐高丽。	
	山东地区开始发生民变，王薄首义，窦建德起兵。	
	杨广第三次北巡至涿郡。	
612 年	正月，隋王朝大军 110 万集结涿郡（北京），开始讨伐高丽王国（第一次征高丽）。	宇文恺逝世。
	六月，隋帝杨广包围辽东城，无法攻下。	
	七月，陆军宇文述于渡河时被高丽军击溃，海军来护儿攻击平壤，也被击溃。隋军损失惨重。	
613 年	正月，隋帝杨广再次召集全国军队于涿郡，再度攻击高丽（第二次征高丽）攻击辽东城，失败。	
	六月，杨玄感黎阳兵变，攻击东都洛阳。隋王朝东征军撤退。政府军反击，杨玄感兵败自杀。	
614 年	二月，隋帝杨广三度召集军队，第三次征讨高丽王国。高丽王高元遣使归降。	
615 年	八月，杨广四度北巡，突厥大军包围杨广于雁门郡。	
	九月，突厥解除包围，杨广南返洛阳。	

续表

年份	历史大事	历史人物
616年	七月，隋帝杨广三次下江都，命越王杨侗留守东都洛阳。自此杨广一去不返。遍地民变，全国大乱。	宇文述病逝。
	罗艺割据幽州，自称幽州总管。	
	李密参加了瓦岗军。	
617年	正月，窦建德割据河北，自称长乐王。	
	二月，梁师都割据朔方郡，结援东突厥汗国。梁师都攻陷陕北诸郡，称梁帝。	
	二月，刘武周割据山西北部。	
	二月，李密起兵攻陷洛口仓，称魏公，割据河南诸郡。猛攻隋东都洛阳。	
	四月，薛举占领陇西地区，称西秦霸王，不久又称秦帝。	
	七月，唐公李渊于太原起兵南下。	
	七月，凉王李轨占领河西走廊。	
	九月，王世充与李密洛口对峙。	
	十月，李渊占领首都大兴城。	
	十月，萧铣占领江陵地区，称梁王。	
	十一月，李渊拥立隋代王杨侑继位称帝，是为西都恭帝。	
	十二月，秦帝薛举子薛仁杲攻击李渊政权，被李世民击败。李渊派大将李孝恭率军进入四川，招降四川诸郡，四川完全纳入李渊的势力版图。	
618年	三月，江都政变。隋禁卫军将领宇文化及等杀隋帝杨广。宇文化及立秦王杨浩继任皇帝，率军北返。	虞世基、裴蕴、来护儿、杨秀等人遇害。
	梁王萧铣于江陵称帝，拥有两湖地区。	
	五月，隋王朝西京政府皇帝杨侗让位于李渊。李渊称帝，建立唐王朝，是为唐高祖。	
	五月，隋东都政府拥立越王杨侗继位为皇帝。	
	九月，王世充击败李密军。李密投奔唐政府。王世充掌握东都政府。宇文化及至魏县毒死皇帝杨浩，称许帝。	

续表

年份	历史大事	历史人物
	十二月，李密叛唐政府，为唐军所杀。	
	此年，唐朝开始陆续消灭其他割据政权。	
619年	夏王窦建德擒杀许帝宇文化及。	李密被杀。
	三月，隋东都政府王世充任相国，封郑王。四月，郑王王世充夺取隋王朝东都政府（杨侗）政权，称郑帝。	逊帝杨侑死。
	隋王朝正式结束。隋王朝残余军队及郡县皆归降唐王朝政府。	

后　记

感谢读者购买、阅读本书。

唐朝诗人张祜某次夜宿金陵渡口的小旅馆里，写下了一首《金陵渡》。全诗是："金陵津渡小山楼，一宿行人自可愁。潮落夜江斜月里，两三星火是瓜洲。"多愁善感的诗人坐在江边小木楼的窗前，看着对岸的星火抒发着淡淡的忧思。全诗包含着一种中国文人特有的感觉，丰富繁杂，穿透了上千年的岁月蔓延到今天。

在诗人夜宿的小山楼的旁边，京杭大运河静静地流淌着。这条神奇的运河贯穿了南北，也贯穿了一个帝王早期的雄姿英发，中期的潇洒奋斗和晚期的颓废彷徨与无助。这个帝王就是隋炀帝杨广。张祜写《金陵渡》的时候，隋王朝轰然倒塌的余波依然存在。它留下的三省六部制、开皇律、州县两级制、均田制、大运河、科举制度、长安城、洛阳城和隋炀帝倾全国之力营造的东亚国际体系都被唐王朝批判地继承了。唐王朝在一定程度上继续了隋炀帝未竟的事业，逐步走向了辉煌的顶点。而名声不好的隋王朝和草草葬在离金陵不远的杨广，逐渐淡出人们的谈资范畴……

我用"昙花"来比喻隋王朝的短暂与辉煌，也代表了我对这个王朝的评价。

每一个王朝有每一个王朝的历史责任。你不能不承担这些责任，不能少干，但也无需多干。隋王朝就好像是一个短时间内承担了过多的历史责任，大包大揽，结果被重担和"大业"压垮的王朝。对于隋文帝杨坚来说，你吞并了陈朝，结束了延续400年的乱世，缔造了统一王朝，就足够凭此名垂青史了。你已经完成了你这代人的责任。对于隋炀帝杨广来说，你臣服了突厥铁骑，修缮了长城，巩固了王朝的北方边界，凭此也足够留名后世了。但是杨广继续修运河、通西域、下江南、三征高丽、大兴土木，结果把“盘”做得越来越大。过重的历史负担，过于频繁的政策措施，完全超过了天下百姓承受的能力和心理。最后，崩盘了，天下乱了，王朝覆灭了。这是一个悲剧。

隋朝原本是有希望成为“盛唐”的，结果成了“乱隋”。

作为后人，我们批评隋王朝，但同时也要牢记它的功绩。《中国通史：隋唐五代时期》第一章高度评价了隋朝：“隋文帝主要的功绩，在于统一全国后，实行各种巩固统一的措施，使连续三百年的战事得以停止，全国安宁，南北民众获得休息，社会呈现空前的繁荣。秦始皇创秦制，为汉以后各朝所沿袭，隋文帝创隋制，为唐以后各朝所遵循，秦、隋两朝都有巨大的贡献，不能因为历年短促，忽视它们在历史上的作用。”

本书最主要的原始史料来自《隋书》。同时对照范文澜和蔡美彪主编的由人民出版社出版的巨著《中国通史》第四册和周一良、邓广铭等编的《中国历史通览》（东方出版中心1994年1月版）以及电子版《旧唐书》、《资治通鉴》的相关内容，核对史实。其中附录的历史大事表主要依靠《中国历史通览》完成。此外，我还参考了汪高鑫、程仁桃著《东亚三国古代关系史》（北京工业大学出版社2006年10月版），梅毅著《帝国的正午：隋唐五代的另类历史》（陕西师范大学出版社2006年3月版），蔡磊著《隋亡唐兴七十年：家国天下的父子两代》（广西师范大学出版社2008年1月版），惜秋著《隋唐风云人物》（广西师范大学出版社2007年7月版），张宏杰著《中国皇帝的五种命运》（山西人民出版社2007年1月版）等图书。

我参考的文章有从中国知网上下载的下列文章：胡如雷著《隋朝统一新探》，载于《历史研究》1996年第2期；李建华著《论隋炀帝的诗歌创作》，载于《南阳师范学院学报（社会科学版）》2007年5月；木杉著《隋唐东都洛阳城》，载于《城乡建设》2006年2月；刘明著《杨素功过辨正》，载于《常熟理工学院学报》2006年9月；张宏杰著《杨广本纪》，载于《北京文学·中篇小说月刊》2007年1月；韩隆福著《杨玄感兵变及其评评价》，载于《益阳师专学报》1997年第1期；李方著《东突厥的归附与隋前期的边政》，载于《西域研究》2004年第1期；沙宪如著《论杨素》，载于《辽宁师范大学学报（社科版）》1999年第6期；张剑平著《苏威政治思想及其晚节辩析》，载于《延安大学学报（社会科学版）》1999年12月；赵文润、张剑平著《苏威略论》，载于《渭南师专学报》1992年第1期；赵昭著《隋文帝的经济改革及其历史作用》，载于《黄河科技大学学报》2001年12月；徐迎花著《论隋文帝的御国临民之术》，载于《黑龙江教育学院学报》2002年7月；赖红卫著《隋文帝性格研究》，载于《渝西学院学报（社会科学版）》2002年6月；张先昌著《隋文帝死因新探》，载于《郑州大学学报（哲学社会科学版）》2002年5月。

2015年春节前后，本书再版事宜敲定，我投入了紧张的修订过程。本书原版，史料稍嫌单薄，部分论述欠严谨。本来，我制定了一个雄心壮志的修订计划，无奈个人时间和精力有限，只能草草修改了部分内容，主要集中在杨勇和杨广的太子之争、隋文帝杨坚之死的谜团上。此外，增补了部分史料。修订版与原版，多出一个章节。修订版的史料，源自我阅读《隋书》的补充记忆。部分重要论点来源，已在正文中注明。

本书最初由九州出版社出版，归入其“历史深处”系列。本次由台湾远流出版公司出版繁体版、大陆群言出版社出版修订版。在这里，我要感谢九州出版社的云岩涛编辑。云编辑是本书写作的倡议者和最早的读者。此外，我要感谢远流的陈穗铮编辑，陈小姐的肯定和对作者的宽容是本书修订完成的重要保障。我要感谢群言出版社的杨耀林。我一直想感谢他，如今终于有机会了。我还要感谢各位出版界同仁为本书再版付出的辛劳。没有大家的帮助和辛劳付出，就没有本书的成功出版。我要特别感谢唐琳娜。

最后我用李商隐的《隋宫》来结束有关隋朝的思绪：

紫泉宫殿锁烟霞，欲取芜城作帝家。
玉玺不缘归日角，锦帆应是到天涯。

于今腐草无萤火，终古垂杨有暮鸦。

地下若逢陈后主，岂宜重问后庭花？

宫闱重重的大兴城笼罩在层层烟霞之中，隋朝君王还想选取江都建立奢华的别宫。如果玉玺没有落在李家手里，隋炀帝的豪华龙舟应该已经游遍了天涯海角。可如今，腐草丛中已不见当年萤火虫的影子，运河岸边的垂杨柳也只剩下归巢的乌鸦在聒噪不停。如果隋炀帝在阴间遇到陈后主（谥号也是“炀”），这两个才子会不会探讨一下《玉树后庭花》呢？

历史就是这么有趣又发人深省。我相信张祜当夜在金陵渡口幽思的时候，多少也带有淡淡的历史情愫。

谢谢大家！

张　程

2008 年 5 月 8 日初稿于六合园

2015 年 5 月 16 日修改于百子湾